W0306399

DANS LA MEME COLLECTION :

NOUVEAU SAVOIR-VIVRE .... Berthe Bernage et Geneviève de Corbie

SAVOIR ECRIRE DES LETTRES .... Berthe Bernage et Geneviève de Corbie

LE NOUVEAU LIVRE DE CUISINE .... Blanche Caramel

SAVOIR INSTALLER ET REPARER CHEZ SOI .... Jacques André

JEUX D'INTERIEUR

SAVOIR CAMPER .... Claude Appell

JEUX DE PLEIN AIR .... Claude Appell

CALENDRIER DE MON JARDIN .... Claude Coconnier

SAVOIR RECONNAITRE LES STYLES ..... G. Gauthier

savoir écrire des lettres

savoir écrire des lettres

par
Berthe Bernage
et
Geneviève de Corbie

Conseils et formules pour toutes les circonstances. — Réédition entièrement revue et corrigée par les auteurs.

gautier-languereau - paris

Plutôt que des modèles à copier mot à mot, nous avons voulu présenter dans ce livre des lettres simples, vraies, telles qu'on en écrit couramment dans la bonne société. Nous espérons qu'elles aideront nos lecteurs à rédiger eux-mêmes, suivant les fines traditions françaises, des lettres parfaites et charmantes, comme style, comme ton et comme âme.

ISBN — 2.217.06002.3

© Éditions Gautier-Languereau, 1971.

L'ART D'ÉCRIRE

On écrit, de nos jours, moins volontiers que jadis — de même aussi qu'on lit moins. On peut trouver à cela plusieurs raisons : manque de temps, rythme de vie plus agité — s'asseoir, prendre du papier et une plume, fût-ce un « bic », représente une « pause » dans notre existence en perpétuel mouvement — un peu de négligence et de paresse intellectuelle aussi.

Puis il faut reconnaître que les commodités offertes par la vie moderne ne sont pas faites pour développer l'art épistolaire. La rapidité et la facilité des communications par la route ou par air abolissent les distances et rendent moins cruelles les séparations. Le téléphone est là, à portée de la main, pour demander des nouvelles ou un renseignement. Alors on écrit moins, on n'écrit plus. Et, parce que l'habitude est une seconde nature, on perd peu à peu non seulement le goût d'écrire, mais l'aptitude à le faire, et on néglige la correspondance, considérée comme une corvée dont on craint de ne pas savoir s'acquitter. Et pourtant écrire fait, en bien des cas, partie des devoirs du savoir-vivre ou de l'affection, voire des nécessités de la vie courante.

Que d'affaires manquées et d'occasions perdues parce que l'on n'a pas su écrire à temps la lettre qui s'imposait ! Combien de liens familiaux ou amicaux se relâchent parce qu'on a perdu l'habitude de correspondre !

Mais, s'il importe d'écrire, il importe aussi de rédiger des lettres appropriées aux circonstances comme à l'état d'esprit, à l'âge, au rang social de nos correspondants. Et mille petits problèmes se posent, décourageant à l'avance des gens qui seraient tout prêts à écrire.

Pourquoi se décourager ? L'art d'écrire s'acquiert comme tout autre et nous souhaitons que ce livre, tout en donnant des règles précises sur les points qui en comportent, règles qui aideront à écrire correctement, forme le goût de nos lecteurs et leur apprenne à trouver d'eux-mêmes en chaque occasion les expressions et le ton qu'il convient d'adopter.

Quant aux lettres que nous donnons après les renseignements d'ordre général, celles qui ont un caractère officiel ou d'affaires pourront peut-être fournir des canevas utilisables à peu près tels, mais les autres, les lettres de sympathie, d'amitié, en un mot celles qui relèvent de la correspondance privée, ne peuvent être que des exemples, en aucun cas des modèles à copier. On ne saurait donner une recette précise de ce qui fait le charme de cette correspondance. Il résulte d'un judicieux mélange de finesse, d'à-propos, de délicatesse et de bon goût.

LES MATÉRIAUX ET LES OUTILS

Un bon travail, fût-ce la rédaction d'une lettre, s'accorde mal avec de mauvais outils et des matériaux médiocres.

L'encre.

Elle peut être noire, violette ou bleue. L'encre noire, plus strictement correcte, sera employée de préférence dans les lettres officielles s'adressant à un personnage haut placé ou que nous voulons très respectueuses.

Pendant quelque temps, l'encre verte fut à la mode. Son emploi marque plus le désir de se singulariser que la distinction et le bon goût. L'encre rouge est, naturellement, réservée aux corrections de copies d'écoliers ou, en combinaison avec d'autres encres, aux factures, relevés, travaux d'architecte, etc.

Quelle que soit la couleur adoptée, elle doit être franche. Une encre trop pâle rend l'écriture illisible et c'est une marque de laisser-aller. La couleur de l'encre sera choisie aussi en fonction de celle du papier, sur lequel elle doit bien ressortir. N'adoptez pas une encre bleue si vous avez choisi du papier bleu ni une encre violette si votre papier est d'un mauve assez soutenu. Sur du papier blanc, le noir, le violet et le bleu conviennent. Rester fidèle à la même couleur d'encre est une élégance.

Le stylo a remplacé le porte-plume ; réservé naguère à la correspondance familiale, il est maintenant admis dans tous les cas. Il est souvent supplanté par le stylo à bille, si pratique. Celui-ci est cependant moins correct. Il doit être d'excellente qualité et assurer une écriture régulière et sans bavure.

On n'écrit jamais au crayon.

La machine à écrire.

Indispensable pour la correspondance commerciale et officielle, elle est moins indiquée pour la correspondance privée. Cependant elle n'est plus interdite, comme naguère, du moins entre familiers et entre égaux. Elle témoigne toutefois de moins d'égards pour le destinataire. Aussi évitera-t-on de l'employer dans les cas où l'on désire marquer du respect au correspondant (sauf, répétons-le, dans la correspondance officielle, pour solliciter une faveur d'un ministre, par exemple) et dans la correspondance à caractère mondain, pour envoyer des félicitations, des condoléances, etc. Pour solliciter un emploi, on peut écrire à la machine, à moins que le contraire ne soit spécifié et que l'on demande, par exemple, d'adresser le curriculum vitae et les références par lettre manuscrite. Cela se justifie non par un souci de strict protocole mais parce que de nombreuses entreprises, avant d'engager un employé, ont recours aux services d'un graphologue. Celui-ci, d'après l'écriture, pourra tirer des conclusions sur les aptitudes et le tempérament du scripteur.

Le papier à lettres.

Il doit être choisi avec discernement Un papier de belle qualité met l'écriture en valeur et dispose favorablement le correspondant.

Pour les pétitions et toute correspondance officielle, on emploie un papier blanc de grand format dit « papier ministre ».

Le papier blanc est aussi indiqué lorsque vous vous adressez à un personnage haut placé, à un ecclésiastique et, en principe, pour les lettres de condoléances.

Dans la correspondance ordinaire, le papier de couleur est admis, mais cette couleur doit toujours rester discrète : bleu lin ou bleu d'azur, ivoire, mauve, ambre, chamois

Les enfants, les jeunes filles peuvent se permettre un papier plus fantaisiste : rose, bleu vif, sans jamais cependant mépriser les règles du bon goût.

Il est élégant de rester fidèle au même genre et à la même couleur de papier, du moins pour la correspondance « personnelle » et mondaine. Notre papier à lettres devient alors une marque de notre personnalité.

Le papier blanc liséré de noir pour les personnes en deuil est beaucoup moins employé que jadis. Certaines veuves y restent fidèles mais le liséré doit être très discret.

La mode a fait admettre la présentation, d'ailleurs pratique, du papier sous forme de bloc. Cependant le papier à double feuillet, plus classique, reste plus correct et respectueux. Le bloc grand format est plus correct que le petit.

Adresse et monogramme.

Un monogramme très simple peut être placé en haut et à gauche du feuillet. Formé des initiales du nom et du prénom ou des initiales des familles des époux, il est imprimé ou gravé en noir sur blanc, ou doré, ou argenté, ou ton sur ton : violet sur un papier mauve, marron sur un papier écru ou ivoire, bleu nuit sur un papier azur. Les initiales doivent être très simples, un peu appuyées, imitant l'écriture manuscrite.

Une jeune fille peut faire graver simplement son prénom en reproduction de son écriture.

On peut aussi faire graver ou imprimer en haut du feuillet l'adresse et le numéro de téléphone :

5, rue Daru
Tél. : 227 10-46

Les personnes ayant une situation indépendante peuvent mettre leur nom et leur adresse :

Jeanne Dupont
5, rue Daru
Tél. : 227 10-46

De même pour les hommes.

Si l'on habite la campagne, l'adresse peut être complétée par l'indication du bureau de poste et de la gare qui dessert le village ou la propriété :

Les Tourelles
Poste : 35 — Pléchâtel
Gare : Guichan

Ces indications étant assez coûteuses à faire graver, il est sage, surtout si l'on emploie un papier bloc petit format, d'acheter en même temps un second bloc du même papier qui ne portera aucune indication. Ainsi, lorsque la lettre comportera plusieurs feuillets, le premier seulement sera choisi gravé.

D'ailleurs, il est toujours utile de posséder plusieurs sortes de papier, l'une pour les lettres courantes et aux intimes, l'autre, de plus belle qualité, blanc, pour les lettres protocolaires.

Le parfum.

Certaines femmes aiment à parfumer leur papier à lettres ; cela n'est acceptable que pour la correspondance privée, jamais pour la correspondance commerciale ou officielle. Le parfum doit être très discret ; ce sera le même dont la femme use dans la vie courante pour elle-même et elle lui restera fidèle.

L'enveloppe.

L'enveloppe doit être assortie au papier comme couleur, forme et dimensions. Les belles enveloppes sont doublées d'un papier pelure d'un ton assorti à celui de l'enveloppe en plus foncé, gris clair ou de couleur pour les enveloppes blanches.

Pour le format ordinaire de papier, l'enveloppe est presque carrée, très légèrement rectangulaire ; on en fait aussi de beaucoup plus allongées dans lesquelles le papier sera plié différemment ; un papier bloc grand format qui sera plié en deux dans chaque sens pour être introduit dans une enveloppe ordinaire sera plié en trois dans le sens de la hauteur seulement pour ces enveloppes longues. Ce sont surtout les correspondances d'affaires qui adoptent ce format.

Certaines enveloppes sont munies d'une sorte de fenêtre en papier transparent laissant voir le nom et l'adresse du destinataire écrits sur la lettre. Là encore, il s'agit surtout de correspondance commerciale, envois de relevés, de factures. Ce système offre le double avantage d'éviter d'écrire une seconde fois le nom et l'adresse qui, dans ce genre de courrier, doivent figurer sur la lettre. De plus, on ne court pas le risque de glisser par mégarde une lettre dans une enveloppe adressée à un autre destinataire.

La carte-lettre.

Simple feuillet bordé d'une bande collante qui supprime l'enveloppe, elle peut être pratique pour demander ou donner un renseignement ou envoyer un mot rapide quel qu'en soit le motif, mais elle n'est pas respectueuse ni même très correcte. On ne l'emploiera donc qu'entre égaux ou intimes et, à l'occasion, on s'excusera de ce procédé justifié par la hâte.

La carte de correspondance.

De bristol assez rigide, elle peut être de couleur comme les lettres, porter un monogramme comme elles ; elle doit avoir ses enveloppes assorties. Elle est moins respectueuse qu'une lettre mais plus correcte qu'une carte-lettre puisqu'elle est placée sous enveloppe.

La carte postale.

Non illustrée, elle joue à peu près le même rôle que la carte-lettre, avec cette différence qu'elle n'est pas cachetée et que sa correspondance n'est donc pas secrète. On peut l'acheter à l'unité, toute timbrée, dans les bureaux de poste ; son emploi se justifie donc lorsque l'on a un mot à écrire hors de chez soi.

La carte illustrée a un rôle bien particulier : elle est généralement envoyée au cours d'un voyage ou d'un séjour hors de chez soi et destinée à montrer aux parents et aux amis qu'on ne les oublie pas. Elle est prévue pour être envoyée seule ; cependant, si on l'adresse à une personne à qui l'on veut montrer des égards spéciaux, on la mettra sous enveloppe, ce qui est plus respectueux. Nous verrons plus loin ce qui concerne leur rédaction.

LA CARTE DE VISITE

La carte de visite doit être aussi simple que possible. Sa valeur se manifestera dans la qualité du bristol et la perfection de la gravure. La gravure en relief donne un cachet d'élégance reconnu.

Sa forme est presque carrée.

Le nom peut être placé en haut ou au milieu ; dans le premier cas, il y a plus de place pour la correspondance.

Les cartes féminines.

En principe, les cartes féminines et surtout celles des très jeunes filles sont plus petites que les cartes masculines ou les cartes d'un ménage. Cependant, l'administration des Postes ayant réglementé les dimensions des enveloppes et, d'autre part, cartes et enveloppes étant normalement de même taille, il en résulte qu'aujourd'hui les cartes ont généralement des dimensions standards. Une femme peut avoir deux sortes de cartes, les unes destinées aux envois par la poste, les autres, plus petites et plus féminines, pour accompagner un cadeau, etc., mais elle aura peut-être quelques difficultés à se procurer des cartes de ce format.

Cartes de célibataires. — Une très jeune fille met son prénom et son nom de famille, jamais son adresse.

Une célibataire plus âgée peut rédiger sa carte de visite de plusieurs manières :

1. « Mademoiselle », puis le nom de famille :

Mademoiselle Duval

2. On peut ajouter le prénom ; ce sera utile surtout si plusieurs sœurs ou cousines portant le même nom habitent la même ville ou ont les mêmes relations, ou si le nom de famille étant très courant ne donnait pas une indication suffisante :

Mademoiselle Lucienne Duval

3. Les artistes, les femmes ayant une situation indépendante, journalistes, écrivains, professeurs, préfèrent souvent quel que soit leur âge, supprimer le « Mademoiselle » :

Lucienne Duval

Les femmes mariées. — Leurs cartes portent le mot « Madame » suivi de l'initiale du prénom de leur mari et du nom de famille :

Madame L. Vannier

S'il y a risque de confusion, on met le prénom entier :

Madame Léon Vannier

Les titres de noblesse figurent, mais sans le mot « Madame » :

Marquise de Rivière

On ne fait jamais figurer le mot « veuve » sur une carte de visite.

Une femme divorcée met le mot « Madame » suivi de son prénom et de son nom de jeune fille :

Madame Jeanne Lambert

Les femmes qui exercent une profession. — Mariées, divorcées ou célibataires, les femmes qui exercent une profession — médecin, avocat, chef d'industrie, fonctionnaire — et aussi les directrices d'œuvres ont une carte de visite se rapprochant des cartes masculines. Y figurent non seulement leur nom mais aussi leur adresse (ce qui ne se fait jamais pour les autres cartes féminines) ; éventuellement leur titre, leur numéro de téléphone. Ces personnes ont alors deux sortes de cartes : celles dont nous venons de parler et d'autres pour les rapports purement mondains, se conformant aux critères ordinaires pour les cartes féminines.

Cartes masculines.

Elles portent l'initiale du prénom ou, plus souvent, le prénom entier. Jamais le mot « Monsieur ». On y fait figurer, le cas échéant, le grade, le titre de noblesse, le titre de docteur. Les indications professionnelles sont courtes et gravées en petits caractères ; elles se composent du titre ou de la fonction, des jours et heures de visite ou de réception, du numéro de téléphone. Ces cartes portent l'adresse.

Comme les femmes exerçant une profession, les hommes appelés à avoir des cartes de visite « professionnelles » en ont aussi souvent d'autres ne portant que le nom, le titre et l'adresse, pour les occasions non professionnelles.

Les cartes collectives du ménage.

Elles portent en abrégé M. et Mme et l'initiale du prénom, voire le prénom entier, du mari ainsi que le nom de famille de celui-ci.

Les titres du mari ne peuvent figurer sous les noms puisqu'ils ne se rapportent qu'à lui seul, mais ils figurent parfois avant son nom :

Le docteur et Mme Louis Bérard

Il n'est guère correct de faire imprimer sous les noms des époux la mention « et leurs enfants ». Elle sera plutôt ajoutée à la main lorsqu'elle sera utile.

La carte collective du ménage ne remplace pas les deux cartes individuelles qu'il faut, parfois, employer séparément.

Faire mention des décorations ou les représenter par un signe conventionnel sous le nom n'est pas élégant.

Les emplois de la carte de visite.

Jadis, la carte de visite était envoyée à tout propos et cet envoi de routine n'avait plus guère de signification. Son usage est aujourd'hui plus restreint mais aussi plus intelligent et réellement motivé.

Envoyer sa carte de visite, même par la poste, n'est pas, à proprement parler, faire acte de correspondance, mais dans certains cas cet envoi peut remplacer une lettre.

Il est toujours plus poli d'écrire quelques mots sur la carte que l'on fait remettre ou que l'on envoie.

Voici quelques-unes des circonstances où la carte de visite peut être utilisée :

Au moment d'un mariage, on l'emploie pour : annoncer les fiançailles ; féliciter ; envoyer un cadeau ; remercier ; inviter à une réception de fiançailles ; accepter ou refuser cette invitation ; répondre au faire-part du mariage.

Le fiancé joint sa carte aux envois de fleurs, aux présents. La carte des donateurs figure à une exposition de cadeaux. A la fin des fiançailles, les fiancés commandent les cartes collectives du ménage et les cartes de la jeune femme car ils en auront sans doute besoin dès les premiers jours de leur mariage.

Lors d'une naissance, on annonce souvent la nouvelle par carte de visite. Le jeune père peut écrire lui-même la nouvelle sur la carte collective, mais il est plus élégant de remplacer cette inscription manuscrite par une inscription gravée qui reproduit l'écriture. Le père fera donc un modèle, d'une écriture à la fois lisible et pas trop régulière, pour ne pas donner l'impression d'un effort de calligraphie, et le remettra au graveur qui le reproduira ; dans ce cas, on surélève un peu les noms des parents afin de laisser plus de place à l'écriture. (Voir modèles, p. 98.)

Les amis qui reçoivent ce faire-part ou qui apprennent la nouvelle par les journaux envoient leur carte (carte collective) avec une formule de félicitation.

La carte accompagne les cadeaux faits au bébé.

La carte de la maman, de la marraine ou du parrain (suivant l'envoyeur) est jointe aux boîtes de dragées du baptême.

Au moment d'une communion, d'une profession de foi, on l'utilise pour : envoyer un cadeau ; remercier (mais il est bien préférable que l'enfant écrive lui-même une lettre) ; inviter au goûter ou au repas ; accepter ou refuser cette invitation. (Voir modèles, p. 112.)

Au moment d'un deuil, quand l'intimité n'est pas assez grande pour justifier une visite ou une lettre, on envoie sa carte avec une formule exprimant les sentiments de condoléances ; quand on reçoit le faire-part et que l'on ne peut assister aux obsèques, à la formule de condoléances s'ajoutera une formule de regrets et d'excuses. On l'utilise aussi quand on veut témoigner sa sympathie à un parent du défunt qui habite au loin ; quand on offre une couronne (le fleuriste joint la carte du donateur à son envoi ; c'est un des cas rares où la carte ne porte aucune formule manuscrite) ; quand on est invité sans pouvoir s'y rendre à la messe anniversaire du mois ou de l'année. (Voir modèles, p. 169.)

Lors d'un déplacement, d'un départ, d'une arrivée, ou quand on quitte définitivement une ville, on doit aux amis et même aux simples relations une visite qui peut être remplacée par le dépôt ou l'envoi d'une carte avec une formule d'adieu et portant mention de la nouvelle adresse.

A cette politesse, les destinataires doivent normalement répondre par le dépôt d'une carte avant le départ ou l'envoi d'une carte de bienvenue adressée au nouveau domicile de celui qui part.

Les mêmes obligations se retrouvent lors de l'arrivée à la nouvelle résidence. L'officier, le fonctionnaire dépose sa carte chez ses camarades, ses collègues et fait une visite à ceux qui doivent avoir des relations plus étroites avec lui.

Après un changement d'adresse, on envoie à toutes ses connaissances, le cas échéant aux clients et fournisseurs, une carte portant la nouvelle adresse soulignée à l'encre rouge et attirant l'attention sur ce changement. Si l'on a encore des cartes à l'ancienne adresse, on peut les utiliser jusqu'à épuisement et notifier ce changement en barrant d'un trait bien apparent l'ancienne adresse et en indiquant de façon aussi nette la nouvelle. Par contre, par la suite, il ne sera plus correct, sauf entre intimes, d'utiliser une carte dont l'adresse aura dû être raturée.

Les invitations à certaines réceptions — à un goûter, à une matinée, à une soirée, à un dîner — se font ordinairement sur la carte de visite où l'on inscrit à la main, au-dessous du nom, la date et l'heure de la réception.

On peut aussi, s'il s'agit d'une réception très nombreuse, faire graver des cartes spéciales.

On utilise la carte de visite pour accepter ou refuser ces invitations. (Voir modèles, p. 196.)

Pour féliciter d'un avancement, d'un succès, on envoie sa carte, à moins que des relations très cordiales ne justifient une lettre. (Voir modèles, p. 198.)

Pour envoyer un cadeau, une offrande, on donne sa carte sous enveloppe au commerçant ; cette carte sera glissée dans le coffret ou l'écrin, épinglée au bouquet ou au sac de bonbons. Elle ne doit porter aucune formule manuscrite. De même on accompagne d'une carte sans inscription manuscrite l'envoi d'une offrande, d'une souscription, d'un lot pour une quête, une tombola, une vente de charité.

Autres occasions. — On joint encore sa carte à l'envoi d'argent quand on règle les honoraires d'un médecin, d'un avocat, d'un avoué, d'un notaire, d'un professeur, quand on rembourse une somme prêtée, pour des communications peu importantes, des renseignements, entre personnes se connaissant peu.

On n'écrit pas sur une carte de visite à un dignitaire ecclésiastique. Pour un ecclésiastique ordinaire, tout dépend de la qualité du correspondant et du caractère des relations avec lui. En tout cas, la formule devra comporter une note de déférence.

La carte cornée. — La carte de visite déposée au domicile du destinataire remplace la visite dans bien des circonstances : visite de simple politesse sans qu'il y ait désir d'entretenir des relations suivies, visite faite par un jeune ménage après le mariage, par un danseur après une réception. On peut aussi laisser sa carte quand on est venu prendre des nouvelles d'un malade sans vouloir le déranger. Quand on est venu en visite sans trouver personne pour vous recevoir, on dépose sa carte dans la boîte aux lettres ou on la glisse sous la porte de l'appartement.

La carte cornée indique que l'on est venu soi-même. On n'envoie pas une carte cornée, ni par la poste ni par un commissionnaire. On dépose encore une carte cornée quand on assiste aux obsèques, dans la corbeille placée à cet effet au fond de l'église ou à la maison mortuaire lors de la levée de corps, du moins dans certaines régions. On plie généralement le coin supérieur droit, mais il n'y a pas de règle absolue. On peut aussi plier non le coin, mais le bord de la carte dans sa plus petite dimension, sur une largeur d'un centimètre environ.

Il faut encore avoir des cartes pour faire remettre par le domestique ou le garçon de bureau à une personne chez qui on se présente pour la première fois, et aussi pour donner son adresse correctement à une personne avec qui on entre en relation. Ainsi elle ne risquera pas d'écorcher l'orthographe du nom, qui n'est pas toujours indiquée par une présentation orale. Dans ce cas, une femme inscrira son adresse à la main sur sa carte de visite.

Un ménage envoie le premier sa carte à une femme seule.

Une femme peut envoyer sa carte la première à un prêtre, à un médecin, aux parents de ses élèves si elle est professeur.

On n'écrit pas sur l'enveloppe dans laquelle on envoie une carte le nom de la femme d'un supérieur avec qui on n'a que des relations de service.

Le télégramme.

Il ne servait, à l'origine, que pour les communications urgentes : l'annonce d'une naissance, d'un décès, d'un accident, d'une arrivée ou tout autre événement important ou qu'il fallait annoncer rapidement, et aussi dans les relations d'affaires où la diligence est, dans certains cas, un facteur important de réussite. Le téléphone rend son emploi moins fréquent, mais un autre usage est venu se greffer sur celui-là : on envoie souvent un télégramme à un communiant, à de nouveaux mariés, à la famille d'un défunt pour établir une sorte de communauté de pensée entre expéditeur et destinataire au moment même où ceux-ci aiment à sentir de l'affection autour d'eux. Il faut alors calculer l'heure de l'envoi (en demandant, le cas échéant, à la poste combien de temps mettra le trajet) pour que la dépêche arrive un peu avant la cérémonie.

Le style « télégraphique » n'a pas les mêmes caractéristiques que le style parlé ou le style écrit. Sa caractéristique principale est le laconisme, justifié par le fait que les frais sont calculés d'après le nombre de mots. Il est admis que l'on supprime les mots de liaison, même si la phrase prend une tournure un peu « petit nègre ». Mais ce souci d'économie ne doit jamais sacrifier la clarté ni la politesse. Un ou deux mots de respect, d'amitié ou d'affection selon les cas n'augmenteront pas beaucoup les frais et s'en abstenir serait une marque de sans-gêne et de mauvaise éducation.

A moins de nécessité ou d'une convention préalable, abstenons-nous d'envoyer un télégramme aux personnes que l'âge ou la maladie rend plus impressionnables. La nature humaine est ainsi faite qu'elle s'attend plutôt au pire qu'au meilleur et que la seule vue du petit papier bleu, s'il n'est pas attendu, évoque plutôt une catastrophe qu'une bonne nouvelle.

Le téléphone.

Il peut paraître étonnant que l'on parle du téléphone dans un ouvrage consacré à la correspondance. Nous ne pouvons le passer sous silence, car bien souvent, actuellement, il remplace une lettre. Il faut connaître ses possibilités et ses limites.

Il a aussi ses règles de savoir-vivre que nous évoquerons brièvement :

Quand peut-on l'employer ? — On posera en règle générale que dans les relations autres que les affaires le téléphone n'est admissible qu'entre intimes ; il n'est jamais très protocolaire.

On l'utilise pour : demander un renseignement ; inviter à déjeuner, goûter ou dîner sans cérémonie ; remercier après une invitation de ce genre ; prendre des nouvelles de ses amis, leur prouver que l'on pense à eux ; féliciter, remercier d'un cadeau (mais cela ne vaut pas une lettre, à moins qu'on ne sache donner au coup de téléphone le sens d'une hâte à manifester sa gratitude et sa joie).

On ne l'utilisera pas pour une invitation plus cérémonieuse ou s'adressant à des personnes qui ne sont pas des familiers. Jamais pour exprimer des condoléances. Un enfant qui a reçu un cadeau ne téléphone pas, il écrit.

D'où et comment téléphoner ? — Si l'on a le téléphone chez soi, pas de problème. Sinon, on peut téléphoner du bureau de poste ou d'un poste public, dans quelques grands magasins et administrations qui ont une cabine à l'usage du public, chez un commerçant, spécialement un cafetier, chez un voisin obligeant.

Dans le cas de cabine publique, la communication est souvent établie au moyen de jetons, du moins pour celles de la même circonscription, jetons que l'on peut se procurer au guichet ou à la caisse ou par l'intermédiaire d'une machine distributrice. Chez un particulier, qu'il soit commerçant ou simple abonné, la communication sera imputée à son compte et nous devrons la lui rembourser ou, du moins, l'offrir s'il s'agit d'un voisin complaisant, mais s'il refuse il serait incorrect de déposer le prix de la communication sur la table en partant. Nous nous arrangerons pour le remercier autrement.

Quand téléphoner ? — Le téléphone est moins indiscret qu'une visite ; on peut donc téléphoner à des heures où il serait incorrect de se présenter ; cependant, évitez de téléphoner très tôt le matin (avant 9 heures) et très tard le soir (après 21 heures) et aux heures des repas, à moins que votre correspondant ne vous y ait strictement invité

Ne téléphonez pas pour parler affaires en dehors des heures normales de travail, ni le dimanche ou pendant le week-end.

La politesse au téléphone. — Dès que vous avez quelqu'un en ligne, demandez la personne à qui vous voulez parler en vous nommant : « Je désirerais parler à Mme T..., de la part d'Hélène G... » Ou, si vous avez directement cette personne ou tenez à parler à une personne plutôt qu'à une autre, nommez-vous immédiatement : « Ici, Hélène G... »

Si vous êtes la personne appelée et que votre

interlocuteur néglige de se nommer, vous pouvez demander : « Qui est à l'appareil ? »

Ne prolongez pas inutilement la communication ; d'autres personnes peuvent attendre la ligne.

Ne demandez pas de renseignements confidentiels ni concernant une tierce personne que vous nommerez et ne faites pas de confidences, ne portez pas de jugement sur autrui par téléphone ; il n'y a aucune garantie de secret.

Ayez à portée de la main une liste des numéros de téléphone que vous pourriez avoir à appeler en urgence : police, pompiers, médecin, ambulance, membres de la famille. Cela n'est plus de la politesse, mais de la sagesse.

LE CARNET D'ADRESSES
LE CLASSEMENT DU COURRIER

Nous avons dit qu'écrire quand il faut est une des conditions essentielles pour le maintien des bonnes relations familiales, amicales, mondaines.

Parfois ce n'est pas la bonne volonté qui manque, mais... nous avons perdu ou oublié l'adresse de la personne que nous voudrions atteindre pour lui dire notre sympathie à l'occasion d'un événement heureux ou triste, ou simplement pour nous rappeler à son souvenir et ne pas laisser se distendre les liens.

D'autres fois, telle adresse nous fait cruellement défaut pour retrouver un artisan dont nous avions été satisfait, un fournisseur qu'on nous avait recommandé, un organisme qui pourrait nous rendre service.

Les adresses notées sur des petits bouts de papier ou sur l'agenda en cours risquent de disparaître ou de ne pas nous tomber sous les yeux au moment où nous les cherchons.

Un seul moyen de nous y retrouver sûrement et rapidement : avoir un livre d'adresses bien conçu.

Le livre d'adresses. — Si nous avons de très nombreuses adresses à relever et des activités de genres très différents, nous pouvons avoir deux carnets d'adresses : l'un pour les relations familiales, amicales ou personnelles, l'autre pour les adresses officielles, commerciales, les œuvres, les divers organismes.

Si notre carnet est moins étoffé, nous pourrons tout réunir sur le même.

Le classement se fait par ordre alphabétique, mais gardons-nous de mettre toutes les adresses les unes à la suite des autres dans cet ordre. Que ferions-nous pour en introduire de nouvelles à la place qui leur convient ?

Les carnets d'adresses que l'on trouve dans les papeteries portent des onglets qui les divisent en réservant à chaque lettre un certain nombre de pages. On peut aussi très facilement en faire un soi-même à partir d'un cahier cartonné ou d'un carnet un peu épais.

On laissera plus de pages pour les lettres aux noms plus nombreux, « C », « L », alors que peu de noms commencent par K, Q, X...

A l'intérieur de chaque lettre, les adresses sont inscrites à la suite, au fur et à mesure qu'elles se présentent. L'ordre alphabétique ne pourra donc y être respecté qu'au départ, mais ce n'est pas très grave, car à moins d'avoir un nombre énorme de correspondants, ce qui n'est généralement pas le cas pour des particuliers, on a vite parcouru des yeux la page des « B » ou des « T » pour y trouver le nom cherché.

Le classement. — Pour les relations amicales, familiales ou mondaines, c'est l'initiale du nom de famille qui sera prise en considération Même la tante Jeanne ou le cousin Robert ne seront relevés ni à « T » ou « C » ni à « J » ou « R », mais à leur nom de famille.

En ce qui concerne les ménages nouvellement mariés et dont nous connaissions surtout la femme avant son mariage, il est préférable de les relever deux fois : une fois au nom du mari, avec entre parenthèses le nom de jeune fille, et une autre fois au nom de jeune fille, avec entre parenthèses le nom de dame. Ainsi nous n'aurons pas à nous creuser la tête et à feuilleter tout notre carnet si nous avons oublié comment s'appelle maintenant notre ancienne compagne de collège qui est restée pour nous Maryse G...

Pour les fournisseurs, les artisans ou commerçants, nous ne tiendrons pas compte, dans le classement, du nom de famille mais de la profession : plombier, menuisier, couturière. M. Rufec, plombier, se trouvera non à la lettre R où nous ne penserions sans doute pas à le chercher si nous le connaissons peu personnellement, mais à la lettre P. Les docteurs sont classés à la lettre D (docteur) ou à la lettre M (médecin) ; les dentistes à la lettre D, etc.

Pour ce qui est des œuvres et organismes, on peut soit les placer à leur lettre alphabétique, **S**écurité sociale, **C**hambre syndicale, **C**roix-Rouge, etc., soit les regrouper à la lettre O (œuvres, organismes) pour laquelle il faudra alors prévoir un nombre de pages suffisant, soit les placer ensemble à la fin du carnet ou sur un carnet spécial comme nous le disions tout à l'heure. Personnellement, le système que je trouve le plus pratique est de placer ce genre d'adresses en fin de carnet.

En plus de l'adresse très complète et très lisiblement écrite, il faut mettre en regard de chaque nom toutes les indications utiles, numéro de téléphone, station de métro, arrêt d'autobus, gare, éventuellement jours et heures de visite d'un médecin ou de réception d'un organisme, voire des notations plus particulières : en face de l'adresse d'une amie, « l'appeler à partir de 18 h » ou l'adresse et numéro de téléphone de son lieu de travail si on peut l'y appeler... ; en face de l'adresse d'un fournisseur ou d'un artisan, « recommandé par Mme R... ».

Ainsi notre livre d'adresses deviendra, en plus, un précieux aide-mémoire.

Bien entendu, on tiendra le carnet d'adresses rigoureusement à jour, aussi bien pour y ajouter les noms des personnes qui entrent dans le cercle de nos relations que pour noter un changement d'adresse ou de numéro de téléphone.

Un fichier ? — D'autres préfèrent un système de fiches indépendantes. Les avantages sont les suivants : l'ordre alphabétique peut être rigoureusement respecté puisqu'on glisse la nouvelle fiche à sa place exacte, ce qui facilite les recherches et les abrège ; on peut supprimer les fiches devenues inutiles par suite de changement d'adresse (pas de rature, on fait une fiche nouvelle), de décès, de cessation de relations ; sur une fiche, on peut noter plus de choses.

Les inconvénients : risque de perdre les fiches volantes et encombrement plus grand car ce système n'est valable qu'avec un classeur.

Généralement, dans le domaine des affaires on utilise plutôt le fichier, dans le domaine privé le carnet d'adresses.

Les lettres à répondre. — En principe, toute lettre mérite une réponse, exception faite pour les réclames, les offres de services non sollicitées et quelques autres du même genre, et bien entendu celles qui sont elles-mêmes des réponses.

La réponse doit être prompte. Répondre vite est une marque d'intérêt, d'amitié ou de respect suivant les cas. Le délai moyen correct est d'une semaine.

Toutefois, si une lettre provoque votre indignation, abstenez-vous de répondre immédiatement sous le coup de la colère ; laissez passer quelques jours et reprenez la question quand vous serez calmé et pourrez considérer les choses avec plus de sérénité.

Ayez à portée de la main — et des yeux — un petit casier spécial où vous mettrez les « lettres à répondre » et faites-en souvent l'inventaire complet afin de vous assurer qu'aucune lettre n'est restée en souffrance au-delà d'un délai normal.

Il ne faut jamais détruire une lettre avant d'y avoir répondu ou d'avoir réglé l'affaire la concernant ; on risquerait de l'oublier ou, au moment de répondre, de ne plus savoir exactement ce dont il s'agissait.

Avant de répondre, prenons toujours la peine de relire très attentivement la lettre de notre correspondant afin de ne pas négliger un point essentiel, laisser une question en suspens ou répondre à côté du sujet, ce qui nous ferait accuser d'indifférence et de manque d'intérêt.

Faut-il garder les lettres ? — La plupart des lettres privées peuvent être détruites lorsqu'on y a répondu.

Il faut garder les lettres d'affaires, celles qui constituent un témoignage d'un paiement ou d'un versement d'une somme quelconque, qui marquent un accord, sont la preuve d'une commande ou d'une livraison, etc.

Quant aux lettres personnelles, on peut désirer conserver certaines missives particulièrement jolies ou touchantes, qui nous rappellent des événements qui nous touchent de près ou qui émanent de personnes chères.

Cela est parfaitement légitime, mais pensons aux indiscrétions possibles... Aimeriez-vous que ces lettres soient lues par d'autres ? En tout cas, ne laissez pas traîner de telles lettres et ne conservez pas celles qui peuvent donner une mauvaise opinion de leur scripteur, qui parlent en termes blessants de telle ou telle personne, qui révèlent des secrets de famille ou dont la lecture par d'autres que nous risque de peiner ou de faire du tort.

Les collections d'autographes.

C'est une collection passionnante qui demande beaucoup de patience et de persévérance et doit être commencée tôt. Elle réclame aussi un certain flair ; il est possible que le presque inconnu dont nous avons facilement obtenu la signature devienne par la suite une grande vedette en son domaine et que ses autographes acquièrent une grande valeur.

On pourra soit avoir un carnet (il devra être très beau), soit, ce qui est plus pratique, réunir des autographes séparés ou combiner les deux.

Différents modes de classement peuvent être envisagés. L'ordre alphabétique, le plus simple, ne semble pas très indiqué. On peut classer par époque ou par genre (artistes, hommes politiques, écrivains...).

Il est admis que l'on écrive à une personnalité célèbre, même si on ne la connaît pas, pour lui demander un autographe. Elle répondra ou ne répondra pas (dans la plupart des cas on aura satisfaction) et le risque n'est pas grand.

RENSEIGNEMENTS SUR LE SERVICE POSTAL

L'adresse d'une lettre mise à la poste. — Il est indispensable d'écrire très clairement l'adresse sur toute lettre ou tout paquet devant être confié à la poste. Cela facilite le travail des employés chargés du tri et de la distribution et, surtout, c'est une garantie contre les risques de retard dans la distribution ou ceux de non-distribution.

Il est sage d'indiquer au dos de l'enveloppe l'adresse de l'expéditeur ; ainsi la lettre pourra lui être retournée si, pour une raison ou une autre, elle n'a pas pu être remise à son destinataire.

Sur les lettres pour Paris, Lyon et Marseille, il faut indiquer le numéro de l'arrondissement en plus du nom de la rue, de son numéro et du nom de la ville.

La « codification des adresses » intervenue il y a quelques années n'est pas rigoureusement obligatoire mais très recommandée par le service des Postes ; elle consiste à remplacer le nom du département par son numéro minéralogique (le même que pour les voitures immatriculées dans ce département). Faculté est laissée aux usagers de faire suivre le numéro minéralogique du nom développé du département :

Madame Bertolet
3, rue Rivière
62 — Hesdin

(ou « 62 Pas-de-Calais — Hesdin »)

Si la localité de distribution est différente de celle où est situé le bureau distributeur (autrement dit, si la commune de destination n'a pas de bureau de poste), la préposition « par » naguère usitée doit être supprimée en raison des confusions que sa présence risquerait d'entraîner :

Madame Bertolot
Marconne
62 — Hesdin
(et non « par Hesdin »)

Correspondance avec les pays européens. — Un certain nombre de pays d'Europe utilisent ou vont utiliser prochainement comme la France des numéros postaux d'acheminement portés devant le nom de la localité de destination. Afin d'éviter toute confusion, un accord a été conclu entre les pays intéressés pour faire précéder des indicatifs littéraux de nationalité employés en circulation automobile internationale les numéros postaux.

La liste de ces indicatifs est la suivante :

France : F ;
Allemagne fédérale : D ;
Autriche : A ;
Belgique : B ;
Italie : I ;
Suisse : CH ;
Principauté de Liechtenstein : FL.

Ainsi, pour le courrier déposé à destination de la Suisse, il est recommandé de rédiger les adresses codifiées comme suit :

Monsieur G. Robert
15, rue de Berne
CH — 2000 Neuchâtel
Suisse

Les correspondances destinées à des militaires doivent indiquer le grade du destinataire, le numéro du régiment, de la compagnie ou de l'escadron :

Soldat Louis Mercier
1re compagnie
du 10e régiment d'infanterie
(nom de la ville)

Pour des marins qui naviguent, mettre le nom du bâtiment et son port d'attache ; s'ils ne sont pas embarqués, le numéro de la compagnie du dépôt des équipages de la flotte :

Quartier-maître canonnier Le Querdec
à bord du « Vengeur »
83 — Toulon

L'affranchissement. — L'affranchissement peut se faire soit au moyen d'une machine à timbrer pour les maisons qui ont un nombreux courrier, soit par l'apposition de timbres.

Le timbre doit être placé en haut et à droite de l'enveloppe. Dans toute la mesure du possible, on emploiera un ou deux timbres seulement pour atteindre la somme de l'affranchissement : les longues files de timbres de faible valeur alignées sur une enveloppe compliquent le service en obligeant les employés à apposer plusieurs cachets.

Les tarifs des taxes postales sont affichés dans tous les bureaux de poste mais ils sont sujets à variations. Celles-ci sont annoncées par voie de presse et de radio.

Les lettres adressées à la Sécurité sociale, les pétitions, les lettres envoyées à certains services administratifs n'ont pas à être affranchies. Dans le doute, se renseigner au bureau de poste.

Les militaires et les marins, en opérations ou pendant la durée de leur service militaire, bénéficient de la franchise postale pour l'expédition de huit lettres simples ou cartes postales à caractère familial par mois et pour la réception d'un paquet par mois (pour cette dernière franchise, ils reçoivent de leur unité des bons qu'ils doivent transmettre aux expéditeurs des paquets). En dehors de ces cas, les correspondances qu'ils expédient ou reçoivent doivent être affranchies au tarif normal. Toute lettre non affranchie ou insuffisamment affranchie subira une surtaxe qui sera payée par le destinataire ; cette surtaxe représente le double de la valeur qui manque au départ. Le destinataire est libre de refuser de payer cette surtaxe : la lettre est alors renvoyée à l'expéditeur ou mise au rebut.

Différentes catégories d'envois. — Une nouvelle réglementation est intervenue concernant la classification et la tarification des envois.

On distingue les lettres et plis urgents, affranchis au tarif normal et qui bénéficient d'une priorité d'acheminement, et les lettres et plis non urgents, correspondant à l'ancienne catégorie « imprimés », qui ne bénéficient pas de cette priorité et peuvent par conséquent subir un certain retard dans la distribution. A la différence des anciens imprimés, les plis non urgents peuvent être clos et contenir une lettre.

Il est recommandé d'ajouter le mot « lettre » de façon très apparente sur les plis acheminés en « urgent » mais dont les dimensions, le volume ou le conditionnement pourraient les faire confondre avec des envois non urgents.

Des paquets-poste peuvent contenir des échantillons et marchandises diverses à la condition que rien dans le contenu ne puisse risquer de causer un dommage quelconque ; donc, pas de produits explosifs ou dangereux. Un liquide contenu dans un récipient fragile, bouteille ou flacon, devra être entouré d'assez de matière absorbante, mousse ou coton, pour que si le récipient est brisé le liquide ne puisse tacher les autres colis.

Les imprimés en relief à l'usage des aveugles sont expédiés en franchise postale jusqu'à 3 kg.

La correspondance pour les pays étrangers doit être affranchie en timbres du pays d'origine ; cependant, pour permettre l'envoi de « timbres pour la réponse » entre les différents pays, ces timbres peuvent être expédiés au correspondant sous forme non de timbres du pays, qui ne seraient pas valables ailleurs, mais de coupon-réponse international qui permettra d'acquitter les droits d'affranchissement.

Les dimensions et les poids. — Dimensions maximales : L + l + h = 90 cm, la plus grande dimension ne pouvant pas dépasser 60 cm.

Les plis non urgents sont admis sous forme de rouleau, les plis urgents ne le sont pas.

Dimensions minimales : les envois doivent comporter une face dont les dimensions ne soient pas inférieures à 10 × 7 cm.

Poids maximum : 3 kg.

Cependant, dans le cadre de la normalisation des formats des enveloppes de lettres, il est sage de tenir compte dès maintenant, lorsque l'on doit acheter de nouvelles enveloppes, des orientations prises par le dernier congrès des Unions postales universelles, qui sont les suivantes : les plis normalisés devront être d'un format allongé, dont les dimensions ne pourront être inférieures à 90 × 140 mm ou supérieures à 120 × 235 mm. Les enveloppes de format intermédiaire devront avoir une longueur au moins égale à la hauteur multipliée par 1,4.

La recommandation. — Les envois en pli urgent et les paquets-poste peuvent être recommandés. Les envois en pli non urgent ne sont pas admis à la recommandation.

Un pli recommandé ne peut être mis dans une boîte aux lettres, mais doit être remis au guichet du bureau de poste qui en donnera un récépissé à l'expéditeur. Ce récépissé devra être conservé pour toute réclamation ultérieure.

Envois spéciaux. — L'envoi « par exprès », assorti d'une taxe spéciale, assure non seulement un acheminement prioritaire, mais la distribution immédiate par un porteur sans attendre l'heure ordinaire de la tournée du facteur.

Les envois contre remboursement ne seront délivrés à leur destinataire que contre le paiement d'une somme fixée par l'expéditeur. Ce procédé entraîne des frais plus élevés.

Il est interdit d'insérer :

— Dans tous les envois, des pièces de monnaie françaises ou étrangères ayant cours ;

— Dans les lettres ordinaires ainsi que dans tous les plis non urgents et les paquets-poste même recommandés, des billets de banque, des valeurs payables au porteur ;

— Dans tous les envois autres que les boîtes avec valeur déclarée, des pièces de monnaie, même démonétisées, des matières d'or ou d'argent, des bijoux et autres objets précieux. A l'exception des pièces de monnaie ayant cours, les matières d'or ou d'argent sont admises dans les paquets-poste recommandés à condition que leur valeur ne soit pas supérieure au montant de l'indemnité accordée en cas de perte de ces envois.

On peut expédier des billets de banque et valeurs au porteur dans des plis ou boîtes en « valeur déclarée » jusqu'à un maximum de valeur de 7 500 F.

Des cachets de cire identiques reproduisant un

signe particulier à l'expéditeur doivent être appliqués en nombre suffisant sur les plis des enveloppes à valeur déclarée. Quant aux boîtes, elles doivent être enveloppées de papier blanc et entourées d'une ficelle croisée dont le nœud est pris dans un cachet de cire.

Correspondance par avion. — Les correspondances de toute nature, sous réserve qu'elles répondent aux conditions de poids, de dimensions et de conditionnement de leur catégorie, sont admises au transport aérien pour tous les pays.

Le courrier expédié par avion peut être déposé dans les boîtes aux lettres spéciales (poste aérienne), dans les boîtes ordinaires ou celles réservées aux pneumatiques.

Il est généralement rédigé sur papier extrêmement fin et contenu dans des enveloppes très légères car le poids joue un rôle important. La correspondance avec certains pays est acheminée « par avion » sans surtaxe. Pour d'autres pays, il y a une surtaxe en plus de l'affranchissement ordinaire. Cette surtaxe variant avec les pays, on se renseignera à la poste. On y connaîtra également les jours de départ qui, pour certains pays, n'ont lieu que deux ou trois fois la semaine.

Boîte postale ; poste restante. — Certaines personnes qui veulent pouvoir retirer leur courrier très tôt ou qui, pour toute autre raison, ne veulent pas le recevoir à domicile peuvent louer une boîte postale, au bureau de poste, dans laquelle leur courrier sera déposé.

En voyage, lorsque l'on ne connaît pas l'adresse où l'on descendra, on peut se faire adresser son courrier « poste restante » dans les villes où l'on doit passer. On ira le retirer, muni d'une carte d'identité et moyennant une redevance pour chaque pli. Le délai de garde est de quinze jours après la fin de la quinzaine d'arrivée de la correspondance au bureau.

Pour faire suivre son courrier. — Au cours d'un déplacement, vous pouvez faire suivre votre courrier. Si quelqu'un, à votre domicile, peut se charger de modifier l'adresse, l'acheminement vers votre domicile provisoire sera gratuit. Si vous demandez à la poste de faire ce changement d'adresse et d'assurer cette réexpédition, vous paierez une redevance de 6 F par changement d'adresse, c'est-à-dire que si, au cours de vos vacances, vous changez trois fois d'adresse il vous faudra établir trois fiches de demande et acquitter trois fois la taxe. Pour les personnes qui se déplacent beaucoup, un abonnement à la réexpédition est prévu. Moyennant une taxe annuelle de 25 F, on leur délivrera une carte qui leur permettra d'assurer autant d'ordres de réexpédition qu'il sera nécessaire au cours de l'année.

Pneumatiques. — La correspondance pneumatique est une correspondance accélérée qui ne circule qu'entre les différents quartiers de Paris ou avec les localités de proche banlieue. Elle doit porter la mention « pneumatique » dans le coin supérieur gauche de l'enveloppe et est soumise à une taxe spéciale ainsi qu'à certaines conditions de dimensions et de poids.

Les envois de fonds. — On peut envoyer de l'argent par la poste de différentes manières :

1. Par mandat-lettre. Le titre du mandat est remis au demandeur, au guichet, contre paiement

de la valeur du mandat augmentée d'une taxe. C'est lui qui fera parvenir, dans une lettre ou autrement, ce mandat au destinataire ; ces mandats sont payables immédiatement dans tous les bureaux de poste, sur présentation d'une carte d'identité, jusqu'à 1 000 F. Au-delà, moyennant certaines formalités.

2. Par mandat-carte. Le mandat est établi sur une formule comportant un coupon de correspondance sur lequel l'expéditeur peut écrire ce qu'il veut à l'adresse du destinataire, mais cette correspondance reste à découvert. C'est le service des Postes qui se chargera de faire parvenir ce mandat à son destinataire. Jusqu'à 1 000 F, il sera payé à domicile. Au-delà, au bureau de poste.

3. Par mandat de versement à un compte courant ou chèque de virement si le destinataire ou les deux correspondants disposent d'un compte courant postal.

On peut également payer par mandat-carte spécial les contributions directes et certaines contributions indirectes.

Le télégramme. — Le télégramme peut être écrit sur une formule spéciale mise gratuitement à la disposition de l'usager au guichet ou sur n'importe quel papier. Il est interdit aux agents du service d'écrire, même en partie, la minute du télégramme que désire envoyer l'expéditeur ; celui-ci doit l'écrire lui-même.

On peut aussi, si l'on est abonné au téléphone, dicter par ce moyen le texte du télégramme que l'on veut envoyer, ce qui évite d'avoir à se déranger.

A la campagne, on peut remettre le texte d'un télégramme au préposé qui fait la distribution du courrier.

Le texte du télégramme peut également être

téléphoné à son destinataire si celui-ci est abonné au téléphone.

La taxe est calculée d'après le nombre de mots avec un montant minimum de base.

Le téléphone. — Nous avons vu que l'on pouvait téléphoner à partir d'un poste d'abonné ou d'une cabine publique.

La taxe varie suivant le lieu de départ (elle est plus élevée à partir d'un poste public que d'un poste d'abonné), la distance qui sépare les correspondants et la durée de la communication, sauf pour les communications ayant lieu à l'intérieur d'une même circonscription où la durée n'est pas prise en considération.

Un tarif réduit est consenti aux abonnés disposant d'un téléphone automatique et téléphonant à longue distance le soir après 20 heures et le matin avant 8 heures, ainsi que le dimanche et les jours de fêtes légales.

Sauf cas exceptionnels (demande de communication en P.C.V. dont la taxe et une surtaxe spéciales seront payées par le destinataire, ce qui ne se fait pratiquement jamais entre particuliers), les frais de la communication sont à la charge du demandeur. De plus, chaque abonné au téléphone paie une redevance mensuelle d'abonnement, qu'il use ou non de son poste pendant le mois.

Pour avoir l'assurance qu'une communication interurbaine destinée à un poste d'abonné ne sera établie — et par conséquent taxée — que s'il est possible d'être mis en rapport avec une personne préalablement désignée, on peut demander une communication avec préavis, qui donne lieu à la perception d'une taxe supplémentaire.

On peut échanger une conversation téléphonique avec une personne non abonnée au téléphone. On demande alors une communication avec « avis d'appel ». La personne demandée, prévenue par un avis remis à son domicile dans les mêmes conditions qu'un télégramme, pourra se présenter à un poste téléphonique public ou d'abonné et la communication sera établie dès qu'elle aura manifesté sa présence.

Les numéros de code des départements

01 Ain
02 Aisne
03 Allier
04 Alpes-de-Hte-Provence
05 Alpes (Hautes-)
06 Alpes-Maritimes
07 Ardèche
08 Ardennes
09 Ariège
10 Aube
11 Aude
12 Aveyron
13 Bouches-du-Rhône
14 Calvados
15 Cantal
16 Charente
17 Charente-Maritime
18 Cher
19 Corrèze
20 Corse
21 Côte-d'Or
22 Côtes-du-Nord
23 Creuse
24 Dordogne
25 Doubs
26 Drôme
27 Eure
28 Eure-et-Loir
29-N Nord-Finistère
29-S Sud-Finistère
30 Gard
31 Garonne (Haute-)
32 Gers
33 Gironde
34 Hérault
35 Ille-et-Vilaine
36 Indre
37 Indre-et-Loire
38 Isère
39 Jura
40 Landes
41 Loir-et-Cher
42 Loire
43 Loire (Haute-)
44 Loire-Atlantique
45 Loiret
46 Lot
47 Lot-et-Garonne
48 Lozère
49 Maine-et-Loire
50 Manche
51 Marne
52 Marne (Haute-)
53 Mayenne
54 Meurthe-et-Moselle
55 Meuse
56 Morbihan
57 Moselle
58 Nièvre
59 Nord
60 Oise
61 Orne
62 Pas-de-Calais
63 Puy-de-Dôme
64 Pyrénées-Atlantiques
65 Pyrénées (Hautes-)
66 Pyrénées-Orientales
67 Rhin (Bas-)

68	Rhin (Haut-)
69	Rhône
70	Saône (Haute-)
71	Saône-et-Loire
72	Sarthe
73	Savoie
74	Savoie (Haute-)
75	Paris (Ville de)
76	Seine-Maritime
77	Seine-et-Marne
78	Yvelines
79	Sèvres (Deux-)
80	Somme
81	Tarn
82	Tarn-et-Garonne
83	Var
84	Vaucluse
85	Vendée
86	Vienne
87	Vienne (Haute-)
88	Vosges
89	Yonne
90	Belfort (Territoire de)
91	Essonne
92	Hauts-de-Seine
93	Seine-Saint-Denis
94	Val-de-Marne
95	Val-d'Oise

En ce qui concerne les départements de la banlieue parisienne créés à partir de l'ancienne Seine-et-Oise, on trouve dans les bureaux de poste des listes indiquant la répartition des communes dans ces départements.

LA COMPOSITION ET LA PRÉSENTATION D'UNE LETTRE

Pour qu'une lettre soit à la fois intéressante, efficace et correcte, il faut :

1° Savoir ce que l'on veut faire connaître à son correspondant.
2° Mettre ses idées en ordre.
3° Les exprimer avec précision.
4° Avoir un style et une orthographe corrects.
5° Rendre ce style plaisant par une certaine élégance, de la spontanéité.

Bien entendu, certains points auront plus d'importance que d'autres selon le genre de lettres.

La lettre d'affaires demande la précision, l'ordre et la concision. Toutes les parties doivent en être bien distinctes. Aucun détail étranger ne doit venir l'allonger ni l'alourdir. Pas de recherche d'élégance de style ni de politesse exagérée. L'affaire en cause sera seule évoquée. Nous en reparlerons plus en détail au chapitre des « lettres d'affaires ».

La lettre mondaine, de remerciements, de félicitations, de condoléances, de vœux, doit être courte mais le style en sera plus recherché et on donnera plus de place aux formules de politesse. Il faut savoir trouver le ton juste, approprié non seulement aux circonstances, mais aussi à l'âge et à la situation de notre correspondant, à notre situation vis-à-vis de lui, à la nature de nos rapports.

La lettre d'amitié n'a pas d'autres règles que celles qui s'appliquent à l'amitié elle-même, c'est-à-dire la simplicité, l'abandon, le souci du bonheur et du bien-être de l'autre, la confiance. Evitons de ne parler que de nous, mais aussi de faire de notre lettre une série de questions placées bout à bout. Parlons surtout à notre correspondant de ce qui le touche, de ce qui l'intéresse, puis, très simplement, parlons aussi de nous.

Si un aimable abandon peut présider à ces sortes de lettres, il ne faut pas oublier cependant que « les paroles s'envolent mais les écrits restent ». Il y a des choses que l'on peut, peut-être, dire mais que l'on n'écrit pas. D'autant plus que l'on n'est jamais absolument sûr que notre lettre ne tombera pas sous d'autres yeux que ceux auxquels elle est destinée.

Si nous avons tardé à écrire, excusons-nous, mais brièvement, sans trop nous étendre sur les motifs de notre retard, qui n'ont plus guère d'importance.

Ne parlons pas trop de la pluie et du beau temps. Evitons les terminaisons embrouillées et longues qui font penser à ces gens qui, à la fin d'une visite, n'arrivent pas à prendre congé. Mme de Sévigné — l'épistolière par excellence — avait horreur de ces banalités et les appelait des « selles à tous chevaux ».

Quant aux lettres d'amour... on n'en saurait donner ni recette ni modèle. C'est le cœur qui guide la plume et c'est le cœur qui lira

Faut-il faire un plan? Un brouillon? — Bien entendu, dans une lettre d'amitié qui est une « conversation à distance », on peut se laisser aller au courant de sa plume. Cependant, même en ce cas — et avant d'écrire toute lettre — il est bon de réfléchir quelques instants et de faire le point de ce que nous avons à dire. Sinon, nous risquons de nous apercevoir, quand la lettre sera expédiée, que nous avons oublié l'essentiel ou que nous n'avons pas répondu à une question de notre correspondant.

Etablissons une hiérarchie entre les divers sujets et donnons la priorité aux plus importants, c'est-à-dire, dans une lettre d'amitié : répondre aux questions posées, parler de notre correspondant, de sa famille, de ses soucis, de ses activités, puis de nous-même et des divers sujets susceptibles de nous intéresser l'un et l'autre. Dans une lettre à but précis, remerciements, félicitations, invitation, etc., énonçons d'abord ce point. Ensuite, si nos rapports le permettent et si nous disposons de temps, nous parlerons d'autre chose.

Dans une lettre d'affaires, expliquons d'abord le point essentiel et donnons ensuite les détails précis.

Quant au « brouillon », il peut faire sourire et paraître un peu puéril. Il est pourtant très utile dans certains cas. Naturellement, nous ne ferons pas de brouillon pour une lettre d'amitié dont le charme est fait de spontanéité ni pour une lettre de simple politesse, mais s'il s'agit d'une lettre particulièrement délicate à rédiger, pour laquelle tous les mots portent, il est préférable de pouvoir se relire et corriger certaines expressions, remplacer certains mots qui nous sont venus spontanément sous la plume et que nous jugeons trop forts, trop faibles ou déplacés quand nous les lisons noir sur blanc. Un brouillon nous permet de voir plus clair dans notre pensée, d'éviter les ratures — qui ne sont jamais admises dans une lettre — et de ne pas avoir à recommencer plusieurs fois la lettre qui ne nous satisfait pas, gâchant ainsi temps et papier.

D'autre part, si la lettre n'est pas tapée à la machine, et ne comporte donc pas de double, nous pourrons conserver le brouillon qui nous rappellera l'affaire en question.

Le post-scriptum. — Parlons-en, ici, au niveau du « plan », puisque justement il traduit une absence de plan et de réflexion, cette réflexion dont nous disions tout à l'heure qu'elle devait présider à la rédaction de toute lettre, même amicale.

On le place après la signature, précédé des lettres P.-S. (initiales de « post-scriptum », expression latine qui signifie « après ce qui est écrit »).

Il témoigne de l'étourderie et aussi de quelque sans-gêne et ne peut être employé qu'entre intimes. Il doit être court et ne se rapporter qu'à un détail mineur et ne concernant ni la santé de l'intéressé ou de ses proches ni leurs soucis ni une question importante posée par notre correspondant, car il témoigne que son sujet ne nous occupait guère l'esprit puisque nous l'avions oublié.

Dans tous les autres cas, oubli important, sujet long à traiter, lettre protocolaire ou adressée à une personne à qui nous devons le respect : pas de post-scriptum, recommençons la lettre.

On ne remet pas la signature après le post-scriptum ; on peut la rappeler par les initiales.

Installons-nous confortablement. — Nous allons écrire . Ne le faisons pas « à la sauvette », sur le coin d'une table de cuisine encombrée où notre lettre risque de se trouver souillée, tout en surveillant d'un œil le dîner qui cuit et, de l'autre, le chat qui cherche à attraper le poisson rouge.

Réservons à notre correspondance un moment de calme, dans le courant de l'après-midi ou le soir, par exemple, où nous pourrons donner toute notre attention à notre sujet. Ayons à notre disposition une place suffisante, propre, nette et bien éclairée et, sous la main, tout ce qu'il nous faut : papier, stylo, enveloppes, timbres, carnet d'adresses, dictionnaire, casier des « lettres à répondre » ; notre esprit y gagnera en liberté, notre style en spontanéité et notre lettre en intérêt.

L'ÉCRITURE

L'écriture est terriblement indiscrète. La place de plus en plus grande donnée à la graphologie dans le monde du travail (pour l'embauche, le choix des postes, l'avancement) en est une preuve. Elle donne des indications indéniables sur notre caractère, nos aptitudes, notre tempérament, l'éducation que nous avons reçue, notre santé même. Elle peut, d'emblée, et avant même que notre correspondant ait lu une ligne, lui donner une bonne ou mauvaise opinion de nous.

Soignons-la donc. Ce qui ne veut pas dire que nous devons nous appliquer à tracer des lettres parfaitement régulières comme si, revenu à l'école primaire, nous faisions une « page d'écriture ». Au contraire, des caractères moulés rappelant un modèle d'écriture sont considérés comme vulgaires.

L'écriture doit-elle être grande ou petite, droite ou penchée? Question de goût et de mode que l'on peut résoudre à son gré, à la condition d'éviter toute exagération. L'écriture moderne est plutôt droite, ferme, appuyée, plus « dessinée » que calligraphiée, un peu irrégulière dans son ensemble mais non pas échevelée.

Les deux impératifs absolus sont la simplicité et une parfaite lisibilité. Pas de majuscules compliquées ou ornées de fioritures, pas de boucles, de crochets, de paraphes.

Efforcez-vous d'écrire bien horizontalement, même si cela doit vous demander un peu d'attention et de volonté. Tous les graphologues s'accordent à voir dans les lignes descendantes un signe de dépression, de laisser-aller.

L'ORTHOGRAPHE

Une opinion, assez peu répandue d'ailleurs, affiche un souverain mépris à l'égard de l'orthographe. Les tenants de ce laxisme citent à l'appui de leur thèse des écrivains à la mode dont le rigorisme sur ce point n'est pas extrême. Mais, outre qu'il s'agit là d'exceptions, le fait d'imiter les défaillances d'un grand homme n'implique pas nécessairement un égal génie.

En réalité, ne pas tenir compte de l'orthographe dans l'art épistolaire révèle soit une ignorance peu glorieuse, soit une négligence qui frise l'impertinence envers le correspondant.

Respectons donc l'orthographe, du moins... d'intention car, avec la meilleure volonté du monde, il nous arrivera peut-être de trébucher, la langue française, reconnaissons-le, se permet des fantaisies et des caprices parfois déconcertants.

Certaines fautes d'orthographe sont du ressort de la correction grammaticale (accords, conjugaisons, etc.). Une suffisante connaissance des règles, un peu d'attention et, le cas échéant, l'aide discrète d'une bonne grammaire permettent de les éviter.

D'autres pièges sont plus insidieux, ils relèvent de ce que l'on appelle l'orthographe d'usage (consonnes simples ou doublées, finales en « d » ou en « t », « an » ou « en », etc.). Seule la lecture habituelle, attentive et réfléchie, peut nous en préserver. Et encore...

Au moindre doute, n'hésitons pas à faire appel au dictionnaire, qui doit toujours être à portée de notre main.

Les termes techniques ou d'origine étrangère n'ont pas le monopole des embûches, les mots les plus courants sont quelquefois les plus dangereux et les plus bizarres... L'adjectif « bizarre » vient de passer sous ma plume... ; pourquoi s'écrit-il ainsi alors que la même consonance finale donne, par ailleurs, « bazar » et « hasard » ?

Quelques mots pièges.

Nous donnons ici quelques-uns de ces mots qui peuvent prêter à confusion ou être cause d'erreur. Ces exemples, choisis entre mille parmi les plus caractéristiques, ne constituent ni une encyclopédie ni un lexique. Leur but est seulement d'inciter à une prudente réserve les épistoliers trop sûrs d'eux-mêmes.

Exemples.

C'est en fabri**qu**ant des articles de luxe que ce fabri**c**ant s'est enrichi.

Cet enfant est fati**g**ant. Ce travail me fati**gu**ant j'ai dû le cesser.

Il est évid**e**nt qu'en évid**a**nt ce bois vous risquez de le fendre.

Son discours est convain**c**ant. En convain**qu**ant ses auditeurs, il réussit à leur faire partager son point de vue.

Une cha**rr**ette et un cha**r**iot encombraient la route (tous les composés de char prennent deux « r », sauf chariot).

Ils sont sortis ensembl**e** (et non ensembl**es**).

Prenez vos livres et donnez-leu**r** les leu**rs**.

Nos amis différ**ant** d'opinion et étant de caractère différ**ent**, un différ**end** s'est élevé entre eux (dans la même phrase, trois orthographes différentes pour des mots de même consonance, c'est un comble !).

A son retour, il était ha**r**assé et emba**rr**assé.

Le travail équival**ant** à la marchandise, celle-ci ne sera pas facturée. Le travail étant équival**ent** à la marchandise...

Il fut blessé au cour**s** d'une chasse à cou**rre**.

En cette o**cc**urrence, la con**c**urrence lui fut salutaire.

Cet imbéci**l**e étale inconsciemment son imbéci**ll**ité.

Ce bonho**mm**e parle avec bonho**m**ie.

La pièce a été persi**f**lée par les critiques et si**ff**lée par le public.

Il est sorti de cette épreuve a**pp**auvri mais a**p**aisé.

Les plus beaux **s**ites se trouvent près des **c**imes.

Il a quitté la pharma**cie** pour la diploma**tie**.

Ce mar**aud** a tué un perdr**eau** et un levr**aut**.

Le broch**et** est un excellent m**ets**.

Les chevr**eaux** sont dans la prairie avec les chev**aux**.

Réclamer cette autop**sie** est une inep**tie**.

La null**i**té des élèves de ce l**y**cée est notoire.

Les pré**c**ieuses employaient des termes préten**t**ieux.

Un bibliothé**c**aire et un anti**qu**aire se disputaient cet ouvrage.

On ne coupe pas le noug**at** avec un coutel**as**.

Votre oblig**eance** a réparé ma néglig**ence.**

Cette d**ans**e réclame de la prud**ence**.

Le chat a laissé le poi**ss**on pour courir après un pin**s**on.

Ce lithogra**ph**e a fait une ga**ff**e.

Une tra**pp**e fut préparée pour attra**p**er l'animal.

Cette agre**ss**ion est la puni**t**ion de son imprudence.

Cet enfant barbo**t**ait dans l'eau et grelo**tt**ait.

Vous êtes insta**mm**ent prié de répondre genti**m**ent.

Il avait travaillé pati**em**ment ; aussi a-t-il été reçu brill**am**ment.

LE STYLE

Le style épistolaire diffère du style parlé. Mais peut-on parler de « style épistolaire » ? Il y en a autant que d'épistoliers, autant que de destinataires, autant que de sujets de lettres.

Le style officiel, le style commercial, le style mondain, le style familial, le style amical, le style amoureux... : autant d'aspects de l'art épistolaire.

Les chapitres qui vont suivre en traiteront tour à tour et les illustreront d'exemples, mais, quels que soient l'objet de la lettre, son expéditeur et son destinataire, voici quelques points à ne pas perdre de vue :

— Soyez clair, même dans la correspondance amicale.

— Soyez courtois, même dans la correspondance officielle et administrative.

— Soyez réservé, même dans la correspondance familiale et amoureuse.

— Et, en toute occasion, gardez-vous également de l'affectation et du sans-gêne. Soyez simple, soyez naturel, soyez « vous-même » La correction du style est aussi nécessaire qu'une bonne orthographe et son mépris peut nous faire mal juger. On réclame plus de correction du style « écrit » que du style « parlé ». Celui qui écrit a du temps devant lui. Il peut se relire, chercher le mot juste, l'expression adéquate à sa pensée, corriger ses erreurs ou les fautes de syntaxe, tandis que, si au cours d'une conversation vous vous trouvez en présence d'un interlocuteur qui pèse doctement chacun de ses mots et, après chaque phrase, vous laisse en suspens pour préparer et étudier la suite de son discours, vous ne tarderez pas à le trouver exaspérant.

N'exagérons donc rien, ne nous montrons pas sottement rigoriste au point de refuser notre estime à quiconque « offense la grammaire » et ne nous croyons pas déshonoré si nous nous apercevons qu'une de ces fautes nous a échappé. Mais surveillons la manière de nous exprimer.

Certaines tournures défectueuses sont si bien passées dans le langage courant qu'elles choquent peu de personnes ; elles n'en sont pas moins condamnables et nous devons les éviter, surtout en écrivant, si nous voulons avoir un bon style.

N'ÉCRIVEZ PAS	ÉCRIVEZ
Je ne m'en rappelle pas.	Je ne m'en souviens pas.
Nous irons en bicyclette.	Nous irons à bicyclette (et en auto).
Nous avions convenu d'un arrangement.	Nous étions convenus d'un arrangement.
Donnez-moi un tout petit peu de vin.	Donnez-moi un peu de vin.
Mon fils a mal à sa jambe.	Mon fils a mal à la jambe.
Ne m'en voulez pas.	Ne m'en veuillez pas.
Il s'est mal conduit vis-à-vis de moi.	Il s'est mal conduit à mon égard.
Je monte en haut.	Je monte.

N'ÉCRIVEZ PAS	ÉCRIVEZ
Je descends en bas.	Je descends.
Les enfants iraient en promenade.	Les enfants iraient se promener.
Je vais à Avignon.	Je vais en Avignon (mais, bien sûr, on dit « à Paris, à Marseille »).
Nous nous sommes tués à vous expliquer.	Nous nous sommes évertués à vous expliquer.
Cette dépense serait de l'ordre de vingt mille francs environ.	Cette dépense serait de vingt mille francs environ.
Ce travail coûtera de 3 à 4 000 francs.	Ce travail coûtera de 3 000 à 4 000 francs.
Par suite de cet accident, il y a eu deux blessés légers.	Par suite de cet accident, deux personnes furent blessées légèrement (le poids des victimes n'a rien à voir ici).
Ce plat aime à être mangé très chaud.	Il faut manger ce plat très chaud.
Une erreur s'est glissée dans les écritures.	Une erreur dans les écritures a été commise (« s'est glissée » voilerait certes mieux les responsabilités, mais...).
Je cherche après mon livre.	Je cherche mon livre.
J'attends après mon ami.	J'attends mon ami.
L'affaire que je vous ai parlé.	L'affaire dont je vous ai parlé.
Ne partez pas trop de bonne heure.	Ne partez pas de trop bonne heure.
Je n'ai rien besoin aujourd'hui.	Je n'ai besoin de rien aujourd'hui.
Donnez-moi-le.	Donnez-le-moi.
Je causais à mon père.	Je causais avec mon père.
Il parlait avec moi.	Il me parlait.
Je n'y connais rien à cette affaire.	Je ne connais rien à cette affaire.
Ne soyez pas longue à faire ce travail.	Ne mettez pas longtemps à faire ce travail.
Laissez-moi causer.	Laissez-moi parler.
Je n'ai pas vu mon ami, mais par hasard je suis tombé sur son frère.	Je n'ai pas vu mon ami, mais par hasard j'ai rencontré son frère.
Je l'ai trouvé presque mort.	Je l'ai trouvé sur le point de mourir.

N'ÉCRIVEZ PAS	ÉCRIVEZ
Il était aux trois quarts mort de froid.	Il était transi de froid (on est mort ou on ne l'est pas).
Cette catastrophe a fait une hécatombe de plusieurs milliers de blessés.	Cette catastrophe a fait plusieurs milliers de victimes (hécatombe signifie exactement « cent morts »).
J'ai bien des choses à penser.	J'ai à penser à bien des choses.
Tant qu'à moi, je pense que...	Quant à moi, je pense que...
J'ai lu cette histoire sur un livre.	J'ai lu cette histoire dans un livre.
Il a reçu une dépêche que son fils est blessé.	Il a reçu une dépêche annonçant que son fils est blessé.
Je suis en route à réparer...	Je suis occupé à réparer...
J'aperçus sept à huit personnes.	J'aperçus sept ou huit personnes.
Nous sommes fâchés après lui.	Nous sommes fâchés contre lui.
Ma sœur, elle aussi, ne répond pas.	Ma sœur, elle non plus, ne répond pas.
Comme de juste, je paierai.	Comme il est juste, je paierai.
Je ne vous avais pas remis.	Je ne vous avais pas reconnu.
Emotionner.	Emouvoir.
Solutionner.	Résoudre.
Vous demanderez après moi.	Vous me demanderez.
Vous me demandez un renseignement impossible à se procurer.	Vous me demandez un renseignement impossible à trouver.
Nous l'avions prévu d'avance.	Nous l'avions prévu.
Si j'aurais su...	Si j'avais su...
Nous concluâmes que...	Nous conclûmes que...
Nous riâmes de bon cœur.	Nous rîmes de bon cœur.
Je voudrais le voir au diable vert.	Je voudrais le voir au diable vauvert.
Bâiller aux corneilles.	Bayer aux corneilles.
Il est sorti en bras de chemise.	Il est sorti en manches de chemise.
Comme de juste.	Comme il est juste.
Il est en but à la jalousie.	Il est en butte à la jalousie.
J'ai rempli mon but.	J'ai atteint mon but.
Un événement notable.	Un événement notoire.
Trois heures et quart.	Trois heures un quart.
Je me suis levé dès patronminet.	Je me suis levé dès potronminet.
Nous avons été à Paris.	Nous sommes allés à Paris.

N'ÉCRIVEZ PAS	ÉCRIVEZ
Ils sont partis à Londres.	Ils sont partis pour Londres.
Je veux vous éviter cette peine.	Je veux vous épargner cette peine.
Je vais au boulanger.	Je vais à la boulangerie.
Je vais au médecin.	Je vais chez le médecin.
Ses parents lui ont offert ce bijou pour l'anniversaire de ses quinze ans.	Ses parents lui ont offert ce bijou pour son quinzième anniversaire.
Une foule immense...	Une foule innombrable...
La plupart du temps.	La plus grande partie du temps.
Il a donné à cette œuvre vingt ans de sa vie.	Il a donné vingt ans à cette œuvre.
Ce document se suffit à lui-même.	Ce document se suffit.
Je croyais peut-être qu'il répondrait.	Je croyais qu'il répondrait peut-être.
Défense de monter et de descendre des voitures en marche.	Défense de monter dans les voitures en marche et d'en descendre.
Où en est-il de son travail ?	Où en est son travail ?
Je m'en vais vous donner cela.	Je vais vous donner cela.
J'ai un chien de mort.	Un de mes chiens est mort.
Les ouvertures avaient la forme de carrés longs.	Les ouvertures avaient la forme de rectangles.
Je lui ai laissé la plus grosse moitié.	Je lui ai laissé la plus grosse part (si elles sont inégales, il n'est plus question de moitiés).
Ne placez pas la charrue avant les bœufs.	Ne placez pas la charrue devant les bœufs.
Un bourg conséquent.	Un bourg important.
J'ai déjeuné avec du pâté.	J'ai déjeuné de pâté.
Je me suis en allé.	Je m'en suis allé.
En face la maison.	En face de la maison.
Nous deux mon père.	Mon père et moi.
Une rue passagère.	Une rue passante.
Il va de mal en pire.	Il va de mal en pis.
La chose que j'ai besoin.	La chose dont j'ai besoin.
Il reste rue X.	Il demeure rue X.
Il m'a stupéfait.	Il m'a stupéfié.
De manière à ce que.	De manière que.
La clef est après la porte.	La clef est à la porte.

LA PONCTUATION

Connaissez-vous l'histoire de cet instituteur connu pour enseigner à ses élèves un souverain mépris de la ponctuation ? Il alla jusqu'à traiter d'« âne » un inspecteur qui ne partageait pas son avis. Celui-ci l'apprit, mais c'était un homme d'esprit. A sa première visite de classe, il demanda à un enfant d'écrire au tableau la phrase suivante sans aucune ponctuation : « L'inspecteur dit l'instituteur est un âne. » Lui-même, ensuite. en fit successivement, par le simple jeu des points et des virgules, « L'inspecteur, dit l'instituteur, est un âne » et « L'inspecteur dit : l'instituteur est un âne ».

La ponctuation n'est pas indifférente. Elle rend nos lettres claires en marquant nettement la valeur des diverses idées et leur succession logique. Faute de ponctuation, non seulement un texte risque d'être interprété dans un sens erroné, mais il sera déplaisant à l'œil et fatigant à lire.

On emploie ainsi les divers signes de ponctuation :

La virgule sépare les parties semblables d'une phrase ou les termes d'une énumération et a sa place avant et après tout ensemble de mots qu'on peut supprimer sans que la phrase devienne inintelligible.

Le point-virgule distingue deux parties importantes d'une phrase.

Le deux-points s'utilise devant une citation, une énumération, devant une phrase qui développe ce qui précède.

Le point se met à la fin de chaque phrase.

Le point d'exclamation souligne une affirmation, marque l'étonnement, l'indignation, la joie.

Le point d'interrogation s'emploie à la fin des phrases interrogatives.

Le tiret sépare la parole de deux interlocuteurs.

Les parenthèses vont toujours par deux, entourent toute phrase ayant un sens à part au milieu d'une autre.

Les guillemets se mettent au commencement et à la fin d'une citation.

Les points de suspension remplacent la fin d'une phrase à laquelle on veut laisser une certaine imprécision.

L'alinéa consiste à aller à la ligne chaque fois que l'on change de sujet.

Employons judicieusement ces divers signes. Ne mettons pas le point avant que la phrase soit entièrement finie, la virgule avant la conjonction « et ». N'oublions pas la majuscule après un point et au début de chaque phrase.

Ne négligeons ni les points d'exclamation ni les points d'interrogation quand ils sont de mise, mais ne les multiplions pas trop et ne les redoublons pas sous le vain prétexte de donner plus de force à notre pensée. Une lettre où abondent ces signes ainsi que les points de suspension prend un aspect assez vulgaire.

De même, évitons les soulignages fréquents. Si la pensée est nette et le style clair, le lecteur remarquera de lui-même les passages dignes d'intérêt.

Evitons les surcharges, les ratures, les phrases en interlignes. N'abusons pas des mots coupés en fin de ligne.

LA PRÉSENTATION DE LA LETTRE

Une lettre agréablement présentée, aérée, dispose favorablement le lecteur dès l'abord tandis que si elle est touffue, toute remplie par le texte comme si on avait voulu faire des économies de papier, on aura l'impression de « ne pas savoir par quel bout la prendre » et on appréhendera d'en commencer la lecture.

Les marges et les blancs. — La lettre doit commencer à peu près au quart de la hauteur de la première page. L'importance de ce blanc est proportionnelle au respect que l'on entend témoigner à son correspondant (sans exagération, naturellement). Il en est de même pour la marge qu'il faut laisser à gauche. Elle est, en moyenne, de deux centimètres pour la correspondance privée, du quart de la largeur de la page pour la correspondance commerciale, du tiers pour la correspondance administrative, de la moitié pour une pétition.

Si le feuillet est plié en quatre, écrivez à la première page, puis au verso de celle-ci, à la troisième et à la quatrième. Certaines personnes passent de la première page à la troisième pour revenir ensuite à la deuxième ; cette méthode, qui transforme la lettre en une sorte de rébus, est à rejeter. Cependant, pour une lettre courte qui ne dépassera certainement pas deux pages, on peut écrire uniquement à la première et à la troisième afin de ne pas laisser la seconde partie du double feuillet inutilisée. Dans la correspondance commerciale, officielle ou administrative, dans laquelle on utilise toujours le format bloc, si l'exposé ne tient pas entièrement sur la première page, on préfère souvent ne pas écrire au verso et ajouter un second feuillet.

N'abusez pas de la possibilité, admise entre intimes, de terminer la lettre, si besoin est, par quelques lignes écrites dans l'autre sens, faute de place suffisante dans le sens normal. A la rigueur, la marge peut ainsi se trouver partiellement occupée, mais n'allez jamais jusqu'à croiser les lignes d'écriture, ce qui la rendrait presque indéchiffrable. Si vraiment, une fois le papier rempli, vous avez encore des choses à dire, prenez un autre feuillet. Dans une lettre officielle, d'affaires ou qui se veut correcte et respectueuse, ce genre de surcharge n'est pas admis. Si vous devez tourner la page pour écrire au verso ou prendre un autre feuillet, arrangez-vous pour que cette page qui sera la dernière porte quelques lignes et non pas seulement la formule finale et la signature.

La date ne doit jamais être négligée. Dans certaines pièces officielles, elle se trouve au bas de la lettre, juste avant ou après la signature. Dans les lettres privées et dans la plupart de tous les cas, elle est placée en haut et à droite de la lettre. Le respect de ce détail — que les femmes négligent plus souvent que les hommes, paraît-il — évite bien des erreurs ou contestations, incite notre correspondant à répondre à temps en lui rappelant quand il a reçu notre lettre et donne à notre correspondance une précision de bon aloi.

On écrit généralement en chiffres le quantième du mois et l'année et en lettres le nom du mois :

3 mai 19..

On peut y ajouter le nom du jour de la semaine :

Dimanche 3 mai 19..

ou, au contraire, abréger, en procédant uniquement par chiffres :

3-5-19..

Le tournure « Ce 3 mai 19.. » est prétentieuse.

La date est généralement précédée du lieu d'origine :

Boulogne, 3 mai 19..

On peut placer sous la date l'adresse :

Boulogne, 3 mai 19..
170, rue de la Paix

cela, du moins, pur les lettres privées. Pour les lettres d'affaires, on met sous la date, mais à quelque distance, le nom et l'adresse du destinataire ; quant au nom (ou à la raison sociale de la maison) et à l'adresse de l'expéditeur, ils sont à peu près à la même hauteur mais en face, dans la partie gauche.

L'EN-TÊTE

L'en-tête et la formule finale ont une grande importance car ils varient d'après le rang, l'âge, les relations. Une incorrection grave sur ce point risque de donner une fâcheuse opinion de notre savoir-vivre.

« Mon cher Monsieur », « Ma chère Madame » sont des pléonasmes et, de plus, ce redoublement de possessif exprime une nuance de condescendance et semble sous-entendre une sorte de « droit de propriété » fort déplaisant.

La tournure, pourtant plus logique du point de

vue grammatical », « Ma chère Dame », « Ma chère Demoiselle » est si désuète qu'il est à peine besoin de signaler qu'on ne l'emploie plus.

Quel que soit l'en-tête adopté, arrangez-vous pour le répéter une fois ou deux au cours de la lettre si vous êtes très respectueux et, au moins, en finale : « J'espère, chère Madame, que votre santé... », « Je suis heureux, Monsieur le Président, de cette occasion... », mais la répéter à tous les tournants de phrase, même en s'adressant à un supérieur, serait obséquieux.

Entre hommes pour un supérieur. — « Monsieur », « Cher Monsieur ».

A un égal. — « Monsieur », « Cher Monsieur », « Cher Monsieur et ami », « Cher ami », « Mon cher ami », « Cher collègue », « Cher confrère », « Monsieur et cher collègue », « Monsieur et cher confrère », « Mon cher collègue », « Mon cher confrère », « Mon cher Bernard ».

Avec une nuance de supériorité. — « Monsieur », « Cher ami », « Mon cher ami », « Cher Monsieur Robert ».

D'une femme à un homme. — « Monsieur », « Cher Monsieur », « Cher Monsieur et ami », « Cher Claude », « Mon cher Claude ».

D'une femme à une femme. — « Madame », « Chère Madame », « Chère Madame et amie », « Chère amie », « Mademoiselle », « Chère Mademoiselle », « Chère Claudine », « Ma chère Gilberte ». Ou, plus affectueusement et familièrement, « Ma petite Lucette », « Bien chère Suzanne », « Ma très chère Colette », « Ma chérie », etc.

D'un homme à une femme. — Il y aura, à degré égal de relations, une note plus respectueuse : « Madame », « Chère Madame », « Chère Madame et amie », « Chère amie », « Chère Elisabeth ».

En famille. — Les termes de parenté seront précédés ou non du possessif, ou le prénom : « Chère grand-mère », « Chère tante », « Mon cher oncle », « Cher cousin », « Cher Léon », « Ma chère Thérèse ».

Aux fournisseurs. — « Monsieur », « Madame », « Mademoiselle ». Lorsque l'on ignore l'identité de la personne qui recevra le courrier, on mettra « Monsieur ».

Aux clients. — « Monsieur », « Madame », « Mademoiselle », « Monsieur et cher client », « Madame et chère cliente », ces dernières tournures s'employant plutôt dans les offres de services que dans les lettres commerciales proprement dites.

Aux gens de service. — « Mon cher Julien », « Cher François ».

Aux médecins. — D'un inférieur : « Monsieur le Docteur ». D'un égal : « Docteur », « Cher Docteur », « Cher Docteur et ami », « Mon cher Docteur », « Monsieur », « Monsieur le Professeur » (s'il y a lieu), « Monsieur le Médecin-Chef » (dans le service).

Aux notaires, avocats, avoués et autres hommes de loi ainsi qu'à un écrivain en renom, un académicien, un savant ou un artiste célèbre. — « Maître », « Cher Maître », « Cher Maître et ami ».

Aux officiers. — Les titres ne se donnent qu'aux officiers supérieurs à partir du grade de commandant. Les inférieurs, les gens de service, les officiers subalternes et soldats et, d'une façon générale, tous ceux qui ont appartenu, appartiennent ou seraient encore susceptibles d'appartenir à l'armée écriront « Mon Général », « Mon Commandant », « Mon Colonel ».

Dans les relations mondaines, on mettra « Général », « Mon cher Commandant », « Cher Commandant et ami » suivant le degré d'intimité. Une femme emploiera les mêmes en-têtes, de préférence sans possessif.

A un officier de marine, on ne donne pas de titre jusqu'au grade de capitaine de corvette. De capitaine de corvette à commandant de vaisseau compris, on donne le titre de commandant. Au-delà, on dit « Amiral ». Dans la marine, on écrit toujours « Commandant » ou « Amiral » tout court, sans « mon ».

Aux maréchaux de France : « Monsieur le Maréchal ».

Aux officiels. — L'en-tête, placé au milieu de la page, un peu à droite, indique le titre du personnage : « Monsieur le Président », « Monsieur le Ministre », « Monsieur le Député », « Monsieur le Sénateur », « Monsieur le Conseiller », « Monsieur le Recteur », « Monsieur l'Ambassadeur », « Monsieur le Directeur », « Monsieur le Juge ».

Quelqu'un qui a exercé une fonction importante, un ministre, un ambassadeur, en garde le titre même s'il cesse de remplir ses fonctions.

Naturellement le titre peut être supprimé si la correspondance a un caractère purement privé et si les relations entre les correspondants l'autorisent.

On choisit alors la nuance qui convient suivant l'âge et les rapports.

A un ecclésiastique. — D'après son titre et sa fonction : « Monsieur le Curé », « Monsieur l'Aumônier », « Monsieur le Vicaire général », « Monsieur le Supérieur », « Monsieur le Chanoine », « Monsieur le Recteur ». Ou, si l'on ignore son titre et sa fonction : « Monsieur l'Abbé ». Une personne n'appartenant pas à la religion catholique pourra dire « Monsieur », mais cela est assez désinvolte, surtout par écrit.

A un religieux. — « Mon très Révérend Père », « Mon Révérend Père », « Mon Père », « Monsieur le Supérieur », « Mon frère », « Cher frère » (pour un frère des écoles chrétiennes, même si vous ne le connaissez pas).

A un pasteur protestant. — « Monsieur le Pasteur ».

A un rabbin. — « Monsieur le Rabbin », « Monsieur le Docteur ».

A un évêque, un archevêque. — « Monseigneur » « Excellence ».

A un cardinal. — « Eminence ».

A un roi, une reine. — « Sire », « Madame « (et dans le cours de la lettre, « Votre Majesté » et la troisième personne).

A un prince royal. — « Prince » ou « Monseigneur » (dans le cours de la lettre, « Votre Altesse »).

Les titres de noblesse. — Ils ne sont indiqués que par les inférieurs. Une personne en service, quelqu'un qui brigue un poste ou présente une requête écriront « Monsieur le Comte », « Madame la Baronne ». Dans les relations mondaines, on ne donne pas les titres. On peut donner, cependant, ceux de duc et de prince : « Mon cher Duc », « Chère Princesse ».

L'accession des femmes à des postes ou à des carrières jadis réservés aux hommes pose certains problèmes. Il est en effet admis qu'en bien des cas le mot féminin correspondant au titre officiel désigne la femme du titulaire et non la femme qui remplirait elle-même ce poste ; d'où confusions possibles. Ainsi « Madame l'Ambassadrice » se dit de l'épouse d'un ambassadeur, non d'une femme qui représenterait officiellement son pays à l'étranger. Quant à « ministre », « sénateur », « député », « juge », ils n'ont pas encore de féminin dans le langage courant. Par ailleurs, une femme médecin n'est pas une « médecine », pas plus qu'une femme avocat ne doit être qualifiée de « maîtresse ». Dans une lettre, on dira « Madame » à la femme de quelqu'un qui porte un titre officiel. « Madame la Présidente » sera non pas la femme du président mais celle qui exerce effectivement une présidence (exception faite parfois pour la femme d'un président de la République, encore ne lui donnera-t-on le titre que dans les pétitions et autres requêtes ; dans les rapports mondains ou officiels, on écrira « Madame »).

Lorsqu'il y a risque de confusion, on écrira — et on dira — au mépris, s'il le faut, de toutes les règles de grammaire, « Madame le Ministre », « Madame l'Ambassadeur », « Madame le Député », « Madame le Docteur » ou « Docteur », « Maître ».

Les titres militaires ne sont partagés par les

épouses des officiers qu'à partir du grade de colonel. D'ailleurs, si la formule « la générale X » est employée lorsqu'on cite cette personne dans le cours de la lettre, on aura plutôt recours au simple « Madame » dans le style direct. Par contre, « Madame la Maréchale » subsiste toujours.

On a pu remarquer que dans bien des cas, et sauf, comme nous l'avons dit, avec les mots « Monsieur », « Madame » et « Mademoiselle », on a le choix entre l'emploi ou non du possessif — « Cher ami » ou « Mon cher ami ». Le possessif indique soit une nuance de condescendance, soit plus de familiarité. « Ma chère tante » est plus familier et affectueux, « Chère tante » plus respectueux.

Il n'est jamais permis de mettre, dans l'en-tête, les mots « Monsieur » « Madame », « Mademoiselle » en abrégé.

LES FORMULES FINALES

Avec clarté, originalité, élégance, nous avons dit à notre correspondant tout ce que nous souhaitions lui communiquer et nous poussons peut-être un « ouf » de soulagement... Attention, ne nous réjouissons pas trop vite. Il ne reste plus qu'une formule finale à ajouter avant de clore la lettre, mais ce peut être plus qu'il n'en faut pour nous plonger dans l'embarras. Cette petite phrase de la fin est une sorte d'embûche dernière tendue à l'épistolier. Tout en nuances, elle sera révélatrice de son tact et de sa bonne éducation et d'autant plus importante que c'est elle qui laissera la dernière impression. Il importe donc de la rédiger avec discernement, ni trop leste, ni trop servile, ni désinvolte, ni ampoulée, mais en termes justes, simples, accordés au ton de la lettre. Quel que soit le motif de la lettre, il n'est jamais permis d'esquiver cette formule.

Voici un choix de formules dont les termes pourront être adaptés aux diverses circonstances :

Entre parents, familiers, amis. — « Bien affectueusement vôtre », « Espérant avoir bientôt le plaisir de vous revoir, je vous adresse mon très cordial souvenir », « Enchantée d'avoir pu vous rendre ce petit service, chère amie, et toujours à votre disposition », « Je vous embrasse avec toute ma vieille et profonde amitié », « Croyez à toute mon affection », « Amical souvenir », « Cordialement vôtre », « Mille amitiés », « Mon affectueux souvenir », « Bien amicalement », « Bien vôtre », « Croyez, cher ami, à mes sentiments dévoués » (à « mon souvenir le meilleur »).

D'un homme à une femme avec une nuance respectueuse. — « Veuillez agréer, Madame (ou « chère Madame »), mes très respectueux hommages », ou « l'expression de mes sentiments respectueux », ou « l'hommage de mon profond respect ».

Avec une nuance amicale. — « Croyez, chère Madame, à ma respectueuse amitié ». « Veuillez agréer, chère Mademoiselle, l'expression de mon respectueux et affectueux dévouement », « Croyez, ma chère Colette, à toute mon amitié ».

Quand un homme écrit à un ami marié, il ajoute « Veuillez faire agréer mes hommages respectueux à Madame X », « Veuillez présenter mes hommages à Madame X » ou, plus simplement, « Veuillez partager avec Madame X (jamais « avec votre femme ») mon meilleur souvenir ».

Entre égaux suivant la nature des relations, l'âge, l'objet de la lettre. — « Veuillez recevoir, Monsieur, l'assurance de ma considération distinguée », « Veuillez recevoir, Madame, l'assurance de ma respectueuse considération », « Recevez, Madame (« chère Madame »), l'assurance de ma bonne amitié », « Veuillez trouver ici l'assurance de toute ma sympathie », « Je vous redis mon meilleur souvenir ».

A un inférieur. — « Recevez l'assurance de mes bons sentiments », « Au revoir, mon cher Alfred, je vous serre cordialement la main », « Croyez, ma chère Adèle, à mon meilleur souvenir ».

A un fournisseur. — « Veuillez recevoir, Monsieur, l'expression de mes sentiments distingués », « Recevez, Monsieur, mes sincères salutations ».

A un client. — « Toujours dévoués à vos ordres, nous vous prions d'agréer, Monsieur, nos sincères salutations », « Dans l'attente de vous lire, nous vous adressons, Madame, nos salutations empressées ».

A un supérieur, un bienfaiteur, un correspondant âgé. — « Recevez », qui est en quelque sorte un ordre, n'est pas très respectueux. « Veuillez agréer », « Daignez agréer », « Daignez recevoir » sont plus polis, cependant ce sont encore des impératifs ; la formule la plus respectueuse est « Je vous prie d'agréer ». (Cependant, dans le langage officiel, ou en s'adressant à des officiels, on dira plutôt, nous le verrons plus loin, « Veuillez agréer ».) « Croyez, je vous prie, chère Madame, à tout mon respectueux attachement », ou à « ma respectueuse amitié », ou à « ma déférente amitié », « Veuillez trouver dans ces lignes l'expression de ma respectueuse gratitude ».

Les titres ou grades doivent toujours être répétés dans la formule finale. Si notre correspondant n'a pas de titre spécial et que nous tenons à terminer notre lettre sur une note de correction absolue, nous répéterons dans la formule finale ce que nous avions mis à en-tête. « Veuillez croire, mon Colonel, à mon sincère et cordial dévouement », « Je vous prie d'agréer, chère Madame, l'assurance de mon profond respect », « Avec mes remerciements, je vous prie de recevoir, Maître, l'assurance de mon dévouement », « Veuillez agréer, Docteur, l'expression de mon respect ».

Aux personnages officiels.

A un président de la République. — « Veuillez agréer, Monsieur le Président, l'hommage de mon profond respect », ou, si on a sollicité une grâce, « Veuillez agréer, Monsieur le Président, le profond respect avec lequel j'ai l'honneur d'être votre très obéissant serviteur ».

A un ministre. — « Veuillez agréer, Monsieur le Ministre, l'expression de mon profond respect », ou de « mes sentiments très respectueux », ou de « ma haute considération ». Si l'on est en relations suivies officielles, on pourra écrire « la nouvelle assurance de ma haute considération ».

A un ambassadeur, un ministre plénipotentiaire, un maréchal de France. — « Veuillez agréer, Monsieur l'Ambassadeur (ou « Monsieur le Ministre plénipotentiaire », ou « Monsieur le Maréchal »), l'assurance de ma très haute considération ».

A un député, un haut fonctionnaire, un préfet. — « Veuillez agréer, Monsieur le Député (ou « Monsieur le Conseiller », etc.), l'expression de mes sentiments très respectueux », « Veuillez, Monsieur le Député (ou autre titre), recevoir l'expression de ma considération distinguée ».

A un roi, une reine, un prince. — « Je suis, avec le plus profond respect, Sire (ou « Madame », ou « Prince »), de Votre Majesté (ou « de Votre Altesse ») le très respectueux et dévoué serviteur ».

Aux membres du clergé.

A un prêtre, un religieux. — « Veuillez agréer, Monsieur le Curé, l'expression de nos sentiments respectueux », « Recevez, je vous prie, mon Révérend Père, l'assurance de ma respectueuse reconnaissance ».

A un évêque. — « Daignez agréer, Monseigneur, l'hommage de mon profond respect ».

Nous verrons d'autres formules dans la deuxième partie de cet ouvrage consacrée à quelques exemples de lettres.

S'il s'agit non d'une lettre commerciale ou officielle, mais d'une correspondance de caractère amical ou mondain, il ne faut pas laisser dans l'ombre la famille du destinataire, pas plus, d'ailleurs, que celle de l'expéditeur : « Mon mari se joint à moi pour vous adresser, chers amis, nos meilleurs sentiments », « Veuillez, je vous prie, cher Monsieur, faire agréer à Madame E... mes bien respectueux hommages », « Toute la maisonnée de Paris se réunit pour envoyer mille affections à celle de Lyon », « Transmettez s'il vous plaît, cher ami, mes hommages à Madame T... », d'une femme à un homme « Veuillez, cher Monsieur, me rappeler au bon souvenir de Madame G... », « Je vous adresse, chère Mademoiselle, mon bien amical souvenir auquel mon mari joint l'hommage de son respect », « Mon mari me charge, chère Madame, de vous transmettre ses hommages ainsi que son bien amical souvenir pour Monsieur P... ».

LA SIGNATURE

La signature se place sous la formule finale, à peu de distance au milieu de la feuille ou un peu vers la droite.

La signature est, pourrait-on dire, le sceau personnel placé sur la pensée écrite pour lui donner son caractère d'authenticité. C'est pourquoi elle est nécessaire à toute lettre et doit toujours être écrite à la main, même si la lettre elle-même est tapée à la machine.

Plus encore que le reste de notre écriture, notre signature nous révèle ; elle est « nous-même ».

C'est une erreur de croire qu'une signature « tarabiscotée », enjolivée de boucles et d'arabesques, est une marque de distinction. Au contraire, la véritable élégance — selon la mode actuelle — demande une signature très simple, presque dépouillée.

Il faut rester fidèle à la signature que l'on a adoptée. Dans la vie mondaine, c'est une preuve de personnalité et de distinction et, dans le domaine des affaires ou lorsqu'il s'agit de pièces officielles, c'est une nécessité absolue. Quelqu'un, par exemple, qui signerait des chèques tantôt d'une signature, tantôt d'une autre, s'exposerait aux pires ennuis. D'ailleurs, en bien des cas, à la banque, à la caisse d'épargne, à la poste si vous avez un compte courant postal, on vous a demandé de déposer un modèle de votre signature afin de comparer celles qui arriveraient par la suite ; il est donc impératif que toutes soient semblables.

La signature doit-elle être lisible ? En principe, oui, et la tendance moderne va en ce sens ; cependant il est difficile de l'exiger des personnes qui ont de très nombreuses signatures à donner au cours d'une journée. Si notre signature est pratiquement indéchiffrable, il est souvent utile de répéter, lisiblement cette fois, notre nom sous la signature, à moins qu'il ne figure en haut de la feuille s'il s'agit d'une lettre d'affaires. Dans une lettre d'affaires écrite à la machine, cette répétition du nom sous la signature peut être dactylographiée.

Bien entendu, s'il s'agit de personnes avec qui nous sommes en relations suivies et qui connaissent bien notre griffe, cette précaution n'a pas sa raison d'être, mais elle peut être de mise si nous écrivons à des correspondants nouveaux ou à des personnes que nous connaissons peu, cela pour deux raisons : d'abord, si la lettre n'est pas suffisamment explicite pour indiquer d'elle-même son origine, notre correspondant peut ne pas savoir de qui elle émane ; puis, s'il est très impoli d'écorcher le nom d'un correspondant sur l'enveloppe qui lui portera notre réponse, encore faut-il que l'expéditeur n'ait pas été, en quelque sorte, obligé de commettre cette impolitesse, faute d'avoir pu déchiffrer la signature.

Il n'est pas du tout correct de placer le nom de famille avant le prénom dans la signature, ni de faire précéder celle-ci des mots « Monsieur », « Madame » ou « Mademoiselle ». Le mot « veuve » n'y figure pas davantage, sauf dans certains actes officiels.

Signatures masculines. — Un homme signe généralement de l'initiale de son prénom et de son nom de famille. Si plusieurs membres de la famille ou plusieurs personnes ayant le même nom de famille ont la même initiale, il mettra le prénom entier:

J. Touret René Dupont

Il peut aussi mettre simplement le nom de famille s'il pense être le seul à le porter dans son cercle de relations :

Delalande

Cela peut se faire surtout pour les noms assez longs. Ce ne serait pas joli pour les noms d'une seule syllabe.

Un homme qui a une particule signera soit « M. de Latour » ou « Michel de Latour », soit « Latour », mais jamais « de Latour ». La particule disparaît toujours quand le nom de famille est employé seul, de même qu'en parlant d'une famille noble on doit dire « les Latour » et non pas « les de Latour ».

Il n'est pas d'usage courant de signer « Marquis de F... », « Comte de T... » ; cela se fait cependant en certaines provinces.

En certaines régions aussi, le mari accole à son nom celui de sa femme en les reliant par un trait d'union :

Dupont-Garnier

Signatures féminines. — Une célibataire signe de l'initiale de son prénom ou de son prénom entier et de son nom de famille. Si elle est très jeune et dans l'intimité, elle pourra employer le prénom seul :

J. Périer Juliette Périer Juliette

Une femme mariée met généralement l'initiale de son prénom (ou son prénom entier, mais c'est moins courant) et le nom de famille de son mari. Ou son prénom seul dans l'intimité :

O. Touret   Odile Touret   Odile

Lorsqu'il y a des risques de confusion dans une même famille, la femme peut ajouter après son prénom ou son initiale le prénom ou l'initiale de son mari :

Yvonne P. Martin   Y. Pierre Martin   Y.P. Martin

Une femme titrée peut signer :

Comtesse de B...   Baronne de L...

Une divorcée signe comme une célibataire, c'est-à-dire de l'initiale de son prénom et de son nom de jeune fille qu'elle a repris (à moins que, pour des raisons particulières, le jugement de divorce ne lui ait laissé le droit de continuer à porter le nom de son mari en certaines occasions).

Les formules « Votre nièce », « Ta cousine affectionnée », « Votre ami dévoué » ne s'emploient plus guère.

LA MISE SOUS ENVELOPPE

Quand la lettre est terminée et signée, relisons-la attentivement, plions-la selon le format qui convient et glissons-la dans l'enveloppe, puis écrivons immédiatement l'adresse du destinataire. Faire plusieurs lettres à la suite et les mettre dans les enveloppes en série est très dangereux car on risque de se tromper ; de même, remettre à plus tard de cacheter l'enveloppe « pour le cas où quelque chose nous reviendrait à l'esprit »... La lettre a bien des chances de partir non cachetée.

Le feuillet doit être introduit dans l'enveloppe pliure en bas afin que l'ouvre-lettre ne risque pas de couper la missive en deux.

L'ADRESSE

L'adresse joue évidemment un rôle important. La lettre la mieux tournée ne servirait pas à grand-chose si, par suite de la négligence dans la suscription de l'adresse, elle devait aller finir sa carrière dans la corbeille de rebut de l'administration des Postes. Une adresse correctement libellée et bien disposée sur l'enveloppe est une preuve de soin et de bonne éducation et aussi une marque de considération à l'égard du destinataire.

L'adresse doit être reproduite exactement telle que notre correspondant nous l'a indiquée. Elle comprend normalement : nom, rue et numéro, ville ou commune, bureau de poste desservant si le destinataire habite un village ne possédant pas de bureau, département et, pour Paris, Lyon et Marseille, numéro de l'arrondissement, mais elle peut mentionner aussi le nom de la propriété ou de la villa, le lieu-dit, un numéro d'appartement, un numéro ou une lettre de bâtiment (spécialement dans les immeubles collectifs et grands ensembles, etc.).

L'adresse doit couvrir à peu près la moitié inférieure de l'enveloppe ; on mettra donc la première ligne, le nom, à mi-hauteur. Cependant, si l'adresse complète comprend de nombreuses lignes, on pourra commencer un peu plus haut mais jamais avant la fin du premier tiers, à la fois pour respecter la règle de convenance qui le veut ainsi et parce qu'une indication placée trop haut risquerait d'être masquée par les tampons de l'administration.

Si nous écrivons à l'étranger, n'oublions pas de mentionner le pays. On peut placer cette indication, ou la répéter, en haut, à gauche, face au timbre afin d'attirer davantage l'attention lors des opérations de tri et d'aiguillage du courrier.

Les mots « Monsieur », « Madame », « Mademoiselle » doivent toujours être écrits en toutes lettres. Les mettre en abrégé serait un manque de soin et de savoir-vivre.

Contrairement à tous les principes de la vieille galanterie française, pour écrire à des gens mariés on fait toujours passer « Monsieur » avant « Madame » parce qu'il est le chef de la communauté. On ne mentionne jamais le mot « veuve » sur une enveloppe. Une femme veuve sera, comme du vivant de son mari, désignée comme « Madame L... ». Pour une femme divorcée, on emploie le mot « Madame » suivi de l'initiale de son prénom ou de son prénom entier si on le connaît et de son nom de famille de jeune fille.

Lorsque la lettre (faire-part, vœux ou autre) est destinée à toute la famille, on peut l'indiquer sur l'enveloppe :

Monsieur et Madame Charmeil
et leurs enfants

Les titres de noblesse et le titre de docteur sont mentionnés sur l'enveloppe.

Des amis et des égaux, ou du moins des personnes appartenant au même milieu social, écriront simplement :

Baronne de F...
Le Commandant et Madame E...

Comte et Comtesse de la R...
Le docteur P...

Pour ce dernier cependant on met aussi parfois « Monsieur le Docteur P... », même entre égaux. Tandis que les serviteurs et les personnes de rang inférieur à leurs correspondants, et lorsque la correspondance n'a pas un caractère amical ou mondain, feront précéder le titre des mots « Monsieur », « Madame » ou « Mademoiselle » :

Madame la Baronne de F...
Monsieur le Comte et Madame la Comtesse de la R...
Monsieur le Docteur P...

Pour une femme médecin, on écrira :

Madame le Docteur G...

Pour les personnes que l'on appellera « Maître » en tête et dans le cours de la lettre, on ne met généralement pas ce titre dans l'adresse :

Monsieur P. Leroy
Notaire

Le destinataire ne peut qu'être flatté de voir figurer sur l'enveloppe un titre ou une distinction qui l'honore, mais n'exagérons pas et n'accumulons pas les titres, même si notre correspondant en possède plusieurs. Choisissons simplement le plus usuel ou le plus flatteur. On ne mentionne pas sur l'enveloppe les distinctions telles que « chevalier de la Légion d'honneur », etc.

Le titre est placé non à la suite du nom mais immédiatement en dessous :

Madame L...
Présidente du Comité de la Croix-Rouge

Monsieur Léon R...
de l'Académie française

Docteur P...
Médecin-chef de l'hôpital

Monsieur R. T...
Auditeur au Conseil d'Etat

La profession est parfois indiquée, surtout si la lettre se rapporte à cette profession :

Mademoiselle S...
Professeur de coupe

Monsieur G...
Entrepreneur de travaux publics

Pour les militaires, il faut spécifier le grade et le numéro du régiment ainsi que la compagnie ou l'escadron ; pour les marins, le nom du bâtiment sur lequel ils naviguent ou, s'ils ne sont pas en mer, le numéro de leur dépôt ou de leur port d'attache. Pour les officiers supérieurs en retraite (les seuls dont le grade soit mentionné), on donne simplement le grade et l'adresse privée.

Lorsque le destinataire est un ecclésiastique. — A un religieux :

Le Révérend Père X
Couvent de [...]

A un curé :

Monsieur l'Abbé C...
Curé de [...]

ou, si on ne sait pas son nom :

Monsieur le Curé de [...]

Nous verrons plus en détail, dans la deuxième partie, les modèles d'adresse pour les ecclésiastiques et les dignitaires.

Pour écrire aux personnages officiels. — La présentation varie suivant que le destinataire est un personnage politique ou un haut fonctionnaire français ou le représentant d'une puissance étrangère. Par exemple :

Monsieur le Président de la République
Palais de l'Elysée
Paris

ou, avec plus d'honneur :

A Monsieur,
Monsieur le Président de la République
Palais de l'Elysée
Paris

Monsieur,
Monsieur le Ministre de la Marine
(adresse)

En écrivant aux représentants d'une puissance étrangère, on se conformera aux suscriptions employées par la Chancellerie française :

A Sa Majesté
S.M.R. (ou « I. ») le Roi (ou « l'Empereur ») de [...]
(adresse)

Notons que l'on ne dit pas le roi ou la reine « de Belgique », mais le roi ou la reine « des Belges » :

A Son Altesse
S.A.R. (ou « I. ») le Prince de [...]
(adresse)

A un ambassadeur ou ministre plénipotentiaire :

A Son Excellence
S.E. l'Ambassadeur (ou « le Ministre plénipotentiaire »)
(adresse)

Correspondance avec les Anglais.

Il est correct lorsque l'on correspond avec des étrangers, même résidant dans leur propre pays, de se conformer aux coutumes françaises, mais si l'on veut employer les usages du pays en question il faut le faire avec discernement et à bon escient.

Prenons l'exemple, fréquent, de la correspondance avec les Anglais. Ecrivant à un bourgeois anglais, vous mettrez :

James Penny, Esq.

et à sa femme :

Mrs. Penny

Si votre correspondant est knight (chevalier) :

Sir James Penny

S'il est baronet :

Sir James Penny, Bart
(abréviation de baronet)

S'il est baron :

Lord Greenly

et à sa femme :

Lady Greenly

à leurs enfants :

Hon. Jack Greenly
Hon. Regina Greenly

A un vicomte :

Viscount Fielding

Même règle pour le earl (comte).

A un marquis :

His Worship, the Marquis of Fielding

A un duc :

His Grace, the Duke of Fielding

Mais si vous craignez de vous embrouiller, si vous ne savez pas si votre correspondant doit être rangé dans la catégorie des bourgeois ou des chevaliers, alors, nous le répétons, vous pouvez fort bien rédiger votre adresse à la française.

L'adresse au dos.

Ecrire son nom et son adresse complète au dos de l'enveloppe est une sage précaution puisqu'elle vous assurera le retour de la lettre en cas de non-distribution par erreur d'adresse, disparition de votre correspondant ou souillure accidentelle de l'enveloppe rendant l'adresse illisible.

De plus, c'est une façon discrète de donner ou de rappeler votre adresse au destinataire et de l'inciter ainsi à vous répondre sans le lui demander ouvertement.

Cette adresse peut être écrite à la main ou à la machine ou apposée à l'aide d'un tampon ou d'une adresse imprimée sur une petite étiquette spéciale gommée.

Lettres envoyées chez des tiers.

Si vous supposez que votre correspondant est absent mais ne savez où il se trouve et que vous désirez le joindre plus sûrement, portez sur l'enveloppe, dans le coin supérieur gauche, la mention « Prière de faire suivre en cas d'absence ». Il est probable qu'il a donné des ordres soit au bureau de poste, soit à quelqu'un restant chez lui pour que le courrier, au moins le plus important, le rejoigne. D'ailleurs, même si vous avez de bonnes raisons de supposer où il se trouve, ne lui écrivez pas à cette adresse, à moins qu'il ne vous l'ait communiquée lui-même. Sinon, cela pourrait paraître de l'indiscrétion.

Mais si votre correspondant est en résidence provisoire ou durable chez une autre personne, et vous a ainsi communiqué son adresse, vous ne vous contenterez pas d'indiquer sur l'enveloppe le nom du destinataire ; le facteur du quartier ou, s'il s'agit d'un grand immeuble, le concierge ne connaissent peut-être pas la présence de ce concitoyen de passage et votre lettre ne le rejoindrait peut-être pas facilement. Et, de toute façon, la courtoisie veut que vous mentionniez le nom de l'hôte.

Trois formules sont possibles :

Monsieur X
Aux bons soins de Monsieur et Madame Z
(adresse)

Cette formule est la plus protocolaire ; dans certains cas, elle peut paraître un peu prétentieuse ou surannée.

Monsieur X
C/o Monsieur et Madame Z
(adresse)

(C/o, abréviation de « care of » qui signifie également « aux soins de » ; cette formule est surtout employée par les étrangers.)

Monsieur X
chez Monsieur et Madame Z
(adresse)

Cette formule simple et moderne est correcte ; c'est la plus couramment employée actuellement.

Les timbres.

Coller le timbre à sa place, bien droit, dans le bon sens, est une marque de soin et de courtoisie.

En certains cas, le timbre peut révéler une attention charmante ; quand vous écrivez à un philatéliste, vous lui ferez plaisir en choisissant à son intention un timbre artistique, appartenant à une série nouvellement sortie. Et même, à cette occasion, le service des Postes ne vous tiendra pas rigueur si, volontairement, vous constituez la valeur d'affranchissement en plusieurs timbres afin de multiplier la satisfaction de votre correspondant.

Faut-il mettre un timbre pour la réponse ? Question parfois délicate à résoudre.

On n'envoie pas de timbre à ses amis, ses familiers, ses supérieurs, ni pour une lettre qui normalement n'appelle pas de réponse — félicitations, condoléances — ni, en règle générale, dans toute correspondance de caractère mondain.

On n'envoie pas de timbre à un fonctionnaire qui peut répondre par la voie administrative, ni à un commerçant à qui on demande des renseignements sur ses produits.

Pas de timbre non plus pour adresser une pétition ou demander un secours.

On met un timbre lorsqu'on demande un renseignement ou un service à une personne que l'on connaît peu. La personne qui reçoit ce timbre ne doit pas le renvoyer (mais, bien entendu, elle devra répondre). Si la chose est appelée à se renouveler, elle peut dire de ne plus envoyer de timbre à l'avenir ; l'intéressé se conformera à ce désir.

Lorsque vous mettez un timbre pour la réponse dans une lettre, deux écueils à éviter : le laisser en liberté, et il risque alors d'être égaré, ou le coller si bien sur la lettre qu'il sera fort difficile de l'en détacher pour l'utiliser. Choisissez un timbre encore attaché à sa petite marge de papier blanc et collez simplement cette marge.

Au lieu d'envoyer un timbre, vous pouvez joindre à votre lettre une enveloppe timbrée portant votre adresse. Ainsi vous serez sûr que cette adresse ne sera pas perdue ou erronée et votre geste semblera moins vouloir rembourser les frais qu'épargner de l'embarras à votre correspondant.

Les lettres confiées.

Si vous confiez une lettre à quelqu'un, soit pour la remettre à une autre personne, soit pour la déposer à la poste ou dans une boîte, vous devez la lui remettre non cachetée mais le messager doit répondre à cette marque de politesse par une autre : cacheter immédiatement la lettre sous vos yeux.

On cachette une lettre que l'on remet à un domestique, un commissionnaire.

Il peut arriver qu'ayant préparé et cacheté des lettres pour les porter à la poste une personne s'offre à les poster pour vous éviter de sortir, ou que vous profitiez de sa visite pour lui demander ce service ; il ne sera pas nécessaire de décacheter les enveloppes, ce qui serait un peu ridicule, d'autant plus qu'elles ne pourraient plus servir. Mais vous vous excuserez en expliquant que vous comptiez porter ces lettres vous-même.

Lorsque l'on charge une personne de remettre une lettre à une autre, de la main à la main, et non pas seulement de la déposer, on peut marquer sur l'enveloppe, en haut, « Aux bons soins de Madame X ». Ici, la formule ne sera pas prétentieuse, puisque c'est la seule possible (avec « c/o » qui a le même sens). On l'omettra si la lettre en question est une lettre de recommandation en faveur de la personne qui la remettra.

LES GRANDS ÉVÉNEMENTS

Tous les événements marquants de la vie donnent lieu à un échange de correspondance. De la part de ceux qui sont en cause, il s'agit d'avertir leur entourage qui, à son tour, va réagir en écrivant pour féliciter, prendre part à la joie, à la fierté ou à la souffrance.

Ces correspondances peuvent être de types très différents, non seulement en raison de la diversité des événements auxquels elles se rapportent, mais aussi parce qu'elles reflètent les rapports existant entre les correspondants ; on ne répond pas de la même façon à l'annonce des fiançailles d'une amie intime et de la fille d'un employeur que l'on connaît à peine.

AVANT LA NAISSANCE

Le savoir-vivre n'oblige pas à faire connaître les espérances de maternité. On peut y être amené, cependant, pour fournir une excuse au refus d'une invitation. On préviendra aussi les très proches parents, qui pourraient être froissés et peinés d'apprendre la nouvelle par des étrangers. On aura soin de prévenir en même temps les deux familles.

D'une jeune femme à ses beaux-parents.

Bien chers parents,

C'est une Colette radieuse qui vous écrit aujourd'hui. Je suis sûre que vous en avez déjà deviné la raison. Oui, le médecin que j'ai vu, hier, m'a confirmé ce dont je me doutais déjà depuis quelques jours sans trop oser y croire : au printemps prochain, nous serons trois. Jacques et moi nous efforcions de n'en rien laisser paraître, mais ces quatre années écoulées depuis notre mariage sans qu'aucune espérance se soit manifestée commençaient à nous peser. Je voudrais que mon bébé soit le vivant portrait de son père. Jacques souhaite qu'il me ressemble... Ce petit coquin est donc la cause de notre première dispute. Mais nous nous réconcilions bien vite pour faire, à son sujet, de mirifiques projets d'avenir. Nous le voyons déjà cosmonaute ou académicien, à moins que ce ne soit une petite fille qui deviendra danseuse étoile ou, simplement, une heureuse maman comme moi.

Je vous avouerai cependant que je ne peux me défendre d'une certaine angoisse devant cet inconnu que représente pour moi l'attente d'un enfant. Vous qui l'avez connue six fois, chère mère, rassurez-moi vite et dites-nous que vous partagez, tous deux, notre grande joie.

Jacques se joint à moi pour vous embrasser très tendrement.

Colette.

Réponse de la belle-mère à la lettre précédente.

Mes chers enfants,

Quelle joie nous a apportée ta lettre, ma petite Colette ! Nous aussi, sans nous l'avouer, nous commencions à trouver le temps long et nous avions hâte de tenir dans nos bras notre premier petit-enfant. Merci de nous promettre cette joie.

Je comprends ton angoisse devant cette merveille qui se prépare en toi, Colette... Je suis bien tranquille, elle ne tiendra pas devant cette impression de plénitude et d'épanouissement que la maternité t'apportera, crois-en mon expérience de maman.

Tout se passera très bien, tu verras, surtout si tu es raisonnable et évites les imprudences, et pour cela on peut se fier à Jacques que je vois déjà transformé en cerbère.

Qu'il n'exagère pas, cependant ; une future maman n'est pas un bibelot de vitrine et la belle santé de Colette lui permettra de vivre dans la joie cette période d'heureuse attente.

Votre père et moi, nous vous embrassons de tout cœur, mes chers enfants, en vous redisant notre grande joie.

Madeleine Leroy.

A une amie, sur le même sujet.

Chère Martine,

Merci d'avoir pensé à nous pour cette excursion que vous organisez en montagne. C'est avec plaisir que nous nous serions joints à votre groupe si sympathique. Mais je vais te confier un grand, un merveilleux secret : j'attends un bébé et le docteur me recommande la plus grande prudence et le repos pendant quelques semaines.

Personne encore n'est au courant, en dehors de nos parents. Connaissant ton amitié, je suis heureuse de cette occasion qui m'amène à te faire partager ma joie.

Bonne journée samedi avec tes amis. Quand tu seras sur les pentes ensoleillées, pense un peu à moi qui devrai rester sagement sur ma chaise longue, mais ne me plains pas trop, je suis si heureuse !

Mon mari envoie ses amitiés au tien et moi je t'embrasse.

Claudine.

Pour demander à une amie d'être marraine.

Ma chère Sylvie,

Nous savions bien qu'à l'annonce de ma prochaine maternité tu partagerais notre joie. Et, puisque tu sais si bien parler de notre tout-petit à venir, puisque tu l'aimes tant déjà, nous avons pensé, Luc et moi, à te demander d'être sa marraine.

Personne mieux que toi ne saura nous aider à faire de lui un enfant heureux et, plus tard, un homme — ou une femme — de valeur. Tu acceptes, n'est-ce pas ?

Nous t'embrassons.

Josette Martin.

Pour accepter d'être marraine.

Chère Josette,

Quelle heureuse surprise m'a apportée ta lettre ! Je ne m'attendais vraiment pas, mais là pas du tout, à ce que vous pensiez à moi comme marraine de votre bébé. Vous avez autour de vous tant de personnes plus qualifiées que cette étourdie de Sylvie ! Mais cette étourdie va devenir une personne sage pour ne pas démériter de l'honneur qui lui est fait, car j'accepte, bien sûr. Je raffole déjà de mon filleul. Quel joli nom avez-vous choisi pour lui... ou pour elle ?

Dès que j'aurai un jour de congé, j'irai vous voir et nous parlerons de « notre » chéri. Méfiez-vous, j'ai l'intention de le gâter affreusement.

Merci encore, ma petite Josette, à Hervé et à toi de votre affectueuse pensée. Soigne-toi bien. Soigne bien mon filleul.

Je vous embrasse.

Sylvie.

Pour refuser d'être parrain.

Mon cher Alain,

Connaissant la délicatesse de tes sentiments et de ceux de Lucette, ta requête ne m'a pas étonné. Mais, vraiment, je ne crois pas pouvoir être pour mon petit-neveu ou ma petite-nièce le parrain idéal... Mon soixante-dixième anniversaire précédera la venue en ce monde de cet enfant. Ne serait-il pas téméraire de ma part d'assumer une telle responsabilité ?...

Dans ta lettre, mon cher Alain, tu faisais allusion à mon rôle près de toi depuis la mort de ton cher papa. Ce rôle, je veux le continuer. Un parrain peut parfois se montrer sévère ; un grand-père a le droit de réclamer le monopole des gâteries et de l'indulgence. En attendant de faire valoir ce droit à l'égard de votre bébé, j'envoie à ses parents toute l'affection de leur vieil oncle.

Henri P...

Pour demander à une grand-mère de renoncer à être marraine.

Chère maman,

C'est encore de ta future petite-fille ou de ton futur petit-fils que je viens t'entretenir aujourd'hui. Il n'est plus, dans la famille, d'autre sujet de conversation ou de lettre.

Suivant les traditions familiales, nous devions te demander d'être sa marraine et au père de Luc d'être son parrain. Or celui-ci vient de se récuser en faveur de son petit-fils, l'aîné de nos neveux — tu sais bien, celui qui termine ses études de pharmacie et qui fut le cavalier de Nadine à notre mariage.

Tu vois où je veux en venir, n'est-ce pas, et tu comprends pourquoi Luc et moi avons eu l'idée de demander à ma petite sœur d'être marraine ? Je suis sûre, du reste, qu'elle serait la plus tendre et la plus dévouée des marraines et ferait avec joie, près de son filleul, l'apprentissage de son rôle de future maman. En ce qui te concerne, que le bébé soit ou non ton filleul, je sais bien que tu l'aimeras de tout ton cœur, lui et ceux que la Providence nous donnera après lui, nous l'espérons. Que penses-tu de tout cela ? Je n'ai pas parlé à Nadine de nos intentions avant d'avoir ton avis.

Je me porte à merveille et ne puis croire que dans moins de deux mois le ravissant berceau que tu prépares avec autant d'habileté que de tendresse sera près de mon lit.

Luc se joint à moi pour t'embrasser de tout cœur en attendant que bébé s'en mêle aussi.

Bénédicte.

Pour demander à un supérieur d'être parrain.

Monsieur le Directeur,

Nous avons la grande joie de vous annoncer que nous avons l'espoir de voir un enfant à notre foyer dans quelques semaines.

Pour ce petit être que nous aimons déjà de tout notre cœur, nous avons, ma femme et moi, toutes les audaces, même celle de vous demander, Monsieur le Directeur, si vous consentiriez à être le parrain de notre enfant.

Vous nous avez donné, depuis notre mariage et notre

arrivée à C..., tant de marques de votre bienveillance que nous espérons encore recevoir de vous celle-ci. Pourrions-nous trouver pour notre cher petit un protecteur plus éclairé et capable de lui donner de plus beaux exemples de loyauté et d'honneur !

La fille du docteur F... a bien voulu accepter le rôle de marraine.

J'ose espérer, Monsieur le Directeur, que vous voudrez bien excuser cette démarche en y voyant un témoignage de notre confiance.

Je vous prie d'accepter l'hommage de mon profond respect.

Robert P...

Réponse d'acceptation à la demande précédente.

Mon cher Pernel,

Je suis très touché de la marque d'attachement et de confiance que vous me donnez en me demandant d'être le parrain de votre enfant. Depuis douze ans que nous travaillons ensemble, j'ai pu apprécier le précieux collaborateur que vous êtes et je me réjouis qu'un nouveau — et bien aimable — lien s'établisse entre nous.

Veuillez transmettre à Madame Pernel mes vœux de bonne santé et ceux de ma femme et croyez tous deux, mes chers amis, à mes meilleurs sentiments.

Roger T...

Réponse négative.

Mon cher ami,

Votre désir de faire de moi le parrain de l'enfant que vous attendez m'est un précieux témoignage de votre attachement.

Ce n'est pas sans regret que je dois renoncer à cet honneur, mais vous ignorez peut-être que je vais être obligé de faire de fréquents et longs séjours à l'étranger ; d'autre part, dans peu d'années, je compte me retirer dans le Midi. Je serais donc pour votre enfant un parrain fantôme. Il sera bien préférable de lui choisir un parrain plus jeune et plus proche de lui.

Je souhaite à cet enfant de suivre la trace de son père dans la voie du courage et de l'honneur et j'espère que vous trouverez en lui la récompense de votre vie droite et généreuse.

Croyez, mon cher ami, à mes sentiments les meilleurs.

Gérard J...

BÉBÉ EST LA

La naissance sera annoncée dans les heures qui suivent aux très proches — grands-parents, parrain et marraine — par téléphone, télégramme ou lettre.

Quelques exemples de télégrammes.

Sommes heureux vous annoncer naissance Dominique.

Heureuse naissance Jean-Luc.

Votre filleul est là.

Annick et ses parents vous embrassent.

Serez parrain d'un bel Hubert.

Béatrice née ce matin, tout va bien.

Gérard et sa maman vont bien.

Avons un beau garçon, baptême dimanche.

Bien entendu, on ajoute comme à tous les télégrammes un mot d'affection ou d'amitié.

La lettre adressée dès les premiers jours aux grands-parents, oncles et tantes, amis intimes pourra être écrite par le jeune père ou la jeune mère ou par leurs parents, une sœur aînée du bébé...

D'une grand-mère à sa belle-sœur.

Ma chère Paule,

Une heureuse grand-mère vous écrit. Ce matin, ma belle-fille a eu un gros garçon. Vous devinez notre joie à tous. Bruno, qui joue volontiers, vous le savez, à l'homme blasé, est pétrifié d'attendrissement devant le berceau de son fils...

Notre petit Pascal est un superbe bébé de près de quatre kilos qui « saura se faire entendre », si l'on en croit ses premiers essais.

La petite maman est assez fatiguée après une naissance difficile, mais tout va bien maintenant.

Les trois générations de la famille s'unissent pour vous embrasser affectueusement.

Madeleine L...

Du jeune père à ses beaux-parents.

Chers grands-parents de notre Frédéric,

Je veux être le premier à vous saluer de votre nouveau titre : ce matin, à l'aube, en effet, Marielle a donné le jour à un beau garçon. Tout s'est très bien passé. Marielle s'est montrée très courageuse et maintenant elle n'est pas peu fière, je vous assure ! Je ne lui cède en rien sur ce terrain, d'ailleurs.

Ma femme prétend que notre fils me ressemble. Moi, je trouve qu'il a déjà les délicieuses fossettes de sa maman.

Venez vite admirer, vous aussi, cette huitième merveille du monde. Marielle doit rentrer à la maison à la fin de la semaine prochaine et nous serons tous très heureux de vous y recevoir.

En attendant, recevez, avec nos sentiments bien affectueux, les premières caresses de votre petit-fils.

De la jeune mère à une amie.

Chère Lise,

Le temps n'est pas si loin, n'est-ce pas, où nous bercions nos poupées dans le jardin de tes parents ?

Aujourd'hui, au lieu des lilas en fleur ou des rosiers grimpants, j'ai autour de moi les murs blancs d'une chambre de clinique, mais la minuscule poupée qui repose près de moi est bien vivante ; elle fronce drôlement son petit bout de nez et proteste bruyamment quand sa maman ne se rend pas assez vite à ses caprices. Au nom de notre amitié de toujours et parce que je sais la part que tu prends à tout ce qui me touche, j'ai tenu à t'annoncer moi-même la naissance de ma chérie.

J'allais oublier de te dire qu'elle s'appelle Christine, qu'elle pèse trois kilos six cents, est née mardi dernier et... qu'elle est adorable, du moins à mes yeux.

C'est merveilleux d'être maman. Tu le verras, ma Lison, car je te souhaite pour très bientôt un bonheur semblable au mien : un mari tendre et charmant, un amour de bébé.

Viens voir ma fille quand tu voudras. Le docteur ne veut pas que j'ouvre ma porte « à tout le monde » avant quelques jours, mais tu n'es pas « tout le monde », ma petite Lise, et j'ai hâte de te faire admirer notre chef-d'œuvre.

Le « chef-d'œuvre » et sa maman t'embrassent bien tendrement.

Gilberte H...

D'une grande sœur.

Chère tante Marthe, cher oncle Paul,

Figurez-vous que je viens vous annoncer une grande, une merveilleuse nouvelle : j'ai un petit frère depuis deux jours. Il s'appelle Eric. Il est très mignon et il ne pleure presque pas.

A la clinique où il est né, les infirmières ne me permettent pas de le prendre, mais maman m'a promis que lorsqu'elle serait revenue à la maison avec lui je l'aiderai à le soigner. J'ai tant rêvé d'avoir un petit frère, surtout depuis que le bon Dieu nous a repris le petit Thierry il y a quatre ans. Et je suis une grande fille. A douze ans, on sait s'occuper d'un bébé, n'est-ce pas ?

Papa et maman sont bien contents aussi ; ils me chargent de vous le dire et de vous embrasser de leur part comme je le fais pour moi.

Nadine.

A un supérieur ou un employeur.

Monsieur,

J'ai la grande joie de vous annoncer la naissance de notre fils Benoît et tiens à vous remercier de votre compréhension à cette occasion. La naissance s'annonçait difficile et que vous m'ayez offert d'accompagner ma femme et de rester près d'elle nous a été, à l'un et à l'autre, un grand réconfort.

Aujourd'hui, tout va bien. L'enfant est superbe et ma femme, bien que faible encore, se remet normalement. Je compte donc reprendre mon poste lundi et vous prie de croire, Monsieur, à ma respectueuse gratitude.

Lucien G...

Les faire-part.

Lettres et télégrammes ne peuvent être adressés qu'à un cercle restreint. Au contraire, l'annonce de la naissance par la presse ou par l'envoi de faire-part devra atteindre toutes les personnes connues des parents.

Dans les deux cas, annonce dans la presse ou faire-part, les formules sont les mêmes.

Les faire-part peuvent être conçus selon plusieurs modèles : carte de visite des parents ou cartes spécialement imprimées à cette intention au nom des parents et portant une inscription manuscrite ou un fac-similé de l'écriture du père ou de la mère en gravure.

M. et Mme Bernard F...

ont la joie de vous annoncer la naissance de leur fille Marie-Catherine.

(adresse) (date de la naissance)

Le docteur et Mme Marc Leroy

sont heureux de vous faire part de la naissance de leur quatrième enfant, Antoine.

(adresse) (date)

Si l'enfant n'est pas un premier-né, l'annonce peut être faite par les frères et sœurs :

Ghislaine et Marie-Luce Delacroix

ont la joie de vous annoncer la naissance de leur petit frère Alain.

(adresse) (date)

M. et Mme Delacroix

laissent à Ghislaine et Marie-Luce la joie de vous annoncer la naissance de leur petit frère Alain.

(adresse) (date)

Dans certaines familles, on fait mention aussi des enfants décédés :

Jean (au ciel), Martine et Odile Delacourt

ont la joie de vous annoncer la naissance de leur petit frère Jean-Luc.

(adresse) (date)

Parfois — rarement — on mentionne les parrain et marraine :

M. et Mme Renaud P...

sont heureux de vous annoncer la naissance de leur fils qui a reçu au baptême le nom d'Yves.

Parrain : M. Gérard de L... (date)
Marraine : Mme Francis T... (adresse)

On trouve dans le commerce des cartes fantaisie représentant un sujet enfantin ou un tableau ou encore ornées d'un ruban bleu ou rose, sur lesquelles on peut faire imprimer une des formules ci-dessus ou une autre ou portant ces formules tout imprimées ; il n'y a plus qu'à ajouter à la main le nom de l'enfant, de ses parents, la date et l'adresse. Inutile de préciser qu'il faut se montrer discret dans leur choix et rester dans les limites du bon goût.

Ces cartes de faire-part sont envoyées de huit à dix jours après la naissance afin d'éviter les visites prématurées.

Dans la presse, au chapitre « carnet mondain », on ajoute parfois à l'une des formules ci-dessus le nom de jeune fille de la mère :

M. et Mme Leroy-Godart

ont la joie... (etc.)

M. Jacques Leroy et Madame, née Luce Godart

ont la joie... (etc.)

Ce sont quelquefois les grands-parents qui font paraître une annonce dans le carnet mondain. Ils peuvent éventuellement annoncer en même temps plusieurs naissances assez rapprochées :

M. et Mme Charles Dupont

ont la joie d'annoncer la naissance de leurs quatorzième et quinzième petits-enfants : Caroline Dupont, née le 20 juillet 19..., et Gilbert Mercier, né le 1er août 19...

UN CAS PARTICULIER : L'ADOPTION

De plus en plus nombreux sont les cas où un jeune ménage, ne pouvant avoir d'enfants, en adopte un ou plusieurs.

Actuellement, tant du point de vue légal que du point de vue social et familial, on ne marque aucune différence entre l'enfant adopté et l'enfant de la chair.

A moins qu'il ne s'agisse d'un enfant déjà grand, on annonce sa venue par une carte de faire-part. Simplement, la formule sera légèrement différente, si légèrement que les étrangers non au courant de la situation ne le remarqueront probablement pas :

M. et Mme Frédéric G...

ont la joie d'annoncer l'arrivée à leur foyer d'une petite Claudine.

(adresse) (pas de date)

ou, si l'enfant n'est pas le premier :

Paul-Henri G...

a le plaisir de vous annoncer la venue de sa petite sœur Claudine.

Lettre d'une jeune femme annonçant à une parente l'adoption d'un enfant.

Chère tante,

Vous savez combien Pierre et moi regrettions de ne pas voir à notre foyer le sourire d'un enfant. Ce vide est enfin comblé.

Après de multiples démarches et une attente qui nous a semblé longue, nous venons de nous voir confier une mignonne petite fille de six mois qui a fait son entrée chez nous la semaine dernière. Nous sommes déjà, tous les deux, fous de notre petite Catherine et nous n'imaginerions plus la vie sans elle. Elle est blonde comme Pierre mais il paraît qu' « elle a mes yeux ».

Nous espérons qu'elle fera la conquête de toute la famille comme elle a, d'emblée, fait la nôtre, et nous connaissons assez votre cœur, ma chère tante, pour être certains que vous lui donnerez votre affection.

Nous avons hâte de vous la présenter et nous vous embrassons de tout cœur pour nous deux et pour notre petite chérie.

Roseline F...

NAISSANCE ET MORT D'UN NOUVEAU-NÉ

On n'envoie pas de carte de faire-part pour annoncer la naissance et la mort d'un nouveau-né, mais on peut faire paraître une annonce dans le carnet mondain des journaux, à la rubrique « deuils ». Elle est toujours faite au nom des parents et non, comme cela peut se faire pour une annonce de naissance, au nom des frères et sœurs.

> M. et Mme P... ont la douleur de faire part du retour à Dieu de leur petit Eric qui leur a été enlevé le jour même de sa naissance.

Les parents ou les grands-parents annoncent la nouvelle aux proches par lettre.

Lettre d'un jeune père à ses parents.

Chers parents,

Vous vous attendiez, n'est-ce pas, à une lettre annonçant une heureuse nouvelle et c'en est une bien triste que je vous apporte. Avant-hier, Madeleine a donné le jour à une toute petite fille qui pesait à peine cinq livres. On l'a placée immédiatement en couveuse, mais le docteur ne nous a pas caché qu'elle avait peu de chances de vivre et, en fait, elle n'a pas passé la seconde nuit.

Vous devinez notre chagrin. Nous nous réjouissions tant de donner une petite sœur à Bruno.

Madeleine est très triste mais bien courageuse. Nous savons que vous partagez notre peine et nous vous embrassons.

Robert.

Lettre d'une grand-mère.

Cher René, chère Fernande,

Janine et Silvain me chargent de vous annoncer une bien douloureuse nouvelle. Maxime, votre petit-neveu tant attendu, n'a fait qu'apparaître en ce monde. Il n'a vécu que quelques heures. A peine baptisé — de toute urgence, car l'issue fatale ne faisait malheureusement aucun doute — il est retourné parmi les anges.

Nous avons eu très peur aussi pour Janine qui a fait une grave hémorragie. Maintenant, du moins, nous sommes rassurés de ce côté et elle est hors de danger, mais son mari et elle sont absolument désemparés.

Ils trouvent pourtant, dans leur amour mutuel et leur foi chrétienne, la force de supporter cette épreuve.

Nous nous unissons tous pour vous embrasser affectueusement ainsi que vos enfants.

Jeanne M...

Réponse aux lettres précédentes.

Mes pauvres enfants,

Votre maman m'apprend que ces jours qui devaient vous apporter une si grande joie sont, au contraire, marqués par une immense douleur. J'ai moi-même, il y a bien longtemps, perdu un petit enfant et sa place est toujours restée vide dans mon cœur.

La seule consolation est de penser que le cher petit jouit pour toujours du bonheur réservé aux cœurs innocents. Votre petit Maxime, n'en doutez pas, veillera sur votre foyer, il aidera ses parents à surmonter leur douleur et à élever les autres enfants que le Ciel vous enverra, nous l'espérons bien.

Votre oncle se joint à moi pour vous dire combien nous compatissons à votre peine et vous assurer de toute notre affection.

Fernande S...

RÉPONSES A L'ANNONCE D'UNE NAISSANCE

A un télégramme, on répond généralement par un télégramme :

Bienvenue et baisers à Dominique.

Partageons votre joie. Caresses au bébé.

Nos bien affectueuses félicitations.

A une lettre, on répond par une lettre ou une visite ; à une carte de faire-part, par une lettre ou quelques mots de félicitations sur une carte de visite selon le degré d'intimité. Il n'est pas obligatoire de répondre à une annonce vue dans la presse si l'on n'a pas été averti personnellement, mais c'est une attention aimable.

Exemples de félicitations sur carte de visite.

Vœux de bienvenue au cher bébé et sympathiques félicitations à ses parents.

Longue et heureuse existence au petit Victor et prompt rétablissement à sa maman.

Mme L...

adresse ses félicitations à ses jeunes amis pour la nouvelle dignité dont les voilà revêtus et souhaite tout le bonheur possible au bébé.

M. et Mme T...

chargent Colette, Claude et Philippe d'embrasser bien fort leur beau petit frère tout neuf et adressent leurs affectueuses félicitations aux heureux parents.

D'un couple ami.

Chers amis,

Comme c'est gentil à vous de ne pas nous avoir oubliés dans votre grand bonheur ! Je partage, ainsi que mon mari, votre joie d'avoir enfin une fille après vos quatre garçons qui eux aussi doivent être ravis par cette mignonne petite sœur.

Nous souhaitons à la maman et au bébé une excellente santé et vous adressons, avec nos félicitations, les bonnes amitiés de notre ménage.

Danielle D...

D'une tante âgée.

Mes chers enfants,

Merci de m'avoir donné l'occasion de connaître une quatrième génération en la personne de cette arrière-petite-nièce à qui je souhaite une longue et heureuse vie.

Votre jeune foyer, si sympathique et si ouvert, va donc connaître un nouvel épanouissement. Je ne doute pas que vous ne sachiez créer autour de la petite Viviane ce climat de chaude et lucide tendresse qui en fera une enfant heureuse et bien équilibrée et, plus tard, une jeune fille droite et charmante.

Votre chère maman doit aussi être tout heureuse de se voir grand-mère. J'ai reconnu son écriture sur l'enveloppe du faire-part et me réjouis de la savoir près de vous.

A tous, grand-mère, parents et bébé, j'adresse mes sentiments bien affectueux.

D'une amie.

Ma chère Denise,

Quelle chance tu as ! un ravissant bébé — car je suis sûre que Philippe est ravissant, comment pourrait-il en être autrement avec de tels parents ! — un ravissant bébé donc à pouponner, dorloter, cajoler à longueur de journée !

Denise maman... je n'arrive pas à me faire à cette idée. Il faudra que j'aille constater cela par moi-même et faire la connaissance de ce jeune homme quand vous serez tous deux rentrés chez vous.

En attendant, je tricote un amour de barboteuse bleue et, à chaque point, je vous envoie une grosse bise à l'un et à l'autre.

Partage mes félicitations avec ton mari qui doit être tout fier de sa nouvelle dignité.

Je t'embrasse avec précaution, respectable mère de famille...

Suzanne C...

LE BAPTÊME

Nous avons parlé précédemment de la correspondance à propos du choix du parrain et de la marraine, car c'est assez tôt avant la naissance qu'il faut s'en préoccuper.

Lettre pour demander à un prêtre ami de baptiser un enfant.

Monsieur l'Abbé,

Le Ciel, comblant nos vœux les plus chers, nous a accordé une belle petite fille.

Nous serions très heureux, ma femme et moi, si vous acceptiez de baptiser notre petite Claire, vous qui avez déjà tant fait pour notre foyer. Il nous semble que ce serait pour elle une bénédiction de plus. Nous savons que votre temps est très pris et nous nous excusons de vous demander ainsi d'en distraire quelques heures en faveur de notre enfant.

Naturellement, votre jour et votre heure seront les nôtres. Le curé de Saint-Jean, notre paroisse, est prévenu et sera heureux de vous accueillir dans son église.

La cérémonie sera suivie d'un goûter très simple à la maison et nous espérons que vous nous ferez l'honneur d'y assister.

Veuillez croire, Monsieur l'Abbé, à notre déférente amitié..

Jacques S...

La réception organisée à cette occasion est généralement un goûter — sous forme de goûter classique ou de buffet — réservé aux intimes. On y invite de vive voix ou par lettre.

On peut aussi étendre plus largement les invitations et inviter les moins proches par carte de visite :

M. et Mme S...

sont heureux de vous inviter au baptême de leur petite Claire, le 3 septembre, à 16 heures, en l'église Saint-Jean et au goûter qui suivra.

(adresse)

M. et Mme S...

vous prient d'assister au goûter qu'ils offrent à l'occasion du baptême de leur fille Claire, le 3 septembre, à 17 heures.

(adresse)

Jacques et Bernard T...

vous invitent à venir fêter leur petite sœur Michèle, au retour de son baptême, le 3 septembre, à 17 heures.

(adresse)

Lettre à la marraine.

Lisette chérie,

Le baptême de Claire est définitivement fixé au dimanche 3 septembre, à 16 heures, en l'église Saint-Jean. Je compte donc sur toi, au plus tard à 15 h 45 ici, d'où nous partirons ensemble pour l'église.

Un goûter dans l'intimité suivra la cérémonie. Je n'ai pas à t'y inviter puisque tu seras, avec ta filleule, une des héroïnes de la fête.

Claire embrasse sa marraine et ses parents t'envoient toute leur affection.

Colette.

A une amie.

Ma chère Gilberte,

Je réunis ma famille et quelques amis intimes le mardi 7 avril où ma petite Françoise sera baptisée. Tu me ferais plaisir en venant entre 5 et 7 apporter comme les bonnes fées d'antan des souhaits qui, j'en suis sûre, porteront bonheur à mon cher bébé.

Je te dis donc très affectueusement à bientôt.

Josiane F...

A des parents.

Chers cousins,

Vous avez appris par maman la naissance de notre petit Yves qui nous comble de joie, est-il besoin de le dire. Ce petit bonhomme qui tient déjà tant de place parmi nous sera baptisé le dimanche 3 septembre, à 16 heures, en l'église Saint-Jean-Baptiste qui sera la paroisse du nouveau chrétien.

Nous souhaitons, tout en gardant à cette fête un caractère d'intimité, réunir ce jour-là autour de notre chéri ceux qui l'aiment et nous aiment, et nous savons bien, chers cousins, que vous êtes au premier rang parmi eux. Nous serions donc très heureux que vous soyez des nôtres, tant pour la cérémonie que pour la réception très simple qui suivra.

Nous serons très fiers de vous présenter notre fils et,

en attendant cette joie, nous vous redisons, chers cousins, toute notre affection.

Paul H...

Réponses

Acceptations.

M. et Mme P...

sont très touchés de votre amicale pensée en cette heureuse circonstance et viendront bien volontiers apporter leurs vœux au nouveau baptisé.

D'une amie.

Ma petite Mireille,

Je comptais bien aller, un jour prochain, faire la connaissance de ton bébé tout neuf. Puisque tu as la gentillesse de m'inviter à son goûter de baptême, je le verrai donc dans toute sa splendeur.

Comme vous devez être heureux, Bernard et toi ! Et quelle chance il a, ce petit Yves, d'avoir des parents comme vous ! J'espère qu'il l'apprécie et se montre d'une sagesse exemplaire.

Veux-tu penser à ce qui te ferait plaisir pour lui — tu sais que je ne brode pas trop mal — dessus de voiture, parure de berceau ou autre chose ? Tu me le diras dimanche et je me ferai une joie de sortir mon aiguille pour ce jeune homme.

A dimanche donc, je t'embrasse, ma petite Mireille.

Lucette.

Refus.

M. et Mme P...

seront de cœur avec vous le jour du baptême de votre petit Yves et regrettent vivement de ne pouvoir accepter votre aimable invitation, devant se trouver absents de Bordeaux ce jour-là.

D'une parente.

Chère Eveline, cher Luc,

Comme c'est gentil à vous d'avoir pensé à inviter votre vieille tante à l'occasion du baptême de votre petite Annick ! Nous aurions fait un plaisant contraste : elle, l'aube, et moi, le crépuscule. Mais il n'y a pas d'âge pour le cœur et, en dépit des années, le mien est tout prêt à faire une place très chaude à cette nouvelle petite-nièce. Hélas ! une crise de rhumatismes, particulièrement pénible, m'interdit depuis quelques semaines tout déplacement.

Ma pensée et mon affection sont plus alertes que mes jambes et vous rejoindront, soyez-en sûrs, autour de la nouvelle petite chrétienne pour cette cérémonie du baptême, si belle et riche de sens dans la nouvelle liturgie.

Vous recevrez prochainement une petite chose destinée à cette jeune personne.

Je vous embrasse très tendrement tous trois.

Mathilde N...

LES CADEAUX DE NAISSANCE

Ils peuvent être remis lors d'une visite à la maman et au bébé ; dans ce cas, ils sont ou non accompagnés d'une carte de visite sans aucune formule.

S'ils sont envoyés, la carte portera une formule de félicitations et de vœux (voir ce paragraphe). L'allusion au cadeau peut y figurer mais n'est pas indispensable.

Le cadeau peut aussi accompagner la lettre répondant au faire-part. En plus des félicitations à l'occasion de la naissance, elle contiendra quelques mots se rapportant à l'envoi :

J'adresse à ta petite Emmanuelle ce chauffe-biberon qui lui assurera des repas chauds à point...

En tricotant cette brassière, j'ai pensé à la mignonne poupée qui la portera...

Remerciements

La jeune mère remerciera par carte de visite ou, mieux, par lettre, au plus tard dans les huit jours.

A une amie.

Ma chère Odile,

Comme c'est gentil à vous d'avoir travaillé pour mon petit Thierry ! Cette brassière est ravissante et d'une forme si pratique. Je l'utilise de préférence à toute autre, avec d'autant plus de joie qu'elle m'est un témoignage tangible de votre amitié.

J'espère que vous pourrez bientôt nous consacrer une journée et venir faire la connaissance de notre bébé.

Mon mari se joint à moi pour vous dire toute notre affection.

Gisèle.

Autre lettre de remerciements.

Chère Madame,

Le jour du baptême, au milieu de l'émotion générale, je n'ai pu vous remercier de la belle timbale que vous avez offerte à notre Jean-Luc. Il s'en servira longtemps et cet objet si utile et de si bon goût lui rappellera sans cesse — ainsi qu'à ses parents — votre affectueuse sollicitude, cette sollicitude dont vous nous avez déjà donné tant de marques.

Croyez bien que nous vous en sommes, mon mari et moi, très sincèrement reconnaissants et permettez-nous de vous assurer de toute notre respectueuse amitié.

Bernadette G...

Remerciements du père au parrain.

Cher Lucien,

Tu as vraiment gâté ton filleul. Ce très beau couvert est le premier objet de valeur lui appartenant et il a bien de la chance.

Nous aussi, nous avons bien de la chance de trouver

en toi cet ami toujours prêt à partager nos joies et nos soucis. Nous sommes, ma femme et moi, très heureux que tu aies accepté de si bonne grâce d'être le parrain de notre premier enfant. Ce sera un lien de plus entre nous. Nous espérons que ton filleul ne t'apportera que des joies et nous ne pouvons formuler de meilleur souhait pour lui que de marcher sur les traces de son parrain.

Encore merci, mon cher Lucien. Crois à notre fidèle et sincère amitié.

Edmond G...

Remerciements de la grand-mère.

Chère Mademoiselle,

Ma fille, assez fatiguée après une naissance difficile, ne peut encore écrire elle-même. Cependant elle ne veut pas tarder davantage à vous exprimer ses remerciements pour le ravissant bavoir que vous lui avez adressé à l'intention de son bébé. C'est donc bien volontiers que je me fais son interprète. Comme elle, j'ai admiré ce travail si fin et si léger, ce dessin si moderne. Monique l'a aussitôt attaché au cou de sa fille à qui cette parure a valu les félicitations de nos visiteurs.

Je profite de cette occasion, chère Mademoiselle, pour vous remercier aussi de toutes vos attentions gentilles à l'égard de mon jeune ménage qui, sans vous, se serait trouvé un peu perdu, arrivant dans cette grande ville inconnue. C'est pour moi une grande sécurité et un véritable réconfort de savoir près de ma fille votre amitié si efficace et dévouée.

Dès que Monique sera un peu remise et avant que je ne reparte pour ma lointaine Bretagne, nous vous ferons signe et nous espérons que vous pourrez venir admirer votre joli travail sur sa jeune destinataire. Je serai, pour ma part, ravie de vous revoir et je joins mes amitiés à celles que vous adresse ma fille.

Marthe F...

LA COMMUNION PRIVÉE
LA PROFESSION DE FOI

Les événements marquant la vie de l'enfant sont sa communion privée, sa confirmation et, surtout, sa profession de foi qui remplace la communion solennelle de jadis.

La communion privée, comme son nom l'indique, est un événement qui ne reçoit pas une grande publicité. Seuls y sont généralement conviés les grands-parents, le parrain et la marraine ; seuls aussi ils font parfois à l'enfant un cadeau à caractère religieux.

De même pour la confirmation.

La profession de foi, tout en ne devant jamais avoir un caractère « mondain », est plus solennelle et marquée par une réception familiale, déjeuner ou dîner, plus ou moins étendue, parfois même par une réception, l'apres-midi, pour des amis moins proches.

Les formules d'invitation, de réponse, de remerciements pour le cadeau étant à peu près les mêmes, nous ne prendrons pour exemples que celles qui se rapportent à la profession de foi. Il sera facile de transposer éventuellement.

Les proches qui, invités à la cérémonie, sont empêchés de s'y rendre peuvent envoyer un télégramme le matin même. Il sera adressé au nom de l'enfant ou de ses parents et rédigé en conséquence :

Affectueusement unis à la joie de ce jour.

De tout cœur avec notre chère Suzette.

Près de vous par le cœur et la prière.

En ce beau jour, ta marraine pense à toi.

Tendre pensée de ton vieil oncle.

Regrettons notre éloignement. Prenons part à la joie de tous.

Que notre Jacques soit toujours heureux comme en ce beau jour.

Invitations par cartes.

Madame S...

recevra de 5 à 7 à l'occasion de la profession de foi de son fils Alain.

(date) (adresse)

Madame P...

recevant quelques amis à l'occasion de la profession de foi de Marie-Claire, serait heureuse de vous compter parmi eux.

INVITATIONS AU REPAS

Pour inviter un oncle au déjeuner.

Mon cher oncle,

Je vous ai dit, la dernière fois que j'ai eu le plaisir de vous voir, que notre petite Marie-Antoinette faisait sa profession de foi le dimanche 15 mai. A cette occasion, nous réunissons quelques intimes. Marie-Antoinette serait très heureuse que son cher oncle Robert soit parmi les convives. Nous espérons que vous nous ferez le grand plaisir de répondre à son vœu qui est aussi le nôtre.

L'ensemble des cérémonies ayant lieu le matin et devant être terminé vers midi, nous avons pu envisager un déjeuner, ce qui sera plus pratique et moins fatigant pour les grands-parents. Nous nous mettrons à table vers 13 heures.

Votre petite-nièce se joint à nous pour vous embrasser affectueusement.

Francine G...

Une petite-fille à sa grand-mère.

Ma chère grand-mère,

Maman m'a dit qu'il n'était pas certain que vous puissiez venir à L... pour ma profession de foi. Je pense qu'elle n'a pas su bien s'y prendre pour vous le demander et je viens plaider ma cause moi-même. Je serais très triste sans ma chère grand-mère et vous ne voudriez pas, n'est-ce pas, que cette belle journée soit assombrie pour votre petite Clairette ? Rappelez-vous votre première communion, celle de maman et des tantes, et avouez qu'on a besoin, ce jour-là, de toutes les personnes qu'on aime.

Je viens de passer l'examen de catéchisme et j'ai obtenu la meilleure note. J'ai eu aussi de bien meilleures notes en classe, ce trimestre. Vous m'aviez promis une récompense si je travaillais bien. Eh bien, pour moi, la meilleure récompense, ce sera la présence de ma chère grand-mère. Au mois de juin, il fait toujours beau ; vous n'aurez pas à craindre une bronchite et nous vous soignerons si bien que vous ne serez même pas fatiguée.

C'est oui, n'est-ce pas, ma chère grand-mère ? Votre petite-fille vous attend et vous embrasse tendrement.

Invitation à une ancienne institutrice de l'enfant.

Chère Mademoiselle,

Votre petite élève Cécile fera sa profession de foi le 10 juin en l'église de B... A l'occasion de cet acte si important de sa vie chrétienne, nous souhaitons qu'elle ait autour d'elle tous ceux qui l'aiment et qui l'ont aidée à s'y préparer à plus ou moins longue échéance.

Par votre excellente influence durant tout le temps où vous avez bien voulu vous occuper d'elle jusqu'à son entrée en pension l'an dernier, vous avez largement contribué à former son cœur et sa conscience. Vous avez su aussi gagner sa confiance, ce qui est rare car notre Cécile est plutôt rétive et ne se livre pas facilement. C'est elle-même qui a exprimé le désir que vous soyez des nôtres en ce jour de fête. Nous y souscrivons bien volontiers et serons heureux de cette occasion de vous témoigner notre gratitude.

Une partie des cérémonies a lieu à 16 heures ; ensuite, nous nous réunissons pour un repas en toute simplicité, chez nous.

Nous espérons, chère Mademoiselle, que rien ne vous empêchera de répondre au désir de notre fille et au nôtre et nous vous assurons, mon mari et moi, de notre meilleur souvenir. Cécile y joint ses pensées les plus affectueuses.

Gabrielle G...

Pour accepter.

M. et Mme R...

vous remercient de votre aimable pensée et seront avec joie parmi vous en ce beau jour.

Ma chérie,

Oui, j'avais laissé entendre à ta maman que je ne croyais pas très sage de faire le voyage de B... ce printemps. Mais tu as si bien plaidé ta cause que j'en ai eu les larmes aux yeux et que tu m'as convaincue. Je ne voudrais pour rien au monde que ma petite chérie soit triste en ce beau jour de sa profession de foi. La joie de te voir heureuse, si belle dans ta blanche parure, me donnera des forces pour affronter ce voyage.

Prépare-toi de tout ton cœur, ma chérie, à cet engagement qui va marquer toute ta vie et reçois mes plus tendres baisers que tu partageras avec tes parents.

Ta grand-mère.

D'un oncle.

Ta lettre, ma chère Madeleine, m'a plongé dans une véritable stupeur. Eh quoi, ce diablotin de Gérard que je revois — c'était hier, me semble-t-il — tituber sur ses jambes mal assurées dans le grand vestibule de la Chênaie est maintenant un adolescent qui va prendre ses engagements de chrétien ? Est-il possible que le temps ait passé si vite ? Il faut bien le croire.

C'est avec une vraie joie que je quitterai — tout à fait exceptionnellement, tu sais — mon repaire pour vous retrouver tous, et spécialement le cher jeune héros de la fête que j'aurai quelque peine à reconnaître depuis toutes ces années.

En attendant de vous embrasser réellement, je le fais, de loin, bien affectueusement.

Paul R...

Refus.

Madame S...

partant en voyage pour plusieurs semaines, regrette de ne pouvoir être près de sa petite amie Claire pour sa profession de foi et pensera beaucoup à elle ce jour-là.

Ma petite Thérèse,

Ta marraine est bien triste. Je me faisais une joie d'être près de toi le jour de ta profession de foi comme je l'étais, il y a douze ans, près d'un mignon bébé également paré de blanc. J'avais déjà tout prévu. Je m'étais fait remplacer au bureau pour disposer aussi du lundi et assister avec toi et tes chers parents à la messe d'actions de grâces. J'avais même choisi une jolie toilette. Mais oui, pour une fois, j'aurais été coquette pour te faire honneur. Et... patatras — c'est bien le cas de le dire ! — une stupide chute dans l'escalier vient bouleverser tous mes projets.

Je t'écris de la clinique où je me trouve depuis avant-hier. J'en sortirai dans une dizaine de jours avec une jambe plâtrée qui me condamnera à l'immobilité pour plusieurs semaines.

Mais je ne veux pas que ce malencontreux accident mette une ombre sur ton bonheur ! je le partagerai de loin et te suivrai par la pensée tout au long de cette belle journée.

Je vais te faire envoyer par la poste la médaille de ta sainte patronne que je comptais te remettre, puisque ta maman me dit que c'est là ce qui te ferait plaisir.

De ton côté, aie une pensée pour ta vieille marraine qui t'embrasse très tendrement.

Remerciements pour les cadeaux à l'enfant

C'est l'enfant lui-même qui devra remercier par une lettre les personnes qui lui ont offert un cadeau à l'occasion de sa profession de foi. Cependant il arrive parfois que le cadeau marque surtout le désir d'être agréable aux parents ou de leur témoigner de la gratitude et que les donateurs ne connaissent guère ou pas du tout l'enfant. Dans ce cas, les parents ajouteront leurs remerciements personnels.

De l'enfant.

Chère tante Jeanne,

Je te remercie beaucoup de la jolie statuette que tu m'as envoyée à l'occasion de ma profession de foi. Elle me plaît énormément et j'ai déjà demandé à papa de l'installer au-dessus de mon lit. Comme cela je la verrai chaque soir avant de m'endormir et elle me fera penser à toi.

J'aurais été contente de t'avoir près de moi pour cette belle fête, mais je comprends que cela aurait été vraiment un trop grand voyage. Je penserai beaucoup à toi ce jour-là et je t'embrasse de tout mon cœur.

Caroline.

Madame,

Maman m'a remis de votre part un très beau portefeuille en cuir. Cela a été une très bonne surprise pour moi et m'a fait grand plaisir. J'en aurai grand soin, afin de le conserver longtemps. Je vous dis un merci du fond du cœur et, le jour de ma profession de foi, je demanderai à Dieu de vous accorder les grâces que vous pouvez souhaiter.

Votre très respectueux,

Patrick.

Des parents.

Chère Odile,

Je ne veux pas laisser partir le petit mot de Cécile sans vous dire combien mon mari et moi-même avons été touchés de votre si délicate pensée. Vous ne laissez vraiment passer aucune occasion de gâter nos enfants et de nous témoigner votre amitié.

Notre grande fille semble prendre très au sérieux ces engagements qui vont lui être demandés. Elle a beaucoup mûri ces derniers mois, tant au point de vue de son travail scolaire que de son comportement général. Ce n'est plus la petite fille encore un peu « bébé » que vous avez connue aux dernières vacances, mais une « presque adolescente ».

Nous nous réjouissons à la pensée de vous revoir cet été et nous nous unissons en famille pour vous redire, ma chère Odile, notre bien fidèle amitié.

Chère Madame,

Vous avez vraiment trop gâté notre fils et je ne saurais vous dire combien nous vous en sommes reconnaissants.

Cette très belle édition de la Bible le suivra durant toute sa vie. Elle le ravit déjà maintenant et il l'appréciera plus encore à mesure que passeront les années. C'est non seulement un livre magnifique sous sa reliure si chaude et artistique, mais une source inépuisable de richesses spirituelles. Merci d'avoir si bien choisi.

A la gratitude du petit communiant, nous joignons la nôtre et vous assurons, chère Madame, de notre meilleur souvenir.

Les images souvenirs.

Disons un mot des images offertes par le communiant à ses amis, ses camarades, les membres de la famille, les personnes de service, les professeurs de l'enfant, bien qu'elles ne rentrent pas à proprement parler dans la correspondance.

Pour les choisir, on tiendra compte, dans une certaine mesure, du goût de l'enfant et de la mode en n'oubliant pas que la simplicité est toujours une preuve de distinction. Les fleurs, cortèges de communiants, vignettes plus ou moins puériles sont périmés. On préfère une reproduction de tableau une imitation de parchemin enluminé comme une page de missel ou une très belle photographie symbolique.

L'inscription qui figure au revers peut varier mais elle aussi doit rester sobre et simple.

Souvenir de la profession de foi
de
Marie-Cécile Danel
Faite en l'église Saint-Jacques de N...
le 10 juin 19...

Les grandes dates de ma vie chrétienne :

Baptême le...
Communion privée le...
Confirmation le...
Profession de foi le...
Bruno Tétard

Dans certaines familles, on abandonne cette tradition des images souvenirs.

FIANÇAILLES... MARIAGE

Les préliminaires du mariage sont moins que jadis prétexte à un échange de lettres. Les mariages « arrangés » par les familles et les amis nécessitaient souvent une nombreuse correspondance. Aujourd'hui, tout se passe généralement de vive voix entre les intéressés. Il peut cependant y avoir des exceptions.

Demande de renseignements.

Chère Madame,

C'est une question assez délicate qui m'amène à vous aujourd'hui.

Connaissant votre bonté et la sûreté de votre jugement, je n'hésite pas cependant et j'en viens immédiatement au but de cette lettre.

Ma nièce Colette G... a rencontré à une soirée de mariage un jeune homme, Sylvain P..., avec qui elle a sympathisé. Ils se sont revus plusieurs fois et ma sœur et mon beau-frère s'attendent à recevoir les confidences de leur fille.

Ce garçon semble charmant et sérieux, mais il est depuis peu à V..., où il n'a aucune attache ; nous ne savons donc de lui et de sa famille que ce qu'il veut bien en dire ; entre autres choses, que son père est pharmacien dans votre ville. Sachant mes rapports d'amitié avec vous, ma sœur me charge de vous demander en toute discrétion, naturellement, si vous connaissez cette famille. Les parents de Colette attachent moins d'importance à la situation matérielle qu'à l'honorabilité et aux sentiments religieux, car eux-mêmes sont des chrétiens convaincus et pratiquants.

S'il vous est possible de nous donner quelques indications sur ce sujet, nous vous en serons très reconnaissants.

Veuillez croire, chère Madame, à toute mon amitié.

Renée L...

Réponse favorable.

Chère Mademoiselle,

Je réponds d'autant plus volontiers à votre demande qu'il m'est très facile de vous renseigner. La famille P... est très connue ici et j'ai eu moi-même l'occasion de rencontrer M. et Mme P... à plusieurs reprises. Ce sont des gens parfaitement honorables, d'une bonté et d'une serviabilité peu communes. Ils prennent une part très active à la vie de leur paroisse et le jeune Sylvain était responsable d'un mouvement de jeunes jusqu'à son départ pour V... où, si je ne me trompe, il doit faire un stage chez un notaire, puisqu'il se destine à cette carrière. Leur pharmacie est la plus importante de la ville. M. P... s'en occupe lui-même avec une conscience professionnelle à laquelle tout le corps médical rend hommage, je l'ai bien souvent entendu dire par mon beau-frère le docteur S...

Si les projets que vous entrevoyez se réalisaient, j'en serais ravie pour votre nièce et aussi, égoïstement, pour moi, car je suppose que Sylvain P... à l'intention de s'établir ici où il reprendra, croit-on, l'étude de son oncle, Me P... Ce serait donc un motif pour vous de venir plus souvent dans notre ville et mon amitié s'en réjouirait fort.

Veuillez croire, chère Mademoiselle, à mon fidèle souvenir.

Charlotte G...

Réponse défavorable.

Chère amie,

Je m'empresse de répondre à votre lettre du 10 et suis désolée de ne pouvoir le faire dans le sens que vous espériez peut-être, mais le souci de ne pas trahir votre confiance m'oblige, en toute honnêteté, à vous crier « casse-cou ».

Le jeune D... a bien habité notre ville, mais il a omis de vous dire que sa famille avait dû quitter la région à la suite d'une assez laide histoire, il y a deux ans. Il y avait en effet un garçon d'une vingtaine d'années qui doit être celui dont vous me parlez. Beau parleur, se présentant bien, il avait déjà fait plusieurs dupes parmi la jeunesse féminine de G... Il avait même réussi à se faire remettre des sommes plus ou moins importantes par ses futurs « beaux-parents », et cela se soldait toujours par une rupture et les larmes d'une jeune fille trop confiante. Je ne voudrais pas qu'il en soit de même pour votre charmante Sabine.

Bien entendu, je vous demande le secret sur tout ceci. Etant prévenus, il ne vous sera pas difficile de pousser ce garçon dans ses derniers retranchements et de l'amener à se trahir.

Je regrette infiniment d'apporter une déception à votre fille et vous prie de croire, chère Madame, à mon amitié toute dévouée.

Marcelle J...

Pour répondre à une annonce matrimoniale.

Monsieur,

Votre annonce parue dans le « Nouvelliste » du [...] a retenu mon attention. J'ai moi-même le désir de fonder un foyer stable et sérieux et diverses circonstances familiales m'ont empêchée d'y songer jusqu'ici.

Aujourd'hui, les parents infirmes que je soignais m'ont quittée. J'ai trente ans, mesure un mètre soixante-cinq, suis brune et assez mince. On s'accorde à me reconnaître un caractère enjoué et facile. Je possède un diplôme d'infirmière, mais n'ai pas eu l'occasion d'exercer ma profession, retenue près de mes parents malades. La vie à la campagne ne m'effraie pas.

Peut-être pourrions-nous nous rencontrer, sans aucun engagement, afin d'échanger nos points de vue sur la façon dont nous comprenons la vie et dont nous envisageons l'avenir ? Nous pourrions, par exemple, nous retrouver un samedi ou un dimanche au cinéma Le Palace.

Dans l'attente de votre réponse, je vous prie de croire, Monsieur, à mes sentiments les meilleurs.

Carole T...

Pour ébaucher un projet.

Chère Suzanne,

« Faire des mariages », c'est passé de mode. Les jeunes, aujourd'hui, nous prient de ne pas nous mêler de leurs affaires. Cependant certains garçons timides ne savent où choisir leur femme. C'est le cas du jeune homme qui habite chez moi. D'excellente famille provinciale, fort intelligent, pourvu d'une situation sûre qui ne peut que s'améliorer, il souhaiterait rencontrer une jeune fille qui n'ait pas la hardiesse de certaines de ses collègues. Il me semble qu'il s'entendrait très bien avec la charmante Catherine votre nièce. Si vous jugez mon idée bonne, et si le cœur de Catherine est libre, bien sûr, parlez-en à votre sœur à qui je pourrais fournir tous les renseignements désirables.

Bien amicalement vôtre.

Rose-Marie T...

Réponse favorable.

Chère amie,

Ma sœur et son mari font le meilleur accueil à votre proposition. Ils désirent beaucoup marier Catherine qui, vous le savez peut-être, a eu il y a deux ans une déception et qui, depuis lors, n'a plus voulu faire aucun projet. Il semble pourtant que le temps ait fait son œuvre et que ma nièce soit maintenant plus sereine. Cependant elle refuserait certainement toute présentation. Il faudrait donc que la chose soit menée avec la plus grande discrétion. Catherine joue, le samedi après-midi, au tennis de [...]. Le jeune homme pourrait s'y inscrire : entre camarades, les relations se nouent facilement et la sympathie s'établira peut-être.

Merci de tout cœur et bien amicalement.

Germaine H...

Réponse défavorable.

Chère amie,

Ma sœur et moi sommes très touchées que vous ayez pensé au bonheur de Catherine. Malheureusement, je vous dis tout de suite que ce projet ne pourra avoir de suite. En effet, Catherine est, très officieusement encore, fiancée. Ces projets n'ont pas été annoncés, car le jeune homme s'est engagé pour deux ans au titre de la coopération et, envoyé dans une région assez insalubre, il ne veut pas y emmener une jeune femme. Les fiançailles ne seront donc rendues publiques qu'à son retour et nous vous demandons de garder cette nouvelle pour vous jusque-là.

Croyez, chère amie, à nos sentiments les plus affectueux.

Germaine H...

La demande en mariage traditionnelle par le père du jeune homme n'a plus guère cours. Le plus souvent, lorsque les jeunes gens ont arrêté leurs projets, la jeune fille se contente d'amener son fiancé à ses parents pour le leur présenter. Cependant, à ce stade, il est normal et il est bon que les parents ne tardent plus à se connaître et la première prise de contact se fait souvent par lettre. Si les deux familles n'habitent pas la même ville, un échange de correspondance peut s'ensuivre, en particulier pour préciser certains points de la situation matérielle.

Cette correspondance a une grande importance car elle conditionne en grande partie la nature des rapports à venir entre les deux familles et, par là même, dans une certaine mesure la réussite du nouveau foyer. La plus grande courtoisie devra y présider ; on fera allusion aux qualités de celui ou de celle que l'on va recevoir dans sa famille, mais, en même temps, la plus totale franchise est de règle. Vouloir « jeter de la poudre aux yeux » aboutirait très vite à brouiller les cartes.

De père du jeune homme au père de la jeune fille.

Cher Monsieur,

Nous ne voulons pas tarder davantage à venir vous dire, ma femme et moi, toute notre gratitude pour l'accueil affectueux que vous avez réservé à notre fils et notre joie à la perspective d'avoir une belle-fille aussi accomplie que votre charmante Sylvette. Bruno nous a tellement parlé d'elle, nous en a montré tant de photos, que nous croyons déjà la connaître, ce qui n'empêche pas que nous soyons fort impatients de la rencontrer et de lui dire que nous verrons en elle une fille très aimée.

Bien des choses seront à régler entre nous sur le plan

pratique. Je pense que Bruno vous a mis au courant de sa situation. Elle est modeste pour le moment, car il fait divers stages qui doivent le mettre à même de s'occuper de mon usine de textiles avec une meilleure qualification. Dès son mariage, je compte l'intéresser effectivement à l'affaire, de telle sorte que le jeune ménage puisse disposer à peu près de [...] par mois. De plus, je fais actuellement construire, à proximité de l'usine, un pavillon que je destine à nos enfants. Je compte prendre ma retraite dans une dizaine d'années, et, puisque Bruno est mon seul fils, il me succédera. Je reste à votre disposition pour toutes autres précisions que vous pourriez souhaiter.

En attendant le plaisir — que nous espérons proche — de faire votre connaissance, ma femme embrasse très affectueusement sa future fille et se joint à moi pour vous exprimer, ainsi qu'à Madame V..., toute notre sympathie.

Edmond S...

Réponse du père de la jeune fille.

Cher Monsieur, chère Madame,

Il est toujours un peu angoissant pour les parents d'une grande fille de se demander : « Saura-t-elle bien placer son cœur ? » De cette inquiétude nous avons été délivrés, ma femme et moi, lorsque nous avons compris que l' « élu » serait ce Bruno dont nous avions pu apprécier la gentillesse et les qualités foncières d'esprit et de cœur, et c'est en toute confiance que nous lui donnerons notre fille.

Bruno nous a parlé de ses parents en des termes qui lui font honneur et qui nous permettent d'apprécier la grâce que représente pour Sylvette le fait d'entrer dans votre famille.

Nous-mêmes sommes fort honorés de cette alliance et très désireux de faire votre connaissance. Il faudrait, d'ailleurs, entre autres dispositions, que nous fixions ensemble la date et les modalités des fiançailles, car ces jeunes gens semblent fort impatients. Pourriez-vous nous faire le plaisir d'accompagner Bruno dimanche prochain et de rester dîner avec nous en toute simplicité ?

Sylvette aime à l'avance les parents de son cher Bruno et ma femme et moi serons charmés de vous rencontrer.

Jean V...

Un jeune homme annonce ses fiançailles à ses parents.

Cher papa, chère maman,

La nouvelle que je vais vous annoncer va-t-elle vous surprendre beaucoup ? Je ne le pense pas. Je me rends compte que depuis quelques semaines mes lettres sont remplies d'un prénom, presque d'une présence : Eveline. Je suis bien sûr que vous avez déjà pensé « il l'aime » et vous aviez raison, mais ce qui est merveilleux, et que je sais depuis quelques jours seulement, c'est qu'elle m'aime aussi et accepte de devenir ma femme.

Nous n'avons encore parlé de nos projets à personne et j'ai tenu à ce que vous soyez les premiers informés.

Eveline G..., vous le savez déjà, est une de mes collègues de bureau, fort appréciée dans la maison. C'est en grande partie à sa gentillesse et à sa complaisance que je dois d'avoir été très vite au courant de mon nouveau service. Orpheline très jeune, elle sera heureuse de trouver près de vous l'affection qu'elle n'a pas connue et elle vous la rendra largement.

Si vous le permettez, je vous la présenterai dimanche, afin que vous puissiez partager mon bonheur. Je vous embrasse très tendrement.

Roger.

D'un père à son fils pour désapprouver un projet de mariage.

Mon cher enfant,

Tu ne seras sans doute pas étonné si nous te disons très franchement, ta maman et moi, que ta lettre nous annonçant ton intention d'épouser Gisèle P... nous a peinés.

D'abord, nous te trouvons bien jeune pour assumer la responsabilité d'un foyer et il eût été plus sage d'attendre que ta situation se soit stabilisée et améliorée. Et surtout nous ne pouvons vraiment pas approuver ton choix. La réputation de cette jeune personne n'est pas à l'abri des critiques et la rupture orageuse de ses fiançailles avec Guy D... a défrayé la chronique. De plus, sa situation matérielle est fort au-dessus de la tienne, ce qui pourra, dans un cas comme celui-là, donner lieu à de fâcheuses interprétations.

Nous te demandons donc instamment de bien réfléchir pendant qu'il en est encore temps. Nous n'avons en vue, tu le sais, mon petit Jacques, que ton bonheur et, connaissant ton cœur, nous savons que tu souffrirais trop si tu étais déçu.

Pourtant, quelle que soit ta décision, tu sais que tu trouveras toujours près de nous une tendresse inchangée.

D'un jeune homme à une jeune fille.

Chère Laurence,

Pourquoi n'ai-je pas parlé avant de quitter Lille? Aujourd'hui, je serais fixé sur mon sort et ne connaîtrais pas cette insupportable angoisse. Il me semblait alors que je saurais être plus éloquent par lettre et mieux défendre mon bonheur... Mon bonheur, tu le sais bien, c'est toi, ma petite Laurence... Mon bonheur, ce sera de consacrer toute ma vie à assurer le tien si tu veux m'accepter pour mari. Mais voudras-tu de moi? Je connais tour à tour l'optimisme et le désespoir, suivant que j'imagine ta réponse impitoyable ou indulgente.

Dis-moi vite que tu me permets de t'aimer ou du moins que tu me permets de te le dire, car, pour t'aimer, je n'ai pas besoin d'autorisation et toutes les défenses du monde n'y feraient rien. D'un mot, Laurence, tu peux me combler de joie ou me plonger dans les pires abîmes.

J'y resterais encore, du reste, ton tendrement dévoué.

Yves F...

Réponse favorable de la jeune fille.

Mon cher Yves,

Vraiment tu me déçois ! Ainsi, toi que je croyais si perspicace, tu n'avais pas deviné que, depuis longtemps, mes sentiments répondaient aux tiens.

J'ai bien envie de te gronder pour la peur que tu m'as causée en quittant Lille sans un mot sur tes intentions. Je nous voyais déjà séparés par de mystérieux obstacles. Aux heures les plus noires, je m'imaginais que je m'étais trompée et que tu ne m'aimais pas.

Mais tout cela est oublié. Arrange-toi pour prendre un congé et venir me dire de vive voix toutes les jolies choses qu'attend ta Laurence si heureuse de pouvoir — enfin ! — signer : ta fiancée.

Réponse négative d'une jeune fille.

Mon cher Philippe,

Votre lettre m'a beaucoup émue et surprise aussi. Ainsi vous aviez pensé à faire de moi votre femme ? Je vous avoue, bien simplement, que cette idée ne m'était pas venue. Pardonnez-moi si j'ai pu, inconsciemment, vous laisser croire le contraire.

J'ai pour vous beaucoup d'amitié et j'admire votre cran, votre générosité, mais je ne me sens pas capable de me hausser au même niveau. Vous envisagez de consacrer votre vie à une tâche de dévouement dans les pays sous-développés, et moi, je ne suis qu'une petite bonne femme tout ordinaire qui ne veut pas quitter la France et ne se sent pas une vocation d'héroïne. Du reste, mes études m'intéressent et je ne veux pas me marier avant de les avoir terminées, et vous savez que j'en ai encore pour plusieurs années, tandis que vous comptez partir dès l'année prochaine.

Pardonnez-moi de vous décevoir, Philippe, et croyez que j'en suis bien triste, mais vous laisser un espoir, si faible soit-il, alors que je sais qu'il ne se réalisera pas serait malhonnête de ma part.

Je suivrai de loin votre carrière avec beaucoup d'amitié et je suis sûre que la Providence mettra sur votre route une femme digne de vous et qui saura vous aider.

Patricia.

Annonce des fiançailles.

On n'envoie généralement pas de faire-part à l'occasion des fiançailles, mais on met un avis dans la presse. Cet avis est rédigé au nom des deux familles :

M. et Mme Latour-Régnier, M. et Mme Lambert-Bourgois ont le plaisir d'annoncer les fiançailles de leurs enfants Pascaline et Michel.

(adresses des deux familles)

On nous prie d'annoncer les fiançailles de Claire Latour, fille de notre excellent confrère J. Latour et de

Madame, avec le lieutenant Michel Lambert, fils du docteur et de Mme R. Lambert.

Nos sincères félicitations.

(adresses des deux familles)

Il n'est pas obligatoire d'envoyer des félicitations à la lecture de cet entrefilet, mais ce peut être aimable. Suivant le degré d'intimité, on peut envoyer une carte de visite ou écrire. Les cartes de félicitations seront envoyées à celle des familles que l'on connaît. Les amis personnels des fiancés leur adresseront leurs félicitations directement à eux-mêmes.

A la famille et aux proches, la nouvelle est annoncée par lettre, soit par les fiancés, soit par leurs parents.

D'une fiancée à une amie.

Ma Lisbeth,

Je suis heureuse, heureuse... Est-il besoin de préciser pourquoi ? Tu as déjà deviné, n'est-ce pas, puisque tu savais que j'aimais Pierre V... et que des obstacles matériels nous empêchaient de préciser nos projets.

Eh bien, tout est arrangé ! Nous sommes officiellement fiancés depuis dimanche et je porte au doigt le plus merveilleux saphir qu'on puisse rêver, du moins me semble-t-il tel puisqu'il m'a été offert par mon fiancé.

Nous avons déjà tellement attendu que notre patience est épuisée et que le mariage ne tardera pas. Naturellement, la place de ma meilleure amie sera près de moi, ce jour-là, et dès maintenant je te demande de me servir de témoin.

Tu devines que j'ai bien des choses à te dire ; viens donc vite embrasser une heureuse fiancée.

De la mère d'un fiancé à ses beaux-parents.

Cher père, chère mère,

C'est une grande nouvelle que je vous annonce aujourd'hui. Votre petit Ghislain est fiancé.

Les choses se sont décidées assez rapidement. Ghislain et Béatrice L... — votre future petite-fille — se connaissaient depuis plusieurs années, ayant fait leurs études de droit ensemble, mais c'est au moment de se séparer, à la fin de la dernière année de Ghislain, qu'ils se sont aperçus qu'ils ne pouvaient ni l'un ni l'autre envisager que cette séparation soit définitive.

Nous avions rencontré plusieurs fois Béatrice et elle nous avait fait la meilleure impression ; moderne sans exagération, très calme et pondérée, je crois qu'elle sera une excellente épouse pour notre Ghislain, cœur d'or mais parfois un peu « farfelu » comme vous le savez. Ses parents appartiennent à une famille modeste mais très honorable et profondément chrétienne. Eux aussi ont accueilli très favorablement la nouvelle et voient déjà en Ghislain le fils qu'ils n'ont pas eu. Ce mariage semble donc se présenter sous les meilleurs auspices.

Nous sommes bien certains que vous vous en réjouirez avec nous. Ghislain est très impatient de vous faire connaître sa fiancée. Nous arrangerons cela pour un de ces prochains week-ends.

Nous nous unissons tous pour vous embrasser tendrement.

Josiane.

Félicitations.

M. et Mme G...

ayant appris les fiançailles de Mademoiselle Gilberte, adressent à ses parents leurs bien cordiales félicitations et les prient de transmettre leurs vœux de bonheur aux heureux fiancés.

D'un camarade.

Mon vieux Frédéric,

Hier soir, j'ouvre le journal et que vois-je... ton nom dans le « carnet mondain » associé à celui d'une certaine Patricia dont tu ne nous avais jamais parlé, affreux cachottier. Mais peut-être est-ce le « coup de foudre »... Je te félicite bien sincèrement et j'ai surtout envie de la féliciter, elle, car, soit dit sans flatterie, elle ne sera pas volée !

Viens donc nous présenter cette fille formidable — car

elle l'est, n'est-ce pas, ce n'est pas toi qui diras le contraire ! Pourquoi ne l'amènerais-tu pas un jour au restaurant universitaire dont tu ne dois pas encore avoir oublié le chemin ? Tu y retrouverais tous les copains qui seront heureux de te revoir et de te congratuler.

Je te serre cordialement la main.

André H...

D'une amie à la fiancée qui lui a écrit.

Ma petite Isabelle,

Quelle merveilleuse nouvelle m'a apportée ta lettre et comme c'est gentil à toi de m'en avoir fait part tout de suite !

Te dirai-je cependant que je n'ai pas été étonnée outre mesure ? Il n'était pas nécessaire de vous voir longtemps ensemble, Bernard et toi, pour deviner comment cela allait se terminer !

Je suis ravie pour vous deux, Bernard est un chic garçon qui te rendra certainement heureuse, et toi, mon Isa, tu dois être la plus exquise des fiancées en attendant de devenir une épouse modèle et une parfaite mère de famille. Tu vas me dire que « je vois loin »... Pas tant que cela... Le temps me paraît encore si proche où nous jouions à cache-cache dans le grenier de ta grand-mère !

J'en veux tout de même un peu à ce Bernard qui vc t'enlever à notre groupe si sympathique, mais je sais que tu n'oublieras pas tes amis. Je t'embrasse à la mode de chez nous, deux fois sur chaque joue.

Lise.

D'une tante à la mère de la fiancée.

Ma chère Claude,

Robert et moi sommes très heureux de la bonne nouvelle des fiançailles de Solange.

Nous savons combien vous vous faites de souci er ce qui concerne l'avenir de vos enfants. Mais voilà qu commence très bien, puisque ce jeune homme offre toute les garanties que vous pouvez souhaiter. D'autre part Jean-Pierre est en bonne voie pour ses études... Tout ir bien.

Embrassez très affectueusement pour nous la petit fiancée et recevez pour Charles et vous les meilleurs sen timents de notre ménage.

A propos de la bague de fiançailles : de la fiancée à ses futurs beaux-parents.

Cher Monsieur, chère Madame,

Jean-Philippe m'a remis le magnifique diamant dont vous avez bien voulu vous séparer pour moi. Je suis très émue que vous m'ayez jugée digne de porter ce bijou qui évoque pour vous tant de souvenirs de famille et j'espère ne pas démériter de celles qui l'ont porté avant moi. La monture, à la fois simple et moderne, me plaît beaucoup aussi.

Je ne cesse d'admirer cette bague et sa vue ravive ma joie puisqu'elle est le symbole de notre amour. J'espère que vous pourrez bientôt la voir à mon doigt.

Maman doit vous écrire au sujet de la date des fiançailles officielles.

Permettez-moi, cher Monsieur, chère Madame, de vous embrasser respectueusement.

Bernadette.

Lettres entre les fiancés.

Si les fiancés sont séparés plus ou moins longtemps — et, si courtes que soient ces séparations, elles leur sembleront toujours longues — ils échangeront des lettres. Ce serait une erreur de promettre de s'écrire quotidiennement. Leurs lettres doivent rester spontanées et heureuses et non pas risquer de devenir, certains jours, une « corvée » ou une obligation.

Le thème en sera, évidemment, « je t'aime, tu m'aimes, nous nous aimons ». Ne peut-on leur conseiller cependant de déborder ce cadre et de mettre à profit cette correspondance pour se mieux connaître ? On ne saurait trop leur recommander aussi — en particulier à la jeune fille — de ne jamais se départir de la bonne éducation et d'une certaine réserve. D'autres que leur destinataire pourraient lire ces lettres. Les fiançailles pourraient être rompues... Dans tous ces cas, la jeune fille se repentirait amèrement d'avoir adopté un ton trop passionné et fait fi de toute pudeur.

Un fiancé à sa fiancée.

Nicole chérie,

C'est beaucoup trop long, huit jours sans se voir. Alors je viens te retrouver d'une façon moins agréable que si je pouvais te prendre dans mes bras, mais qui m'aidera à prendre patience.

J'essaie de te suivre par la pensée et je m'aperçois que ce n'est pas si facile. Quand nous sommes ensemble, nous nous suffisons l'un à l'autre, mais au fond peut-être n'avons-nous pas assez cherché à nous connaître vraiment. Je ne sais même pas quels sont tes goûts en matière de lecture, de musique. Bien sûr, cela est secondaire, l'essentiel est de s'aimer et là nous ne craignons la comparaison avec aucun autre couple de fiancés, mais j'aimerais tout de même que tu me parles de tes préférences et aussi de ceux qui t'entourent et qui t'ont connue avant moi, non que j'en sois jaloux mais, au contraire, parce que je voudrais les partager avec toi. De mon côté, j'aimerais réussir à t'intéresser à ces petits handicapés à qui j'ai consacré un bonne part de mes loisirs d'adolescent et de jeune homme. Bien sûr, je vais être pris par notre nouvelle vie, mais je souhaiterais ne pas les abandonner tout à fait. Je voudrais, vois-tu, ma Nicole, que notre foyer ne soit pas un vase clos où notre amour mijoterait égoïstement, mais justement un vrai « foyer » rayonnant et qui en réchauffera d'autres moins favorisés que nous.

Dis-moi vite que tu me comprends.

Je t'aime, Nicole.

Antoine.

Lettre d'une fiancée à son fiancé.

Mon Patrick,

Seulement trois jours que nous nous sommes quittés et le temps me paraît long, long. Je me demande comment j'ai pu vivre toutes ces années — vingt bientôt ! — sans toi.

Dans quelques mois, heureusement, nous ne nous quitterons plus. Je ne me sens décidément pas la vocation de femme de marin.

Pour essayer de tromper mon ennui, j'ai voulu penser à notre futur « chez-nous », imaginer les meubles, les papiers, les revêtements de sol. Et puis je me suis aperçue que je ne connaissais pas tes goûts. Préfères-tu l'ancien ou le moderne ? les couleurs vives ou les teintes neutres ? une ambiance plus intime ou plus fonctionnelle ? Tes préférences ont autant d'importance que les miennes. Nous verrons donc tout cela ensemble et ce sera très réconfortant de renoncer à certains de nos choix pour nous faire plaisir mutuellement.

Il est aussi un point beaucoup plus important encore et dont nous n'avons guère parlé : nos enfants. Car nous en aurons, n'est-ce pas ? J'en voudrais trois ou quatre et j'aimerais les avoir assez vite et assez rapprochés l'un de l'autre. Et toi ?

Il me vient parfois la crainte de te décevoir. Sais-tu bien que j'ai un caractère un peu « soupe au lait » ? Mais je t'aime tellement que je ne saurais être longtemps montée contre toi. En tout cas, je suis bien décidée, suivant le principe de je ne sais plus qui, à « ne jamais laisser le soleil se coucher sur une querelle entre nous ».

Que de choses nous aurions encore à nous dire ou à nous écrire, mon chéri ! Aujourd'hui, je n'en ajouterai qu'une qui ne t'apprendra rien que tu ne saches déjà mais te fera plaisir à lire, je l'espère : je t'aime, mon Patrick, de toute mon âme.

Roseline.

Rupture de fiançailles.

On ne prévient généralement pas de façon officielle en cas de rupture de fiançailles. Cependant, si la rupture survient très près du mariage et quand celui-ci a déjà été annoncé, on mettra une note dans la presse :

> Le mariage de Mlle Christine Fourrier et de M. Guy Leblanc, annoncé pour le 14 mars, n'aura pas lieu. Raisons de convenances personnelles.

Si des faire-part avaient déjà été envoyés, on ferait imprimer des cartes portant la mention ci-dessus et on les enverrait aux mêmes personnes afin de leur éviter un dérangement inutile.

Rompre des fiançailles n'a rien d'infamant. Elles sont justement une période-test qui doit permettre une meilleure connaissance réciproque. Si la conclusion de ce test est négative, on en tire les conséquences qui s'imposent ; c'est tout.

L'essentiel est de ne pas dramatiser et de rester dans les limites de la bonne éducation et de la courtoisie.

La rupture peut être décidée d'un commun accord et de vive voix. Elle peut aussi être signifiée par lettre, soit par l'un des fiancés, soit par son père.

D'une jeune fille à celui qui était son fiancé.

Mon cher Robert,

Ma lettre va peut-être te peiner, elle ne va sûrement pas te surprendre. La scène pénible qui a eu lieu hier soir à la maison n'a fait que souligner ce que nous pressentions déjà depuis quelque temps, n'est-ce pas : nos caractères ne sont pas faits pour s'accorder et en nous obstinant à poursuivre des projets que nous avions formés un peu trop hâtivement nous commettrions une sottise monumentale dont nous souffririons l'un et l'autre toute notre vie.

Ne crois pas à un coup de tête de ma part. Bien avant la soirée d'hier, j'étais chaque jour sur le point de te rendre ta liberté.

Je te retournerai ces jours-ci les cadeaux que tu m'avais faits durant nos brèves fiançailles.

Restons bons amis et conservons de l'estime l'un pour l'autre.

Janine.

Réponse à la lettre précédente.

Ma chère Janine,

Oui, ta lettre m'a peiné et, quoi que tu en penses, elle m'a surpris aussi. Certes, comme toi, je déplorais nos divergences et les heurts de nos caractères, mais j'espérais que, la tendresse aidant, le temps arrondirait les angles.

Puisque tu n'es pas de cet avis, je m'en voudrais d'insister et je m'incline devant ta décision, non sans tristesse, je te l'assure, car, malgré mon humeur parfois difficile, je t'aimais sincèrement.

Je te demande de conserver en souvenir de ce qui restera, je l'espère, une bonne amitié les petites choses que j'avais eu tant de joie à t'offrir.

Je te souhaite, ma chère Janine, de trouver le bonheur que je n'ai pas su t'apporter.

Robert G...

Lettre du père de la jeune fille au père du jeune homme après une faute grave de celui-ci.

Cher Monsieur,

Ma fille me charge d'une pénible mission, celle de rendre sa parole à votre fils. Les faits qui se sont passés sont trop sérieux pour que ma fille revienne sur sa décision. Je vous saurais donc gré d'en informer votre fils et de lui dire qu'il serait absolument inutile d'insister. D'ailleurs, Gisèle va partir dès demain pour un assez long séjour chez ses grands-parents.

Je regrette infiniment, croyez-le, que les choses aient tourné de façon à rendre impossible ce projet d'alliance entre nos deux familles et je vous prie de croire, cher Monsieur, à mes sentiments très distingués.

De la mère de la fiancée à une parente ou une amie.

Ma chère Colette,

Nous venons de passer des heures difficiles. Depuis quelques semaines, notre petite Josette, loin de montrer le joyeux optimisme d'une fiancée comblée, était de plus en plus mélancolique et nous avions bien l'impression, son père et moi, que les choses n'allaient pas pour le mieux entre elle et son fiancé.

La semaine dernière, au milieu d'une crise de larmes, elle nous a révélé que Bernard lui avait avoué avoir conclu ses fiançailles sous la pression de sa famille, alors qu'il avait le cœur pris ailleurs. Notre chérie, cela se conçoit, souffrait de n'être qu'un pis-aller, alors qu'elle-même s'était engagée avec toute la confiance d'un premier amour.

Mais il y avait plus grave. Alertés par les confidences de notre fille, nous avons fait une rapide enquête et il ne nous a pas été difficile de savoir que cet « ailleurs » n'appartenait pas au passé et qu'il ne s'agissait pas de sentiments platoniques mais d'une liaison notoire et que la personne en question se vantait de tenir solidement le jeune homme et n'avait nullement l'intention de lâcher prise après son mariage. Mise en présence de cette sordide réalité, Josette a évidemment rompu sans retour mais non sans chagrin et elle reste très désemparée après ce choc. Nous souffrons avec elle. Il est si pénible pour des parents de ne pouvoir éviter de telles épreuves à leurs enfants.

Je confie tout ceci à ta discrétion. Tu es trop notre amie et celle de notre fille pour que je me contente avec toi de la traditionnelle et vague formule « rupture pour raisons de convenances personnelles ».

Nous nous réunissons en famille pour t'envoyer toute notre affection.

Madeleine G...

Réponse à la lettre précédente.

Ma chère Madeleine,

Les nouvelles que tu me donnes m'attristent beaucoup pour notre petite Josette. Et, en même temps, je me dis qu'elle a échappé à un grave danger : celui d'une union qui ne lui aurait apporté que des chagrins. Connaissant la pureté de son idéal et sa droiture, je sais qu'elle aurait terriblement souffert. Actuellement, elle souffre aussi, bien sûr, mais, du moins, rien d'irréparable ne s'est accompli. Aidée par votre tendresse si compréhensive, je suis sûre qu'elle ne tardera pas à reprendre le dessus. Cette épreuve l'aura mûrie et elle ne sera que mieux préparée à accueillir le bonheur que, certainement, elle trouvera sur son chemin un jour prochain.

Dans l'immédiat, ne croyez-vous pas qu'un changement d'horizon pour quelque temps lui serait salutaire ? Pourquoi ne viendrait-elle pas faire un séjour chez moi ? Elle y trouverait, outre mon affection qu'elle connaît bien, un jardin tout embaumé de fleurs et pépiant d'oiseaux et la bande joyeuse de mes petits-neveux, mes voisins qui, ne sachant rien de ses problèmes, ne risqueraient pas de lui poser des questions indiscrètes.

Parlez-lui de ma proposition, voulez-vous, et dites-lui

que je la recevrai avec joie. Elle pourra à son gré se taire ou parler, je ne lui poserai aucune question.

Tout à vous de cœur, mes chers amis.

Anne.

MARIAGE

Avant le mariage, il y a peu d'échange de correspondance, sauf pour régler les questions pratiques entre les deux familles. En effet, les proches sont au courant puisqu'on leur a écrit lors des fiançailles, et, aux autres, on enverra un simple billet de faire-part qui viendra apprendre ou rappeler aux proches la date exacte de la cérémonie.

On envoie ces faire-part une dizaine de jours au moins avant le « jour J ». Leur diffusion doit être très large : amis, simples relations, employeur, employés, clients, etc.

Le texte des faire-part est établi à l'avance par les deux familles. Chaque famille commande le nombre qui lui est nécessaire et paie sa part.

Modèles à choisir. — Ces lettres sont très simples, la qualité du papier et la finesse de la gravure en font le prix. Le modèle le plus employé est le grand feuillet double. Sur l'un des côtés, la famille du fiancé annonce le mariage et invite à la cérémonie ; sur l'autre feuillet, c'est la famille de la fiancée qui le fait, en employant la même formule.

On plie le feuillet en mettant au-dessus la feuille concernant la famille de la fiancée ou celle du fiancé suivant que la lettre est envoyée aux amis de l'une ou de l'autre famille.

On utilise aussi parfois — mais beaucoup plus rarement actuellement — deux feuillets doubles. Dans ce cas, les deux feuillets sont envoyés même aux personnes qui ne connaissent que l'une des familles, le feuillet de la famille connue étant placé au-dessus.

Le texte. — L'invitation est faite par les grands-parents et les parents. Si les fiancés sont orphelins, l'annonce sera faite par un frère aîné, une sœur, un oncle, un parrain, un tuteur. Une veuve, un veuf font part eux-mêmes de leur second mariage.

Les grands-parents sont nommés avant les parents, le côté paternel avant le côté maternel.

Sur ces lettres, les titres de noblesse, honorifiques, officiels, les décorations nationales sont indiqués tant pour les parents que pour les mariés.

Le mot « veuve » ne figure jamais. Une mère ou une grand-mère veuve mettra « Mme Leblanc » ou « Mme Paul Leblanc ».

Dans la noblesse, on mettra « la baronne douairière », « la comtesse douairière ».

Les lettres grand format peuvent être remplacées par une carte à double feuillet, de format plus réduit, sur laquelle la disposition est la même ou par une simple carte sur laquelle sont réunies les invitations des deux familles ; cette solution est moins coûteuse mais aussi moins chic.

Lorsque les mariés n'ont plus de famille et ne sont plus tout jeunes, ils peuvent faire part de leur mariage eux-mêmes.

Lettres d'invitation.

1er feuillet :

> Mme François Lebel, le docteur Jean Perrot, ancien interne des hôpitaux, chevalier de la Légion d'honneur, et Mme Jean Perrot ont l'honneur de vous faire part du mariage de M. Daniel Perrot, enseigne de vaisseau, leur petit-fils et fils, avec Mlle Régine Davril.
>
> Et vous prient d'assister ou de vous unir par la pensée à la messe de mariage qui sera célébrée en la basilique

Notre-Dame de B... le samedi 17 juin 19..., à 15 heures.
Le consentement des époux sera reçu par Mgr G...

(adresses)

2e feuillet :

Mme Alfred Bureau, M. Maurice Davril, avocat à la cour, croix de guerre, et Mme Maurice Davril ont l'honneur de vous faire part du mariage de Mlle Régine Davril, leur petite-fille et fille, avec M. Daniel Perrot, enseigne de vaisseau.

Et vous prient d'assister ou de vous unir par la pensée à la messe de mariage qui sera célébrée en la basilique Notre-Dame de B... le samedi 17 juin 19..., à 15 heures.

Le consentement des époux sera reçu par Mgr G...

Autre formule.

1er feuillet :

M. Picard, chevalier de la Légion d'honneur, et Mme Picard ont l'honneur de vous faire part du mariage de M. Luc Picard, leur fils, avec Mlle Claudine Leroy.

La bénédiction nuptiale, suivie de la messe de communion, leur sera donnée le mardi 6 juin, à 11 heures, en l'église Notre-Dame-de-Lourdes de B...

(adresses)

2e feuillet :

Mme Renaud, M. et Mme Leroy ont l'honneur de vous faire part du mariage de Mlle Claudine Leroy, leur petite-fille et fille, avec M. Luc Picard.

La bénédiction nuptiale, suivie de la messe de communion, leur sera donnée le mardi 6 juin, à 11 heures, en l'église Notre-Dame-de-Lourdes de B...

(adresses)

Carte simple.

Mme Lepetit, M. et Mme Jean Dupin ont l'honneur de vous faire part du mariage de Mlle Odile Dupin, leur petite-fille et fille, avec M. Jean Lamy, professeur agrégé au lycée de Lyon, croix de guerre.

Mme Charles Lamy a l'honneur de vous faire part du mariage de M. Jean Lamy, professeur agrégé au lycée de Lyon, son fils, avec Mlle Odile Dupin.

Et vous prient d'assister à la célébration du mariage qui aura lieu le mardi 27 juin 19..., à 11 h 30, en l'église de V...

(les deux adresses)

Faire-part envoyés après la cérémonie.

Mêmes formules — la carte à double feuillet ou la carte simple remplace souvent la lettre double feuillet — en remplaçant la phrase « et vous prient d'assister... » par « le mariage a été célébré dans la plus stricte intimité le [...] en l'église de [...] ».

Les fiancés font part eux-mêmes.

Mlle Patricia Monceau, M. Jacques Ferré ont l'honneur de vous faire part de leur mariage qui sera célébré dans l'intimité le [...] en l'église de [...].

(adresses)

M. Jacques Ferré et Mme Jacques Ferré, née Patricia Monceau, ont l'honneur de vous faire part de leur mariage qui a été célébré dans la plus stricte intimité.

(date)
(adresse)

Dans les journaux.

On fait généralement paraître dans la presse une invitation à la cérémonie une huitaine de jours avant celle-ci. Cette invitation est destinée aux personnes qui n'auraient pas été touchées par la lettre ou carte d'invitation personnelle.

Les termes peuvent être les mêmes que ceux de la lettre d'invitation. On peut aussi employer des formules simplifiées :

C'est jeudi prochain 6 juin, à 15 heures, que sera célébré en l'église Saint-Pierre-de-Chaillot le mariage de Mlle Paule Ménard avec M. Gérard Delépine.

On annonce le prochain mariage de Mlle Chantal V... avec M. Henri T... La bénédiction nuptiale leur sera donnée le jeudi 13 novembre, à 15 heures, en l'église Saint-Jacques de T...

On est prié de considérer le présent avis comme une invitation à assister ou à s'unir d'intention à la cérémonie.

Faire-part du mariage dans les journaux après la cérémonie.

Lundi 3 juin, à Saint-Louis des Invalides, a été célébré le mariage du sous-lieutenant d'artillerie Régis L..., ancien élève de l'Ecole polytechnique, avec Mlle Christiane P...

La bénédiction nuptiale leur a été donnée par le chanoine O..., oncle de la mariée.

Mercredi dernier, en l'église Saint-Paul, a été célébré au milieu d'une nombreuse assistance le mariage de M. Eric M... avec Mlle Marie-Luce T...

Les témoins étaient pour le marié M... et M... ; pour la mariée, M... et M...

Mariage célébré dans l'intimité.

On nous prie d'annoncer que le mariage de Mlle Lise Thierry avec M. René Lafitte a été célébré dans la plus stricte intimité.

Mariage retardé. — Si les cartes et lettres d'invitation ont déjà été envoyées, on essaiera, dans toute la mesure du possible, de prévenir les personnes invitées en leur envoyant une carte imprimée annonçant le retard. En tout cas, on fera paraître un avis dans la presse. On peut ou non indiquer la nouvelle date choisie si on la connaît et donner ou non la raison du retard. Si aucune nouvelle date n'est indiquée et qu'aucune raison n'est donnée, cela peut être interprété comme une rupture.

Par suite d'un deuil, le mariage de Mlle Lise Thierry avec M. Yves Tétard, annoncé pour le 16 mai, est remis à une date ultérieure.

En raison d'un accident, le mariage de Mlle Anne Béraud et de M. Claude Rodier, annoncé pour le 6 avril, sera célébré le 12 mai, à 16 heures, en l'église de N...

Le mariage du docteur J... et de Mlle Marie-Pierre T..., annoncé pour le 8 octobre, n'aura pas lieu à la date prévue.

Pour demander à un supérieur de bien vouloir servir de témoin à un mariage.

Monsieur le Professeur,

Mon mariage avec Mlle X est fixé au [...]. Oserais-je, en raison de la bienveillance que vous m'avez témoignée pendant mes années d'internat, vous prier de me faire l'honneur de me servir de témoin. Le témoin de ma fiancée sera le général X, son oncle.

J'espère que malgré vos travaux et votre vie si occupée vous accepterez de me donner ainsi qu'à mes parents cette profonde satisfaction et une marque d'estime à laquelle nous serions particulièrement sensibles.

Veuillez agréer, Monsieur et cher Maître, l'expression de mon respect.

Réponse. — Acceptation.

Mon cher ami,

C'est avec joie que j'accepte d'être le témoin de mon meilleur élève. Vous ayant suivi avec beaucoup de sympathie dans les débuts de votre carrière, je serai heureux d'être là, aussi, aux prémices de votre foyer. Vous pouvez donc compter sur moi et je vous sais gré de cette nouvelle marque de confiance.

Je forme les vœux les plus sincères pour votre bonheur et vous assure de toute ma sympathie.

Réponse. — Refus.

Cher ami,

C'est fort aimable à vous de n'avoir pas oublié votre ancien maître et je suis sensible à votre demande. C'est avec joie que je me serais trouvé aux côtés d'un jeune confrère que j'aime et que j'estime, au jour de son mariage. Malheureusement, à cette date, je serai hors de France pour une série de conférences organisées depuis longtemps.

Cela me privera du plaisir de vous apporter ainsi qu'à votre charmante fiancée, la fille de mon vieil ami le docteur G..., les vœux que je forme pour votre nouveau foyer. Je vous les adresse donc dès maintenant, avec l'assurance de mon amitié.

G. Guibert.

A un prêtre pour lui demander de bénir le mariage.

Monsieur le Chanoine,

Vos témoignages de sympathie au moment des fiançailles de Jean-Luc nous ont vivement touchés ; vous l'avez connu si jeune, vous avez exercé sur lui une si salutaire influence et il a en vous une si affectueuse confiance, que mon fils a été tout heureux de voir ses projets d'avenir obtenir votre approbation.

Nous songeons maintenant à fixer la date du mariage qui est prévu pour la fin de juin. Ce serait un honneur et une joie si vous consentiez à venir donner aux jeunes gens la bénédiction nuptiale. Pour que cette fête familiale soit complète, nous avons besoin, Monsieur le Chanoine, de votre présence, de vos prières, des conseils paternels que vous donnerez aux jeunes époux et qui seront mieux écoutés qu'aucun autre. La cérémonie se fera en l'église Sainte-Clotilde, paroisse de la fiancée. Le jour choisi par vous sera le nôtre. Nous avions pensé au 28 juin.

Mon mari et mon fils se joignent à moi pour vous dire combien votre acceptation est désirée et vous adressent l'expression de notre respectueux attachement.

Thérèse F...

Pour inviter un enfant à faire partie du cortège d'honneur.

Ma chère Anne-Sophie,

Tu sais que je me marie le 15 juin. Tu recevras d'ailleurs sous peu une invitation tout ce qu'il y a de plus officielle. Aujourd'hui, je viens te demander de me prêter ta mignonne Chantal pour ce jour-là. Je tiens à être entourée d'un cortège de chérubins. Ils seront huit, quatre garçons et quatre filles, dont l'aîné n'a pas sept ans. Bien sûr, je garde parmi eux la place de mon amie Chantal ; elle sera délicieuse en longue robe d'organdi blanc avec une longue ceinture de velours rose vif. Elle ne sera pas dépaysée, car elle retrouvera dans le petit groupe mes petits neveux Monette et Guy qu'elle a souvent rencontrés chez moi.

Je n'arrive pas à réaliser que dans un mois je serai mariée. Que de choses à faire encore avant le « grand jour » !

Dis-moi vite que tu acceptes pour ta fille et viens me voir pour régler les détails de la toilette de cette jeune personne.

Je t'embrasse bien tendrement ainsi que tes trois poussins.

Clotilde.

Réponse à la lettre ci-dessus. — Acceptation.

Ma petite Clotilde,

Que c'est gentil à toi d'avoir pensé à ma Chantal pour ton cortège d'honneur ! J'avoue que j'hésitais à accepter, car elle est encore bien petite — du moins je le croyais, car on ne voit pas grandir ses marmots ! — mais comme je parlais de cela avec mon mari notre petite bonne femme s'est rebiffée : « Je ne suis plus un bébé, j'ai cinq ans ! » Que répondre à cela ? Elle est absolument ravie d'accompagner « tante Clotilde dans sa belle robe blanche ». J'accepte donc pour elle et j'irai te voir ces jours-ci pour que tu me donnes tes instructions au sujet de la robe.

Nous ne sommes pas encore de si vieux mariés, Régis et moi, que j'aie perdu le souvenir de cette période à la fois radieuse et éprouvante des derniers jours avant le mariage. Ne te fatigue pas trop tout de même. Tu dois nous apparaître fraîche et en pleine forme pour le grand jour.

Je t'embrasse de tout cœur, ma petite Clotilde.

Anne-Sophie.

Invitations au vin d'honneur, au lunch, à la soirée, au repas.

La mode n'est plus aux repas de noces pantagruéliques réunissant le ban et l'arrière-ban de la parenté. Les invités au repas, si repas il y a, sont en nombre restreint et invités par lettre personnelle. Par contre, beaucoup plus nombreux peuvent être les invités aux autres réceptions. Ils recevront leur invitation sous forme d'un carton imprimé qui sera joint à la lettre d'invitation à la cérémonie. En certains cas, c'est la famille de la mariée qui invite et l'invitation est rédigée au nom de sa mère. En d'autres cas, les deux mères figurent sur le carton. Cela dépend des coutumes locales et aussi du fait que tous les frais de la réception sont assumés par la famille de la jeune fille ou partagés entre les deux familles.

Lettre pour inviter la marraine de la fiancée au repas.

Ma chère Alice,

Voici donc proche le grand jour du mariage de Marie-Laure. La date retenue est, finalement, le 14 avril. Marie-Laure et son fiancé, qui sont beaucoup sortis chez des amis et ont de nombreuses politesses à rendre, nous ont demandé d'inviter un certain nombre de jeunes pour la soirée. Par contre, le repas qui la précédera sera fort simple et réservé aux très intimes. Vous êtes de leur nombre, naturellement, ma chère Alice, et nous comptons bien que vous serez près de votre filleule, tout au long de cette journée, vous qui l'avez toujours si affectueusement entourée et gâtée depuis le jour où, voici près d'un quart de siècle, nous vous avons mis dans les bras un poupon vagissant. Vous êtes un peu sa seconde maman et je serai heureuse de vous sentir à mes côtés, car je suis sûre que vous comprendrez mon émotion. Certes j'estime beaucoup Francis et lui confie sans crainte le bonheur de ma fille, mais quelle mère ne se sent le cœur un peu serré en voyant les oisillons quitter le nid ?

Indiquez-nous l'heure exacte de votre arrivée, afin que nous puissions vous faire prendre à la gare, et croyez, ma chère Alice, à notre bien fidèle affection.

Cartes d'invitation pour le lunch ou la soirée.

Madame Rembert
recevra après la cérémonie religieuse, à la salle paroissiale.

A l'issue de la cérémonie
Madame Leroy
Madame Ferton
recevront dans les salons de l'hôtel Bristol.
(adresse de l'hôtel)

Madame Pierre Jardin
recevra à la salle des Concerts, 110, rue de Londres, de 17 à 22 heures. On dansera.
R.S.V.P. 25, rue Victor-Hugo.

Les réponses.

On ne répond pas à une lettre ou une carte d'invitation à la cérémonie si on a l'intention de s'y rendre, cette démarche étant en elle-même une réponse. Il n'est pas nécessaire non plus de répondre si l'on a reçu le carton « Mme X recevra à l'issue de la cérémonie », sauf s'il s'agit d'une réception plus importante qu'un simple lunch, une soirée, par exemple, et surtout si la carte d'invitation porte la mention « R. S. V. P. ».

Par contre, on répondra toujours si, après avoir reçu même une simple invitation à la cérémonie, on ne compte pas s'y rendre.

Que l'on assiste ou non au mariage, il n'est jamais obligatoire d'écrire en réponse à une annonce parue dans la presse, mais ce peut être une attention aimable si l'on n'a pas l'intention d'assister à la cérémonie.

Pour remercier d'une invitation à la soirée.

Christian G...

remercie Madame V... de son aimable invitation et sera heureux de venir féliciter son ami Laurent le soir de son mariage.

Pour s'excuser de ne pas assister au mariage.

M. et Mme K...

retenus par d'autres obligations, regrettent vivement de ne pouvoir assister au mariage de Mademoiselle Darnal et lui adressent ainsi qu'à son fiancé leurs meilleurs vœux de bonheur.

Lucie R...

aurait été fort heureuse d'embrasser Colette le jour de son mariage ; malheureusement, ce jour-là elle doit assurer la permanence au dispensaire. Elle lui adresse ses vœux bien affectueux.

Ma chère Liliane,

Je viens de recevoir la lettre d'invitation à ton mariage. J'aurais aimé être près de toi pour t'apporter le témoignage de mon amitié, mais maman ne va pas bien du tout en ce moment et je n'ose m'absenter longtemps.

J'offre ce sacrifice pour ton bonheur, ma petite Liliane, et je serai près de toi par la pensée lorsque tu diras le « oui » qui te liera pour toujours à ton cher Renaud.

Je suis sûre que tu seras ravissante dans ta longue robe blanche. Je réclame une photo pour me consoler de n'avoir pu t'admirer.

Sois heureuse, ma petite Liliane, soyez heureux tous deux et... ayez beaucoup d'enfants comme dans les contes de fées. C'est le vœu de ta plus vieille et fidèle amie.

Marie-Blanche.

Le jour du mariage.

Les proches qui n'ont pu assister à la cérémonie peuvent envoyer un télégramme ; ils calculeront l'heure de l'expédition pour qu'il arrive à peu près à l'heure de la cérémonie. Il pourra être adressé soit au domicile de la mariée s'il doit arriver avant le départ pour l'église, soit au lieu où se déroule la réception s'il arrive plus tard.

De cœur avec vous, partageons votre joie.

Nos bien affectueuses félicitations et nos vœux de bonheur.

Regrettons de ne pouvoir être près de vous et vous adressons tous nos vœux.

La famille réunie envoie ses vœux aux jeunes époux.

Que Dieu bénisse votre jeune foyer.

On peut aussi écrire une courte lettre qui arrivera le jour du mariage :

Chère petite Madame, cher Michel,

Lorsque vous recevrez ce petit mot, vous aurez prononcé le « oui » décisif ; vous serez unis pour le meilleur et pour le pire. Que le « meilleur » l'emporte de loin, c'est le vœu bien sincère de votre vieil ami.

Correspondance autour des cadeaux.

Le mariage est le grand prétexte à cadeaux et ceux-ci provoquent un échange de correspondance entre le donateur et les bénéficiaires. Fréquemment la fiancée dépose une liste dans un magasin et les personnes qui souhaitent faire un cadeau vont la consulter et achètent l'un des objets qui est alors barré sur la liste.

Mais, évidemment, ce n'est pas aux fiancés à

prendre l'initiative de signaler cette liste, ils attendront que leurs amis les interrogent de vive voix ou par écrit.

Les donateurs peuvent aussi proposer un choix de plusieurs objets.

Pour offrir un cadeau.

Ma chère Rosine,

Nous désirons, mon mari et moi, t'envoyer à l'occasion de ton mariage un petit souvenir qui te rappellera, avec la joie de ce beau jour, tes vieux amis qui l'auront partagée. Mais nous craignons, en choisissant nous-mêmes, de faire double emploi et par conséquent de vous apporter un moindre plaisir. Je viens donc en toute simplicité te proposer quelques objets : aimerais-tu un lampadaire, une petite table, un service de verrerie ? ou autre chose ?

Consulte ton fiancé et donne-moi bien vite une réponse, ce sera une vraie joie pour nous de contribuer à agrémenter le logis où tu passeras d'heureux jours, nous n'en doutons pas.

Crois à toute l'affection de ta vieille amie.

C. Bernard.

Réponse à la lettre précédente.

Chère Madame,

Je vous remercie de tout cœur de votre affectueuse demande à laquelle il m'est bien agréable de répondre.

Tout objet choisi par vous me fera plaisir, mais, puisque vous me laissez libre, je vous dirai très simplement que mon fiancé a reçu deux lampes et qu'une petite table à jeu aurait sa place tout indiquée dans notre studio.

Merci de prendre part d'une façon si délicate à mon bonheur. Mon fiancé joint ses hommages à l'expression de ma respectueuse affection.

Rosine.

Lettre d'un jeune homme en réponse à des parents qui ont demandé ses préférences.

Cher oncle, chère tante,

Merci d'avoir pensé à nous gâter, Maryse et moi, à

l'occasion de notre mariage. Ma fiancée a déposé au magasin Le Foyer moderne, rue Victor-Hugo, une liste d'objets qui lui conviendraient tout particulièrement pour notre future installation et, naturellement, je souscris entièrement à son choix. Puisque vous êtes sur place, cette liste pourrait peut-être vous aider.

Ces derniers jours avant notre mariage, loin de Maryse et de la famille, me semblent longs. Je serai heureux de vous avoir près de nous pour cette grande journée et vous assure de toute notre affection.

Roland.

Lorsque le cadeau est envoyé par le magasin (ou y reste dans le cas de liste déposée), on donne au commerçant une carte sans inscription manuscrite qu'il joint à l'objet choisi.

On peut aussi écrire une courte lettre. surtout si l'objet est envoyé à titre individuel :

Ma petite Maud,

Nous t'adressons ce légumier en espérant que tu auras souvent l'occasion de l'utiliser puisque tu es une si habile cuisinière. Je ne sais plus quel humoriste a dit « qu'un homme qui épousait une jolie fille doublée d'un cordon-bleu pouvait considérer qu'il était bigame ». Ce sera bien le cas de ton heureux Daniel.

Nous te souhaitons une radieuse journée le 10. Ton oncle et moi serons heureux de t'embrasser ce jour-là.

Remerciements.

Les fiancés remercient très rapidement, soit sur carte de visite, soit, ce qui est plus correct et plus gentil, par une lettre écrite par celui des fiancés connu du donateur.

Mieux vaut une courte lettre adressée tout de suite qu'une plus longue remise après le retour du voyage de noces.

Thierry T...

remercie vivement Madame Lamy de la belle garniture de bureau qu'elle a bien voulu lui envoyer et la prie d'agréer l'expression de ses respectueux hommages.

Chère Madame,

Je vous suis profondément reconnaissant du souvenir que vous avez bien voulu m'envoyer pour mon mariage. Ma fiancée a fort apprécié le goût parfait qui a présidé à son choix. Elle joint ses remerciements aux miens et je vous prie d'agréer, chère Madame, l'expression de mes respectueux hommages.

Frank L...

Ma chère tante,

Dans ce très joli service à dessert que tu m'as envoyé, je reconnais à la fois ton sens pratique, ton goût parfait et ton affection si délicate qui sait toujours découvrir ce qui peut me faire plaisir. Chaque fois que je m'en servirai — et ce sera souvent — je penserai à toi.

Bien affectueusement, je te dis « merci ».

Ginette.

Ma petite Claude,

Formidable, ce petit meuble bar ! Si ingénieux et si moderne. Si une « presque madame » n'était obligée à une certaine correction de langage, je dirais que c'est « vachement » bien choisi.

Nous espérons, René et moi, que tu viendras souvent nous donner l'occasion de l'utiliser avec toi et que, bientôt, tu n'y viendras plus seule. Ou bien, alors, il faudrait que les garçons soient aveugles et fous pour ne pas s'arracher une fille comme toi. En tout cas, je te souhaite un bonheur comme le mien et, crois-moi, je ne peux faire mieux car je suis joliment heureuse. Mille baisers.

Lettre de la mère de la mariée, à propos d'un cadeau arrivé après le mariage.

Chère Madame,

Ce matin est arrivé à l'adresse de ma fille le très joli guéridon que vous avez la gentillesse d'offrir à notre jeune ménage.

Nos amoureux sont partis pour les Baléares le soir même du mariage et nous avons reçu, ce matin même, une carte dont le recto déborde de soleil et le verso de bonheur.

Mathilde et son mari ne manqueront pas, dès leur

retour, de vous dire leur joie et leur gratitude pour ce présent qui souligne la fidélité de votre affection, mais je n'ai pas voulu attendre ce retour pour vous remercier en leur nom et au mien. Je suis heureuse de cette occasion qui m'est donnée pour vous redire, chère Madame, ma bien sincère amitié.

SÉPARATION — DIVORCE

Si des raisons graves amènent les époux à envisager une séparation, voire un divorce, cela peut amener un échange de lettres. Si pénible que soit la situation, si graves et justifiés que soient les griefs de chacun, ce n'est jamais une raison pour se laisser aller à des lamentations ou à des reproches sur le mode dramatique. Plus que jamais, en ces occasions, il faut s'efforcer de garder mesure et dignité ; d'autant plus que ces lettres pourront être conservées par la partie adverse et produites au cours de la procédure.

On ne fait pas part d'un divorce dans le carnet mondain. Du moins est-ce tout à fait exceptionnel et assez peu élégant. En revanche, il est bon, en bien des cas, d'avertir non seulement la famille, mais les amis du ménage afin d'éviter les « gaffes » et les situations embarrassantes.

D'une femme à son mari.

Mon cher Luc,

Si pénible que cela puisse être pour moi, je crois devoir prendre l'initiative non pas d'une rupture — entre nous elle s'est produite depuis des mois et tu sais qu'elle n'est pas venue de moi — mais d'une décision qui officialisera cette rupture. Tu conviendras avec moi, n'est-ce pas, qu'il ne nous est plus possible de continuer à vivre sous le même toit, en étrangers, et après tout ce qui s'est passé.

Tu ne seras donc pas étonné que j'aie décidé d'envisager une séparation. Tu sais que mes convictions religieuses m'interdisent de recourir au divorce et d'envisager une nouvelle union. Je reprendrai ma carrière d'assistante sociale et y trouverai, je l'espère, des occasions de dévouement qui donneront un sens à ma vie.

Je compte revenir mardi. Tu auras donc reçu cette lettre et tu auras eu le temps de réfléchir aux dispositions que nous aurons à prendre pour l'appartement, les meubles, etc.

Après avoir tant regretté que nous n'ayons pas d'enfants, je pense aujourd'hui que c'est mieux ainsi. Nous serons seuls à souffrir d'une situation devenue inévitable. Reçois l'assurance de mon affection.

Martine.

D'un mari à sa femme.

Ma chère Sabine,

Pardonne-moi la peine que je vais peut-être te causer. Je n'ai rien à te reprocher et je me plais à rendre hommage à tes qualités de maîtresse de maison et de mère de famille, mais, pourquoi te le cacher — tu t'en doutes, du reste — j'aime ailleurs et ne me sens pas le courage de rompre. Cette situation fausse n'est digne ni de toi ni de moi et je te demande de me rendre ma liberté et d'accepter le divorce.

J'ai beaucoup hésité avant de m'arrêter à cette décision, surtout à cause des enfants, mais, même pour eux, une situation franche sera, je crois, préférable au climat de duplicité et de mésentente dans lequel nous les ferions vivre en voulant conserver une « façade » qui se détériorerait chaque jour davantage. Il va de soi que je ne te les disputerai pas et que j'entends bien leur assurer une vie matérielle décente. Je sais que tu seras assez généreuse pour ne pas m'accabler à leurs yeux et ne pas détruire en eux l'affection pour un père qui les aime malgré ses faiblesses.

Veux-tu m'indiquer l'avocat que tu choisis afin que le mien puisse s'entendre avec lui pour régler les questions matérielles et entamer la procédure ?

Pardonne-moi de t'avoir déçue et crois bien que je te resterai reconnaissant des huit années de bonheur que tu m'as données.

Marc.

D'un mari à une femme qui a eu des torts graves.

Ma chère Gisèle,

Cette lettre ne te surprendra pas, sans doute. Ce qui doit t'étonner, c'est que je n'aie pas réagi plus tôt. Je voulais espérer que ta conduite n'était que l'effet d'une erreur passagère et que tu reviendrais à ton foyer. Je ne peux plus conserver cette illusion et il convient de clarifier une situation qui n'a que trop duré. J'ai l'intention de demander que les enfants me soient confiées. A douze et quatorze ans, elles seraient des observatrices trop perspicaces et, crois-le bien, des juges impitoyables. Je les installerai chez mes parents. Loin de V..., elles retrouveront un climat plus normal et moins perturbant pour des filles de cet âge.

Sois sûr que je regrette de devoir en arriver à cette extrémité et que je n'oublie pas les moments heureux du début de notre mariage.

Robert.

Lettre d'une jeune femme à ses parents.

Cher papa, chère maman,

La nouvelle que je viens vous annoncer va peut-être vous surprendre et sûrement vous peiner. Robert et moi, nous nous séparons.

Il ne s'agit pas d'un coup de tête ou d'une brouille passagère. Si je ne vous en ai pas parlé plus tôt, c'était par pudeur et pour ne pas vous inquiéter, mais il y avait déjà longtemps que notre ménage ne marchait plus et que nous étions pratiquement des étrangers l'un pour l'autre. Récemment Robert m'a avoué qu'il souhaitait refaire sa vie avec une autre qui, d'ailleurs, y a déjà une large part puisqu'il vit chez elle de façon presque permanente. Je ne sais encore comment les choses vont évoluer car la décision est toute fraîche et j'ai tenu à vous en avertir immédiatement. Ce qui est sûr, c'est que je conserverai les deux petits.

Je sais que tout ceci va vous bouleverser et je vous en demande pardon. Je vous supplie de ne pas me juger ni me condamner et de me garder votre tendresse dont j'ai plus que jamais besoin en ces heures de détresse. Ne voyez en moi que votre petite fille qui, comme jadis, cherche un refuge près de vous aux heures de chagrin.

Brigitte.

A une amie.

Ma Nicole,

J'ai besoin de ton amitié et je t'appelle au secours ; viens dès que tu le pourras passer une journée avec moi. Je dis bien « avec moi » car, désormais, je suis seule. Voilà ce que je voulais te dire et la cause de mon désarroi. Jacques m'a quittée et une procédure de divorce est en cours. Tu étais mêlée de trop près à notre vie pour qu'une telle évolution t'étonne, n'est-ce pas ? N'en parle pas autour de toi. Sauf mes parents, personne n'est encore au courant.

Je t'embrasse et compte sur toi pour m'aider dans cette période difficile.

Suzanne T...

A des étrangers, au reçu d'une invitation.

Chère Fabienne, cher Antoine,

Je viens de recevoir votre aimable invitation à déjeuner, adressée à « M. et Mme » Fernand G... Malheureusement, il n'y a plus de « Mme » Fernand G... Depuis deux mois, Catherine et moi avons divorcé pour des raisons personnelles graves et le jugement doit être rendu prochainement. Catherine n'est plus à B..., elle est retournée vivre chez ses parents. Quant à moi, vous comprendrez certainement qu'il me serait difficile de me rendre à votre invitation. Je rencontrerais sûrement chez vous des personnes qui nous ont connus et je préfère éviter tout commentaire.

Vous comptiez parmi les meilleurs amis de notre couple et je souhaite que vous nous conserviez cette amitié, à l'un et à l'autre, séparément, comme, de mon côté, je vous reste fidèlement attaché.

Fernand G...

Réponses. — Répondre à ces lettres est toujours délicat. D'une part, on ne sait jamais exactement ce qui s'est passé entre les époux et on risque de faire des gaffes. D'autre part, même si celui des deux qui nous écrit charge l'autre de tous les péchés d'Israël pour se défouler, il trouverait peut-être fort mauvais que vous lui fassiez écho.

Il convient donc, quoi que l'on pense en son for intérieur, d'éviter les conseils à retardement qui ne serviraient à rien, l'expression de l'indignation « je n'aurais jamais cru cela de toi », les « ça ne m'étonne pas, il y a longtemps que j'avais jugé ce triste sire » aussi bien que les « c'est impensable, vous vous entendiez si bien, vous le regretterez » et de ne pas prendre parti mais, simplement, d'exprimer la sympathie ou l'affection.

Réponse des parents à leur fille.

Ma chérie,

Tu l'as deviné, ta lettre nous a bouleversés, ton père et moi. Nous sentions bien que, depuis quelque temps, l'entente n'était plus parfaite entre vous, mais nous pensions qu'il ne s'agissait que d'un nuage passager.

Tu sais ce que nous pensons du divorce, mais, puisque tu as cru devoir te décider comme tu l'as fait, sache bien que tu trouveras toujours près de nous la même tendresse et que nous sommes prêts à t'accueillir avec tes enfants, pour tout le temps que tu le voudras. Dans le cadre de tes souvenirs d'enfance, tu trouveras, nous l'espérons, l'apaisement dont tu dois avoir tant besoin, ma pauvre grande.

Dis-nous si tu veux que nous prévenions la famille, cela nous semble préférable, du moins en ce qui concerne tes oncles et tantes, et tu aimeras peut-être mieux ne pas avoir à le faire toi-même.

Nous t'embrassons très tendrement ainsi que les petits et nous t'attendons.

Ta maman.

Réponse d'une amie.

Ma petite Isa,

Comme tu as bien fait de m'avertir aussitôt de l'épreuve que tu traverses ! Je viendrai à toi dès le prochain week-end mais, tout de suite, je veux te dire que mon amitié est là, près de toi, pour partager soucis et difficultés et aussi pour t'aider à remonter la pente, car tu la remonteras, tu verras. Je connais assez ton courage et ton énergie pour n'en pas douter.

A bientôt, ma petite Isa, je t'embrasse.

Réponse d'une parente à la mère de la jeune femme.

Ma chère Madeleine,

Henri et moi avons été fort étonnés en recevant votre lettre. Nous ignorions que notre nièce connaissait des difficultés dans son ménage.

Nous comprenons quel doit être votre chagrin. Notre génération n'a pas été habituée à ces décisions extrêmes. Ne jugeons pas ; les jeunes ne connaissent pas la même vie que nous à leur âge.

Nous partageons votre tristesse, mais Christine peut être assurée que nous ne lui retirerons rien de notre affection.

J'espère que l'organisation que vont adopter Christine et Michel vous permettra de voir souvent vos petits-enfants qui auront plus que jamais besoin de votre tendresse et de l'élément de stabilité que vous représentez pour eux.

Christine va-t-elle reprendre du travail ? Peut-être est-il encore trop tôt pour qu'elle ait songé à ces questions. Heureusement, elle vous est restée très attachée ainsi qu'à toute la famille qui tiendra sûrement, avec vous, à l'entourer, et cela l'aidera grandement dans l'épreuve actuelle.

Nous nous unissons pour vous adresser ainsi qu'à Lucien nos meilleures affections.

Jeanne T...

ENTRÉE EN RELIGION ORDINATION SACERDOTALE

Une jeune fille qui entre au couvent annonce souvent elle-même, par lettre, son intention à ses proches. Sa mère peut aussi se charger de prévenir les membres de la famille.

De même lorsqu'un jeune homme entre dans les ordres. Par contre, il n'est pas utile d'annoncer qu'un jeune enfant entre au petit séminaire car il ne peut s'agir vraiment d'une orientation définitive.

Une jeune fille fait part à ses parents de son désir d'entrer au couvent.

Cher papa, chère maman,

Peut-être serez-vous étonnés de recevoir une lettre de moi alors que notre retraite d'anciennes élèves se termine demain et que je serai rentrée vendredi à la maison. C'est que je préfère vous annoncer par écrit une grande nouvelle qui va peut-être vous causer, d'abord, quelque peine mais que vous accueillerez, j'en suis sûre, avec toute votre tendresse pour votre petite Sylvie et tout votre esprit de foi. Vous avez deviné, n'est-ce pas ? Oui, votre petite fille souhaite consacrer sa vie à Dieu et aux malades et entrer, dès la fin de cette année, au noviciat des Sœurs de B...

Depuis bien des années déjà, j'avais entendu l'appel de Dieu, mais j'attendais cette retraite pour être bien sûre de ma vocation. C'est chose faite, maintenant, et je sais que là seulement se trouvent à la fois mon devoir et mon bonheur. Certes, ce n'est pas sans déchirement que je quitterai la maison, mes amies, notre vieille ville et vous surtout, cher papa et chère maman, et je compte sur votre courage pour aider le mien. Après Dieu, c'est à vous, à vos exemples de droiture et de générosité que je dois ma vocation et je vous en serai toujours tendrement reconnaissante.

En donnant votre Sylvette au bon Dieu, vous ne la perdrez pas, bien au contraire, car aucune affection humaine ne viendra la détourner de vous.

J'ai hâte d'être à vendredi pour vous embrasser et parler de tout cela cœur à cœur avec vous.

Votre Sylvette.

De la mère de la future religieuse à une amie.

Ma chère Marielle,

Je ne sais si la nouvelle que je vous annonce va vous surprendre : notre Lucette nous a demandé la permission d'entrer en religion. A vrai dire, son père et moi, nous

nous y attendions depuis quelque temps déjà et nous nous y étions préparés. C'est ce qui nous a donné le courage de lui cacher nos larmes. Nous ne voudrions pas mettre un voile sur son bonheur. D'ailleurs, si la perspective de la prochaine séparation nous est cruelle, nous éprouvons aussi une grande fierté que notre fille ait été choisie.

Elle entrera en septembre au noviciat des Franciscaines et souhaite se consacrer spécialement au soin des enfants handicapés.

Connaissant votre amitié, j'ai tenu à vous annoncer cette grande nouvelle. Ayez une pensée pour nous et pour cette enfant que vous avez vue grandir et qui va aujourd'hui s'engager dans la voie du don total.

Berthe G...

De la jeune fille à une amie.

Ma Lison,

Tu ne devinerais jamais ce que je vais t'annoncer : j'entre au couvent. Ne crois pas à un coup de tête, il y a longtemps que je suis décidée, mais avant de l'annoncer à la famille et aux amis j'ai attendu le mariage de ma sœur, afin que rien ne vienne troubler les préparatifs de la fête.

J'entre chez les religieuses hospitalières de T... dans un mois et j'espère bien que, d'ici là, tu pourras me donner un grand après-midi pour venir constater le bonheur de ta Roseline qui te gardera toujours, tu le sais bien, la même affection.

Roseline H...

Réponse à la lettre précédente.

Ma petite Roseline,

Tu ne t'es pas trompée en comptant sur un effet de stupeur ! Aurais-je jamais cru que tu allais entrer au couvent, toi, le boute-en-train de notre groupe, toi que j'ai vue si gaie et si entourée, il y a moins de quinze jours, au mariage de ta sœur Danielle ?

Et puis je me suis dit que j'étais ridicule. Il n'y a pas de raison pour que le bon Dieu fasse son choix parmi les filles laides ou maussades.

J'ai du chagrin, bien sûr, à l'idée que nous ne nous verrons plus guère, mais je te sens si heureuse que cela me console un peu. Tes malades auront bien de la chance. Si j'ai trop le cafard, je m'arrangerai pour attraper une bonne petite appendicite et aller me faire soigner par toi.

A bientôt, je t'embrasse, ma petite Roseline.

Lise F...

Lors de la cérémonie d'engagement définitif.

Qu'il s'agisse de prise d'habit ou profession d'une religieuse, ordination sacerdotale d'un jeune prêtre, les familles peuvent envoyer des lettres d'invitation à la cérémonie. Pour une ordination, ce peut être une lettre imprimée comme un faire-part de mariage. Pour une prise d'habit ou une profession, il s'agit plus souvent d'une invitation plus personnelle — verbale — ou d'une courte lettre.

Parfois l'ordinand fait part lui-même de la cérémonie.

Mme Jacques B...
M. et Mme Robert C...

ont l'honneur de vous faire part de l'ordination sacerdotale qui sera conférée à M. l'abbé Yves C..., leur petit-fils et fils, par Son Eminence le cardinal X, archevêque de R..., le samedi 2 juin 19..., en la cathédrale de N...

Et vous prient d'assister ou de vous unir d'intention à la première messe que le nouveau prêtre célébrera le mercredi 10 juin en la cathédrale de N...

(adresse)

M. l'abbé Henri G...

a l'honneur de vous annoncer qu'il va recevoir l'ordination sacerdotale des mains de Mgr l'évêque de X en l'église de [...] à [...] heures et vous prient d'assister à sa première messe qui sera célébrée le [...] à [...].

M. et Mme Roger S...

ont l'honneur de vous faire part de la prise d'habit de carmélite de Mlle Arlette S..., leur fille, sous le nom de sœur Marie de la Croix.

Et vous prient d'assister à la cérémonie qui aura lieu en la chapelle du Carmel de [...] le 4 juin 19..., à 15 heures.

Ma chère tante,

C'est le 8 décembre que notre petite Jacqueline doit prononcer ses vœux. Elle m'a priée de vous exprimer son grand désir d'avoir auprès d'elle tous ceux qu'elle aime. La messe sera célébrée à 8 heures dans la chapelle des Dominicaines. Le révérend père B... prononcera l'allocution. Je serais heureuse que vous puissiez venir unir vos prières aux nôtres et à celles de la chère petite religieuse.

Je vous embrasse bien affectueusement.

Parfois les parents de l'ordinand ou de la religieuse reçoivent après la cérémonie ; cela est indiqué soit sur les lettres ou cartes d'invitation, soit sur un carton qui y est joint, comme pour les mariages et suivant la même formule : « Mme R... recevra après la cérémonie religieuse » (ou « à [...] heures »). Indiquer l'adresse où a lieu la réception.

Réponses.

On répond à ces invitations par une formule de félicitations sur carte de visite ou par une courte lettre si l'on ne compte pas se rendre à la cérémonie.

Madame Leroux

regrettant que sa santé l'empêche d'assister à la belle cérémonie à laquelle on la convie, s'associera de tout cœur aux prières des parents et amis qui entoureront le nouveau prêtre.

Madame Baron

se recommande aux prières de M. l'abbé C... et le prie d'agréer l'expression de sa religieuse sympathie.

M. et Mme Dupin

félicitent le docteur Laval et Mme Laval de l'honneur que Dieu leur fait en élevant leur fils à la dignité sacerdotale. Ils s'uniront par la pensée au nouveau prêtre et à sa famille le beau jour de l'ordination.

Ma chère Ghislaine,

Ce sera un vrai sacrifice pour moi de ne pouvoir assister à la belle fête de ta prise d'habit. Mes deux petits bonshommes ont la varicelle et je n'ai personne pour les garder.

Je serai de cœur près de toi et je participerai à ton bonheur que je devine très profond. De ton côté, je suis sûre que tu auras une pensée pour ta vieille amie qui se débat au milieu des mille petits tracas de la vie quotidienne. Demande à Dieu, qui ne pourra rien te refuser en ce jour où tu te donneras entièrement à lui, que je sache répondre à ma vocation d'épouse et de mère de famille avec la même générosité que tu réponds à ta vocation de religieuse.

Dès que mes bambins me permettront de me libérer quelques heures, j'irai te voir... Nous aurons tant de choses à nous dire ! Je t'embrasse très affectueusement.

Ida F...

Images souvenirs.

On distribue généralement des images souvenirs de la cérémonie. Ces images portent, en plus du nom de l'ordinand et de la date, un verset de l'Evangile ou une phrase tirée d'un autre livre religieux et choisie par le héros de la fête ; elles peuvent aussi, plus simplement, ne comporter que le nom, la date et la mention de la cérémonie :

Souvenir
de mon ordination sacerdotale
et de ma première messe.

Saint-Sulpice. 29-30 juin 19...

Henri Durand, prêtre.

« Désormais je ne vous appellerai plus mes serviteurs mais mes amis. » (Evangile selon saint Jean.)

Que la bénédiction de Dieu,
Père, Fils et Saint-Esprit,
descende sur vous et y demeure à jamais.

Alain Perret, prêtre.

18 juin 19...

Souvenir
de ma prise d'habit.

Suzanne Romain
religieuse dominicaine
en religion sœur Saint-Antoine

Le 4 mai 19...

« Voici la servante du Seigneur, qu'il me soit fait selon votre parole. »

LE DEUIL

L'annonce du décès ne se fait généralement pas par lettre, sauf aux très proches et aux parents âgés pour qui un télégramme serait un choc.

Dans la plupart des cas, la famille a trop à faire pour songer à écrire longuement. Cela pourra venir plus tard, mais dans l'immédiat les proches seront avertis par télégramme ou par un coup de téléphone, ou encore un mot très bref.

Comme tous les télégrammes, ceux-ci seront d'une concision qui peut paraître un peu sèche et ne laisse pas de place à l'extériorisation du chagrin, ce qui ne doit pas être interprété comme un manque de cœur :

Père décédé, obsèques mercredi 11 h.

Marguerite enlevée par appendicite foudroyante.

Grand-mère rappelée à Dieu sans souffrances. Prévenez famille.

Robert et Suzanne tués accident d'auto, Jacques légèrement blessé Lettre suit.

Xavier décédé subitement. Obsèques jeudi 15 h.

Chère grand-mère,

Jean-Renaud nous a quittés il y a quelques heures. Vous qui aviez si affectueusement accueilli mon fiancé puis mon mari, vous partagez ma peine, j'en suis sûre. Je ne réalise pas encore que je ne le verrai plus. Papa et maman, apprenant qu'il était au plus mal, étaient arrivés hier afin que je ne sois pas seule pour subir ce coup terrible. Priez pour lui, priez pour moi, pour que j'aie du courage et sois digne de lui. Je vous embrasse bien tristement.

D'une grand-mère ou d'une tante pour annoncer la mort d'un enfant.

Chers cousins,

Notre petite Denise a été rappelée à Dieu hier soir. La pauvre chérie est morte des suites d'une otite après avoir beaucoup souffert. La douleur de ses parents fait peine à voir. Priez pour eux, priez pour nous tous.

Dans les journaux.

Pour annoncer le décès, on choisit le journal local ou celui qui est le plus lu dans le milieu auquel appartient la famille du défunt.

Cette annonce peut revêtir diverses formes. Elle remplace parfois la lettre d'invitation aux obsèques. Elle doit alors donner tous les renseignements nécessaires sur le lieu, le jour et l'heure de la cérémonie. Le plus souvent, on supprime l'indication de l'âge du défunt :

On nous prie d'annoncer le décès du docteur Henri P..., décédé le 13 décembre. Ses obsèques auront lieu le mercredi 17 courant à midi en l'église Saint-Sulpice. De la part de M. et Mme Charles P..., de Mlle Renée P... Inhumation au cimetière du Père-Lachaise. Prière de n'apporter ni fleurs ni couronnes. Le présent avis tient lieu d'invitation.

On annonce la mort de M. Alfred B..., décédé accidentellement le 18 juillet à X. Ses obsèques auront lieu le 21 courant à midi en l'église de X où l'on se réunira.

On annonce le décès de Mme Jean F... en son domicile, 18, boulevard de Magenta. Obsèques samedi 15 courant, à 10 heures, en l'église Saint-Vincent-de-Paul. L'inhumation aura lieu au cimetière de Montmartre. Les personnes qui par erreur n'auraient pas reçu de lettre d'invitation aux obsèques sont priées de considérer le présent avis comme en tenant lieu.

Nous apprenons la mort, à l'âge de 72 ans, de Mme P..., en religion mère Marie de la Croix, ancienne supérieure des religieuses [...] à N... Elle était la sœur et la belle-sœur du colonel Louis P..., de M. et Mme F... et de Mlle Jacqueline F...

Invitations et faire-part.

Les coutumes diffèrent suivant les régions.

En certaines provinces, on fait imprimer deux sortes de lettres. Les unes, dites « lettres d'invitation », sont envoyées avant les obsèques à toutes les personnes que l'on désire y voir assister et que l'éloignement n'empêche pas. Une quinzaine de jours plus tard, on envoie la « lettre de faire-part » à toutes les personnes connues du défunt ou de sa famille et qui a simplement pour but de faire connaître le décès.

En d'autres régions, on ne prévoit qu'une seule lettre qui est à la fois une invitation aux obsèques et un faire-part du décès et qui est adressée à toutes les relations, même aux personnes qui ne pourront certainement pas assister aux obsèques.

La formule est à peu près la même, seule diffère la phrase « les obsèques seront célébrées » qui sera remplacée par « les obsèques ont été célébrées ».

Voici quelques règles pour rédiger ces lettres et faire-part :

a) Tous les parents au même degré sont groupés dans le même alinéa.

b) Au même degré de parenté, la famille du mort vient avant sa belle-famille.

c) Les gens mariés sont souvent nommés avant les célibataires, dans le même degré de parenté, mais ce n'est pas une règle absolue De même les hommes et jeunes gens avant leurs sœurs.

d) Les religieuses sont désignées de la manière suivante : Mme Henriette M..., en religion sœur Agnès de la Croix, religieuse dominicaine.

e) On énumère tous les titres et décorations du défunt, mais rarement ceux des parents et jamais leurs décorations.

f) Pour annoncer le décès d'une veuve, on met « Mme Léon B..., née Alice V... ».

Vous êtes prié d'assister aux service, convoi et enterrement de

M. Félix-Antoine Mariaud
Avocat au Conseil d'Etat
Officier de la Légion d'honneur
Croix de guerre
Chevalier de l'ordre pontifical de Saint-Grégoire,

décédé le 1er novembre 19..., muni des sacrements de l'Eglise, en son domicile, 50, rue de Rivoli, dans son 63e année,

qui auront lieu le lundi 4 novembre, à midi, en l'église Saint-Gervais, sa paroisse.

« De Profundis. »

On se réunira à l'église.

De la part de :

Mme Félix Mariaud, son épouse ;
Du capitaine de frégate Yves Mariaud et de Mme Yves Mariaud ;
De M. et Mme Hubert Gérard, ses enfants ;

De MM. Claude et Didier Mariaud, Mlle Dominique Mariaud, Mlle Bérengère Gérard, ses petits-enfants ;
Des familles Mariaud, Lemar et Périer.

L'inhumation aura lieu au cimetière de Montmartre.

Parfois il n'y a pas de défilé. Les invités inscrivent sur un registre à l'entrée de l'église leur nom et leur adresse. C'est inscrit sur la lettre d'invitation, il n'y aura pas de défilé.

Mme Luc C... ;
Le lieutenant Gérard C... ; dom Jean Bernard C..., moine bénédictin de l'abbaye Saint-Pierre de Solesmes ; M. Olivier C..., élève de l'Ecole polytechnique ; Mlle Aliette C... ; Mlle Jeanne C... ;
M. Denis P... et Mme Denis P... et leurs enfants ;
Mme Charles T... ;
M. Jacques T..., inspecteur des Finances, et Mme Jacques T... ;
Mme la générale B... ; Mlle de N...
Ont la douleur de vous faire part de la perte cruelle qu'ils viennent d'éprouver en la personne de

M. Luc C...

Officier de la Légion d'honneur

leur époux, père, frère, oncle, grand-oncle et cousin, décédé subitement le 18 septembre 19... à Etretat, à l'âge de 62 ans.

Les obsèques ont eu lieu dans l'intimité.

Priez pour lui !

(adresse)

Les protestants remplacent la formule « Priez pour lui » ou « De profundis » par un verset de la Bible.

Sur le faire-part d'une femme mariée, on indiquera le nom de la défunte selon l'une des formules suivantes :

Mme Maurice Perrin
née Raymonde Muller

Mme Maurice Perrin
veuve de M. Maurice Perrin

Lettre d'invitation aux funérailles d'un ecclésiastique.

Vous êtes priés d'assister aux service, convoi et enterrement de

M. l'abbé P...
Curé de M...

pieusement décédé, muni des sacrements de notre Sainte Mère l'Eglise le [...] dans la 62e année de son âge et la 37e année de son sacerdoce

qui se feront le [...] à [...] heures en l'église [...].

De la part de

(l'énumération des membres de la famille)

MM. les vicaires et membres du clergé de la paroisse ;

MM. les membres du conseil curial.

L'inhumation aura lieu au cimetière de F...

Prière de n'apporter ni fleurs ni couronnes et de bien vouloir faire célébrer des messes à l'intention du défunt.

Lettre d'une fille pour annoncer à une amie de sa mère la mort de celle-ci.

Bien chère Madame,

Je ne veux pas tarder davantage à vous apprendre le grand chagrin qui vient de m'atteindre.

Ma chère maman est morte le 6 juin. Une mauvaise grippe, cet hiver, avait provoqué un affaiblissement du cœur contre lequel tous les soins ont été impuissants. Je l'ai vue s'affaiblir peu à peu et elle s'est éteinte sans souffrances.

Elle avait conservé jusqu'aux derniers jours sa lucidité et son ouverture de cœur qui lui faisait négliger ses propres souffrances pour s'inquiéter de la fatigue de ceux qui la soignaient.

Je sais combien vous étiez liées. Dans sa dernière maladie, maman me parlait fréquemment de vous et aimait à évoquer ses souvenirs d'enfance auxquels vous étiez souvent mêlée. Aussi je sais que vous prendrez part à mon chagrin. Après l'avoir soignée si longtemps, ne la quittant ni jour ni nuit, je me trouve devant un grand vide. Je m'efforce d'être courageuse comme elle le souhaite certainement. Priez pour moi, chère Madame, afin que je trouve la force nécessaire et permettez-moi, en souvenir de celle que nous pleurons toutes deux, de vous embrasser.

Lucie D...

Condoléances.

Lorsque l'on ne peut se rendre aux obsèques, on envoie sa carte avec une formule de condoléances à la personne de la famille que l'on connaît. Si l'on connaît toute la famille, on enverra les condoléances au plus proche parent du défunt : veuf ou veuve, fils aîné. Si les rapports d'intimité le demandent, on écrira une lettre.

M. et Mme Marc F...
expriment à Madame E... leur bien vive et respectueuse sympathie dans le deuil douloureux qui l'a frappée.

A. Parent
prie Madame R... de bien vouloir agréer, avec ses respectueux hommages, ses sincères condoléances.

M. et Mme Rémi B...
avec l'expression de leurs bien vives condoléances.

Les proches qui ont été prévenus par télégramme peuvent répondre de même, qu'ils aient ou non l'intention de venir aux obsèques.

De cœur avec vous dans votre grande peine.

Bouleversés par ce terrible accident, serons près de vous, jeudi.

Prions en union avec vous pour la chère tante Jeanne.

Très peinés par décès oncle Jacques, regrettons ne pouvoir assister obsèques, lettre suit.

Chère Mademoiselle,

Je reçois le billet de faire-part m'annonçant le décès de votre chère maman. Le vide doit être bien cruel pour vous, qui l'avez soignée avec tant de dévouement. Du moins la pensée de la paix, du bonheur dont elle jouit peut-elle adoucir votre peine. Et vous la sentez certainement très proche, elle qui vous a tant aimée et continue de le faire.

Mon mari vous prie d'agréer ses respectueux hommages et ma fille se joint à moi pour vous adresser nos sentiments amicaux et attristés.

Rolande F...

Après la mort d'un patron, à sa veuve.

Madame,

En mon nom et au nom de tout le personnel, je viens vous dire quelle part nous prenons à votre deuil.

Monsieur X était un homme juste et bon qui avait su gagner la confiance et le respect de tous. C'est avec un profond regret que nous perdons un chef avec qui nous étions fiers de travailler.

Nous vous prions, Madame, d'agréer l'expression de nos respectueuses condoléances.

Z,
Chef du personnel.

A une amie qui vient de perdre son mari.

Ma chère petite Annie,

Les mots sont impuissants devant une douleur comme la tienne et je n'essaierai pas de te consoler. Dieu seul peut le faire et aussi la pensée que ton cher disparu n'a pas cessé de t'aimer et continuera à veiller sur toi comme il l'a fait de façon si tendre et délicate depuis vingt ans.

Tous ceux qui ont connu Olivier s'accordent à louer sa grande droiture, sa générosité, son ouverture aux autres. Ce deuil n'est pas seulement le vôtre, ma pauvre Annie, mais celui de tous ses amis.

Si mon amitié peut t'être de quelque utilité, ne crains pas de faire appel à moi.

Je t'embrasse de toute mon affection.

Condoléances pour la mort d'un enfant.

Ma pauvre amie,

Je suis atterrée par la navrante nouvelle que l'on m'apprend à l'instant et m'unis de tout cœur à votre immense douleur. Votre petite Sophie était si douce, si pétillante de vie et d'intelligence !

Je vous connais assez, votre mari et vous, pour savoir que vous aurez du courage et saurez surmonter votre peine pour ne pas trop attrister vos deux petits garçons que la disparition de leur sœur aînée doit bien surprendre. Mais la peine demeure et, pour des parents, rien n'est plus dur que de voir mourir un enfant. Cela semble contre nature et pourtant votre petite Sophie elle-même vous demanderait sûrement d'accepter la séparation en songeant qu'elle est maintenant dans la lumière et la joie.

Pour vous deux, toute mon affection.

Lettre à un collègue après la mort de sa mère.

Cher Monsieur,

J'apprends avec un vif regret la mort de Madame votre mère. Je ne l'avais rencontrée qu'une fois, mais je garde le souvenir des paroles si bienveillantes qu'elle voulut bien m'adresser et je juge de votre chagrin par l'affection qui m'unit, moi aussi, à ma mère.

Croyez donc, mon cher collègue, que je prends une part très sincère à votre deuil et veuillez recevoir, ainsi que Mme H..., l'assurance de mes sentiments de condoléances.

A une amie qui vient de perdre son père.

Ma chère Colette,

La triste nouvelle me parvient aujourd'hui seulement au retour d'un voyage d'affaires de quelques jours, ce qui vous expliquera que je n'aie pu vous écrire plus tôt pour vous dire les sentiments que peut me suggérer ma sympathie affectueuse et qui me semblent bien pauvres devant un tel chagrin. Vous aimiez tellement votre père. Vous étiez fière de lui qui joignait tant de dons intellectuels à son incomparable bonté.

Je comprends ce que vous perdez. Si l'affection peut adoucir quelque peu votre peine, comptez sur la mienne, celle d'une amie des bons et des mauvais jours.

Remerciements.

On ne répond pas à une carte ou une lettre de condoléances puisqu'elles sont elles-mêmes une réponse au billet de faire-part. Cependant il est d'usage soit de faire imprimer des remerciements sur une carte qui sera envoyée à toutes les personnes qui ont écrit ou ont assisté aux obsèques en y déposant leur carte, soit de mettre un entrefilet dans la presse, ou les deux.

Carte de remerciement.

Madame Léon F...

vous remercie de la part que vous avez prise au deuil cruel qui vient de la frapper.

Dans le journal.

M. Louis R... et toute la famille, très touchés des nombreuses marques de sympathie qui leur ont été données à l'occasion du décès de Mme Louise F... et dans l'impossibilité de remercier personnellement toutes les personnes qui ont assisté aux obsèques ou leur ont adressé des condoléances, les prient de trouver ici l'expression de leur gratitude.

Pour de tels avis ou cartes on n'énumère pas tous les membres de la famille comme sur la lettre de faire-part, mais seulement les plus proches : veuf ou veuve, ou enfants.

On peut aussi, naturellement, quelques jours après l'enterrement, répondre aux lettres des intimes, ou écrire pour remercier d'une démarche qui a particulièrement touché.

Remerciements à un supérieur pour un discours prononcé lors des obsèques.

Monsieur,

Je viens, au nom de ma mère et de mes jeunes frères vous remercier du discours que vous avez bien voulu prononcer sur la tombe de mon pauvre père. Ce fut un honneur pour nous de vous entendre saluer, en des termes si nobles, si justes et si émus, la mémoire de celui qui resta pendant bien des années votre modeste collaborateur. L'estime que vous lui avez ainsi témoignée est une consolation et une fierté pour ses enfants.

Veuillez agréer, Monsieur, avec l'expression de ma profonde gratitude, l'assurance de mes très respectueux sentiments.

Roger F...

une personne âgée qui s'est déplacée pour les obsèques.

Chère Madame,

Laissez-moi vous remercier d'être venue près de nous mercredi pour assister aux obsèques de mon cher frère et de nous avoir accompagnés jusqu'au cimetière. Nous en avons été profondément touchés. Sachant que votre santé demande quelques ménagements, nous craignons que cela ne vous ait causé une fatigue. Votre présence, votre sympathie, vos prières nous ont aidés dans cette cruelle séparation. Merci de vous être, une fois de plus, montrée si amie et continuez, n'est-ce pas, à prier pour nous. Ma pauvre maman est très ébranlée ; elle me charge de vous exprimer toute sa gratitude.

Veuillez agréer, chère Madame, l'expression de ma respectueuse affection.

Les images souvenirs.

La coutume d'offrir aux parents et amis une image souvenir du défunt est moins suivie que jadis. Certaines familles y restent fidèles. Elle peut être double ; le plus souvent, elle est simple.

D'un côté, on place généralement la photo du disparu, choisie parmi les plus récentes et où il est à son avantage, et de telle sorte que la toilette et la coiffure ne se démodent pas trop vite. Le buste ou la tête seuls sont reproduits. A défaut de photo, on place un Christ en croix, une Vierge, un ange pour un petit enfant. Et, au-dessous :

Souvenez-vous dans vos prières de [...] décédé le [...] (ou « pieusement endormi dans le Seigneur, le »).

Au verso figurent des citations de la Bible ou autres versets pieux, quelques phrases qui rappellent les vertus du disparu, éventuellement des extraits de ses propres lettres ou de lettres adressées à la famille à l'occasion de son décès, ses dernières paroles.

La plus grande sobriété doit régler le choix de ces textes.

LA CORRESPONDANCE DE TOUS LES JOURS

Tout au long des jours, même en dehors des grands événements familiaux que nous avons passés en revue dans le chapitre précédent, mille occasions se présentent de correspondre avec nos proches, nos amis, nos relations.

En certains cas, la lettre nous est imposée par les circonstances ; en d'autres, elle n'est pas rigoureusement obligatoire, mais elle est une façon de maintenir des liens amicaux, de rappeler notre sympathie, de faire plaisir.

Il est impossible, évidemment, d'envisager toutes les circonstances où une correspondance est de mise ; elles sont aussi diverses que celles de la vie. Nous prendrons seulement des exemples dans des domaines très variés. Le tact, le jugement, l'habitude (qui se prend vite quand on cesse de considérer « a priori » une lettre comme une corvée) permettent de s'en inspirer et de les adapter suivant les cas et nos rapports avec nos correspondants.

LES LETTRES D'AMOUR

Nous avons vu, à propos de la correspondance entre fiancés, que la discrétion et la bonne tenue ne devaient pas être bannies de la correspondance amoureuse. On peut écrire des lettres d'amour charmantes et pleines de cœur sans tomber dans la sentimentalité bébête ou avoir à en rougir ensuite.

Abstenez-vous d'écrire des lettres trop tendres ou passionnées sans savoir si votre amour est partagé. Ce serait vous exposer à de cruelles blessures d'amour-propre. N'oubliez pas qu'une lettre appartient à celui qui l'a reçue et qu'il peut en faire tel usage qu'il lui plaît (sauf exceptions dans certains domaines), y compris la montrer à ses camarades et se gausser avec eux de la fille naïve et « emballée » qui lui a envoyé cette missive passionnée. Pour la même raison, ne soyez pas de ceux — et surtout de celles, trop nombreuses — qui envoient à tout bout de champ des lettres enflammées à telle vedette, tel acteur de cinéma, artiste, écrivain. C'est un passeport direct pour le ridicule. Un témoignage d'admiration : oui. Une lettre d'amour : non.

Entre futurs fiancés, fiancés, époux, la tendresse se manifeste avec mille nuances selon le caractère de chacun et les circonstances dans lesquelles est écrite la lettre. La sincérité en est la qualité principale. Des sentiments qui « sonnent faux » se trahissent rapidement.

Aussi donnerons-nous peu d'exemples de telles lettres, car, moins que toutes autres, elles ne sauraient être « standards ».

D'une jeune fille tout récemment fiancée.

Mon Hubert chéri, mon fiancé,

Je ne me lasse pas de te donner ce titre tout neuf et qui renferme pour moi — pour toi aussi, je l'espère — toutes les promesses de bonheur. Ta lettre, ta première lettre de fiancé (ça y est, j'y reviens !) m'a causé une joie dont tu n'as pas idée. Je l'attendais avec une impatience folle et, quand je l'ai eue entre les mains, je n'osais pas l'ouvrir, comme si je craignais de ne pouvoir supporter mon bonheur. Mais ensuite je l'ai relue plus de dix fois ! Comme tu me dis de jolies choses, Hubert ! J'ai bien peur de te sembler une petite sotte, moi qui ne sais que répéter tout bêtement « je t'aime ». Mais cette petite sotte tu l'as choisie et tu l'aimes aussi, n'est-ce pas ?

Quand je pense que nous sommes séparés pour deux mois, je me sens très triste, mais quand je me dis que je vais recevoir souvent des lettres aussi merveilleuses je me sens toute joyeuse, et surtout je pense qu'au bout de cette séparation il y aura ton retour et, peu après, notre mariage et toute notre vie passée ensemble !

Parle-moi de toi, de ton travail, de ce que tu fais, des gens que tu rencontres. Moi, je n'ai pas grand-chose à t'apprendre. Tu connais ma vie un peu monotone dont, en apparence, rien n'a changé, en apparence seulement car depuis que nous nous aimons je trouve le temps toujours beau, le ciel toujours bleu et les gens charmants, même cette affreuse Mme Monnier qui nous espionnait derrière sa vitre quand nous nous donnions des rendez-vous en cachette. Maintenant, nous pouvons proclamer notre amour au grand jour et tout le monde me couvre de félicitations et de compliments sur ton compte. Je les trouve encore, d'ailleurs, bien au-dessous de la réalité.

Pense à moi, mon Hubert chéri, comme ta petite fiancée pense à toi, c'est-à-dire très, très fort et très, très tendrement.

D'un mari à sa femme à l'occasion de leurs noces d'argent.

Ma femme chérie,

Quel tortionnaire que ce directeur qui trouve moyen de mettre des océans entre nous juste pour le vingt-cinquième anniversaire de notre mariage !

Bien sûr, nous fêterons, comme convenu, nos noces d'argent avec les enfants dès mon retour d'Afrique, mais je veux que pour ce 28 mars tu reçoives ce témoignage de ma profonde tendresse. Ce jour-là, j'en suis sûr, tu revivras, comme je le ferai à des centaines de kilomètres de toi, ce matin de printemps un peu acide au dire des invités, mais que nous trouvions radieux, où tu sortais de l'église à mon bras.

Nous venions de nous promettre l'un à l'autre pour

toujours et nous voyions s'ouvrir devant nous un avenir merveilleux. Vingt-cinq ans plus tard, nous pouvons nous demander ce que la vie a fait de nos rêves de jeunes mariés... Bien sûr, nous n'avons jamais acheté cette caravane qui devait nous emmener sur les routes de France ; Joël puis Sylvie nous ont obligés à des vacances plus sédentaires... Bien sûr, nous avons dû renoncer à pas mal de voyages et de sorties et ma vie professionnelle ne s'est pas déroulée comme nous l'avions prévu... Et nous sommes toujours à P... alors que nous comptions nous installer à Paris... Joël, dont nous rêvions de faire un grand chirurgien, est tout bonnement représentant en machines agricoles et sa sœur n'a pas épousé un gros industriel mais un simple instituteur.

Mais malgré tous ces renoncements, petits ou grands, j'espère que tu es de mon avis, mon Anne-Lise ; mariée « pour le meilleur et pour le pire », nous pouvons reconnaître que le « meilleur », en fin de compte, l'a emporté. Notre situation, sans être extrêmement brillante, est enviable. Nos enfants nous ont donné bien des joies ; tous deux sont heureux et nous avons déjà deux amours de petits-enfants. Et surtout nous nous aimons, n'est-ce pas, ma femme bien chère, non pas comme au premier jour, mais « autrement » et, je crois pouvoir le dire, « mieux » et plus en profondeur.

Les épreuves traversées ensemble nous ont rapprochés et même cet orage qui a secoué notre foyer à ses débuts — je ne veux pas l'évoquer davantage puisque tu me l'as si généreusement défendu, mais crois bien que je ne me suis jamais pardonné de t'avoir fait si bêtement souffrir — l'a, en définitive, consolidé.

Je voudrais que tout comme moi, en ce 28 mars, tu puisses dire sans la moindre réticence : « Si c'était à refaire, je recommencerais. »

Je ne te parle pas de mon travail ici, je ne te demande même pas des nouvelles des enfants, de la maison, de la famille. Cette lettre est pour nous deux, rien que nous deux ; cette fois, c'est ton amoureux de jadis qui t'écrit et chacun sait que « les amoureux sont seuls au monde ».

Tout compte fait, j'en arrive presque à bénir le directeur tortionnaire qui nous sépare en ce jour. Si j'étais près de toi, peut-être ne t'aurais-je dit qu'un banal « bon anniversaire », maladroit comme je le suis pour exprimer mes sentiments. Heureusement tu devines tout et tu sais, je l'espère, combien je t'aime et je t'admire, malgré parfois mes airs ronchons.

Et maintenant, en route pour nos noces d'or... Je t'embrasse, ma petite femme..., comme il y a vingt-cinq ans.

G...

LES LETTRES D'AMITIÉ

Elles non plus n'obéissent à aucune règle précise si ce n'est qu'elles doivent, comme toutes les correspondances « sentimentales », refléter des sentiments sincères. Elles doivent autant faire plaisir à celui qui les écrit qu'à celui qui les reçoit.

Quelques écueils à éviter : trop parler de soi et peu ou pas de ce qui touche notre correspondant, ce qui peut paraître de l'indifférence et de l'égoïsme, ou n'en pas parler du tout, ce qui semblerait dire « ce qui me touche ne vous intéresse pas, je le sais ». Eviter également de se laisser aller aux perpétuelles jérémiades ; certes il est normal, en cas de coup dur, de s'épancher près d'un ami sûr, mais l'accabler habituellement de lamentations sur le coût de la vie, le manque d'amabilité des voisins, le caractère difficile des enfants et autres ennuis petits et grands, voilà qui crée un climat aussi démoralisant pour celui qui écrit que pour celui qui lira la lettre et qui lui ôtera, finalement, son caractère bénéfique.

Dans le même ordre d'idée mais à l'autre bout, il ne faut pas trop s'apitoyer sur les ennuis de notre correspondant ou les prendre trop à la légère ; votre ami ne sait que trop bien que l'échec à son examen est fâcheux, qu'il est bien dommage de n'avoir pas eu l'avancement qu'il escomptait, que le comportement de ses enfants pose des problèmes. Ce n'est pas en renchérissant complaisamment que vous lui remonterez le moral, ce n'est pas non plus en paraissant prendre ses ennuis à la légère ; l'équilibre à trouver entre les deux extrêmes est une question de tact et d'amitié.

A des amis pour demander de leurs nouvelles.

Mon vieux Jean,

Que devenez-vous ? Voici bien longtemps que nous n'avons eu des nouvelles de ta smala. Le proverbe affirme, bien sûr, « pas de nouvelles, bonnes nouvelles », mais notre amitié est plus exigeante. Ma femme me disait hier encore : « Je voudrais bien savoir si Jean et Valérie se sont décidés à quitter V... » Et les enfants m'ont déjà demandé vingt fois si leurs amis viendraient, cette année, passer les vacances à M...

Répondre à toutes ces questions « je ne sais pas » finirait par mettre en péril mon prestige de chef de famille. Sans compter que, moi-même, je ne suis pas moins désireux de savoir où vous en êtes de vos projets. Votre éventuel changement de résidence doit vous causer bien des soucis : décision à prendre et, dans l'affirmative, questions pratiques à régler, déménagement à organiser, choix d'établissements scolaires pour les enfants.

Ici, rien de bien neuf à vous apprendre ; la vie continue son petit bonhomme de chemin. Ah ! si, pourtant ; Hervé s'est enfin décidé à sortir de son indécision : il sera finalement dessinateur industriel et vient de s'inscrire dans un collège technique où il préparera cette carrière. Tu sais quel souci nous causait notre aîné et tu seras heureux, ainsi que Valérie, de savoir qu'il semble stabilisé. Pour vous, heureux parents, il ne semble pas y avoir de problèmes de ce côté, du moins dans l'immédiat puisque Suzanne et Josette n'ont jamais varié dans leur désir de devenir l'une infirmière et l'autre assistante sociale. Quant à vos deux petits, ils ont encore le temps d'y penser, et vous aussi !

Quelques mots de l'un ou de l'autre — le moins paresseux de vous tous — nous feraient plaisir.

En l'attendant, nous nous unissons en famille pour vous assurer de notre vieille amitié.

Georges T...

A une amie qui a des ennuis.

Chère Damienne,

Mon amitié s'inquiète de votre silence. Ce changement dans votre situation que vous sembliez craindre s'est-il précisé ? Un peu partout, on parle de ces compressions de personnel qui mettent dans un cruel embarras ceux et celles qui en sont victimes. Je suis bien certaine que votre dynamisme et votre valeur professionnelle, attestée par votre réussite dans la société où vous travaillez depuis vingt ans, vous permettraient de vous reclasser, mais je sais aussi combien vous aimez votre travail et à quel point vous êtes attachée à votre petite ville où vous comptez tant d'amis. Mais vous en avez ailleurs aussi, ne l'oubliez pas, à commencer par mon mari et moi. Roger a conservé beaucoup de relations dans le milieu de l'armement ; si vous devez changer d'orientation et que cette branche vous tente, dites-le-nous, il pourra peut-être vous aider à trouver quelque chose d'intéressant.

Ici, toute la famille va bien. Je ne serais pas étonnée d'avoir à vous apprendre bientôt les fiançailles de Gilberte, mais, chut, c'est encore un secret.

Si vous pouvez disposer d'une journée, venez nous voir, nous bavarderons plus librement de vive voix.

Roger me charge de vous transmettre ses hommages et ma fille toutes ses affections.

Bien amicalement vôtre.

Gervaise T...

A des amis, d'un correspondant qui a des ennuis.

Chers amis,

Vous nous en voudriez certainement de ne pas vous tenir au courant de l'épreuve qui nous atteint. Vous savez que le mariage de Corinne nous avait beaucoup plus inquiétés que réjouis. Nos craintes étaient malheureusement fondées. Notre gendre, après quelques mois où il avait semblé s'assagir, a recommencé à vivre « en marge » et il vient d'être inculpé dans une affaire de trafic de drogue. Il a pris la fuite, abandonnant sa jeune femme et son bébé de quatre mois, après avoir cyniquement précisé à Corinne qu'il n'avait pas l'intention de revenir, car « il aurait assez à faire désormais pour se tirer d'affaire tout seul et n'entendait plus s'encombrer d'une femme et d'un enfant ». Vous devinez le désespoir de notre pauvre petite fille et notre chagrin.

Nous avons naturellement accueilli les deux abandonnés. Corinne va chercher ici un travail de secrétariat et ma femme s'occupera du bébé.

Nous sommes certains que vous compatissez à notre peine et c'est une grande douceur dans notre épreuve.

Une visite nous ferait plaisir. Corinne sait que je vous mets au courant et votre affection si compréhensive lui sera précieuse.

Nous espérons que vous avez surmonté la mauvaise grippe dont vous avez souffert tous deux cet hiver et que vos écoliers sont, eux aussi, en bonne santé et travaillent régulièrement selon leur bonne habitude.

Nous vous embrassons tous.

Simone J...

A des amis pour organiser une excursion.

Mon cher Régis,

Ne trouves-tu pas qu'on étouffe dans les appartements, ces jours-ci, et qu'il serait bien plus agréable d'aller déjeuner au bord d'une jolie rivière, à l'ombre des saules et des peupliers, après s'être aiguisé l'appétit par une bonne balade à bicyclette ? C'est du moins ce que nous pensons, ma femme et moi, mais l'idée nous est venue que ce projet serait bien plus charmant encore s'il pouvait se réaliser en aimable et joyeuse compagnie. Que diriez-vous donc, tous quatre, d'une petite excursion à L... dimanche prochain ? Départ en commun vers onze heures, déjeuner sur l'herbe, promenade, sieste ou pêche suivant l'humeur des excursionnistes et retour à la fin de l'après-midi. Nos cousins N..., à qui nous avons fait part, ce matin, de ce programme, y ont souscrit avec empressement.

Jacques N... se chargera de transporter en auto les victuailles, la vaisselle et les accessoires de pêche.

Chacun préparera quelques provisions qui seront ensuite mises en commun. (Si j'en juge par les intentions de ma fille, je crois que nous ne manquerons pas de pâtisserie ; j'espère que les mères de famille penseront à des mets plus substantiels.)

Vite, un petit mot pour me dire que c'est entendu et que nous vous verrons arriver dimanche matin avec des bicyclettes bien graissées, un robuste appétit et une joyeuse humeur.

Mes enfants embrassent leurs petits amis, ma femme envoie ses amitiés à la tienne, amitiés auxquelles je joins mes hommages et, pour toi, une cordiale poignée de main.

R. M...

A PROPOS DES ENFANTS

Les enfants sont souvent une occasion de correspondance, qu'il s'agisse soit de lettres écrites par eux-mêmes, soit de lettres échangées à leur sujet entre leurs parents ou avec des personnes qui s'occupent d'eux.

Lettres d'enfants.

Une question se pose : faut-il laisser les enfants écrire seuls et librement ou leur suggérer ce qu'ils doivent écrire, voire le leur dicter ? Disons tout de suite que cette dernière méthode, qui ôte à la correspondance enfantine la spontanéité qui fait son charme, est à rejeter. Faut-il donc laisser les enfants écrire tout ce qui leur passe par la tête et expédier leurs lettres sans contrôle ? Cela dépend de leur âge et surtout de la personne à qui ils écrivent. S'ils sont trop jeunes ou trop étourdis pour comprendre que tout n'est pas bon à dire et encore moins à écrire, il sera sage de leur éviter, à l'occasion, une gaffe, une indiscrétion, une phrase qui pourrait être blessante pour leur correspondant sans qu'ils y aient vu malice.

Exemples. — Un bambin de sept ans écrit à une tante âgée mais qui tient énormément à ne pas le paraître : « J'espère que tu te soignes bien. Vieille comme tu es, il ne faudrait pas que tu attrapes froid. » Un autre remercie en ces termes pour un cadeau : « Je te remercie du beau stylo que tu m'as envoyé. J'en avais déjà un ; tante Jeanne vient de m'en donner un autre. Ça m'en fera trois... » Un autre encore : « Papa et maman sont brouillés avec tante Berthe mais il ne faut pas qu'on le sache, ils disent que ça ne regarde pas le reste de la famille... »

Un coup d'œil discret avant l'envoi de ces lettres aurait permis de faire rectifier le tir et d'éviter une indiscrétion ou, pour les correspondants, une vexation imméritée.

Hors des cas de ce genre, mieux vaut laisser aux enfants leur style personnel, même s'il n'est pas rigoureusement académique, et le choix de leurs sujets de correspondance. Moins conformistes que les adultes, moins enfermés dans le protocole et la routine, ils auront souvent des idées beaucoup plus charmantes.

Il faut les laisser écrire aux proches et aux amis chaque fois qu'ils en ont envie d'eux-mêmes, mais il faudra aussi, parfois, veiller à ce qu'ils le fassent lorsque cela s'impose, même s'ils n'y pensent pas ou manifestent une certaine paresse.

D'un enfant à sa grand-mère.

Chère grand-maman,

Maman nous a dit que tu étais un peu triste, toute seule depuis le mariage de tante Marie-Claire. Alors je t'écris pour te faire plaisir et vais te donner des nouvelles de toute la famille.

Papa rentre de plus en plus tard de son travail et maman dit que si ça continue il va coucher à l'usine. Hier, Mme Lambert est venue dîner et maman avait fait une tarte aux fraises presque aussi bonne que les tiennes.

Samedi, on a repeint la cuisine, elle est toute bleue maintenant. La petite sœur a pleuré beaucoup la semaine dernière et elle avait de la fièvre. Le médecin a dit que c'étaient ses dents et, hier, une a percé. Aujourd'hui, elle est sage et me fait tout plein de risettes.

Je travaille bien à l'école et la maîtresse a dit que si je continuais comme ça je pourrais passer dans la grande classe. Je suis bien content mais ça m'ennuie un peu parce que mes meilleurs copains vont redoubler et que je ne serai plus avec eux.

Est-ce que le serin siffle toujours ? As-tu fini la couverture de laine que tu avais commencée quand j'étais chez toi ? Est-ce qu'il y aura des abricots, cette année, dans le jardin ?

Je voudrais bien aller te voir mais il faut que j'attende les vacances parce que maintenant je suis grand et je ne peux pas manquer l'école.

Maman ne sait pas que je t'écris. Je vais lui demander une enveloppe et un timbre. Je lui demanderai aussi d'écrire l'adresse elle-même parce que j'ai peur de ne pas bien savoir.

J'espère que tu seras contente de lire ma lettre et je t'embrasse très, très fort.

Jérôme.

D'une enfant pensionnaire à ses parents.

Cher papa, chère maman,

Vous savez que je suis toujours un peu triste quand j'ai quitté la maison mais j'ai retrouvé toutes mes camarades et, ici, on n'a pas le temps de s'ennuyer ; toute la journée, on travaille ou on s'amuse. Cette année, je ne suis plus en dortoir ; j'ai une petite chambre pour moi toute seule dans le bâtiment des grandes, c'est bien plus agréable.

Hier, nous sommes allées faire une grande promenade jusqu'à B... Dimanche, nous aurons une séance de cinéma avec des dessins animés.

Ma blouse bleue est déchirée, il m'en faudrait une autre ; vous pourriez l'apporter en venant me voir car j'espère bien que vous n'attendrez pas trop.

Je vous promets de travailler de mon mieux cette année. Je vais surtout essayer de me mettre à ces maudites mathématiques qui sont mon cauchemar. En français, ça va. A nos deux premières dictées, j'ai fait zéro faute et une faute. Il y a dans ma classe une nouvelle qui est de P... et qui connaît bien oncle Jean et tante Maud.

Soignez bien ma tortue. Croyez-vous qu'elle s'ennuie de moi ? Si vous voyez Claudette et Janine, dites-leur bonjour de ma part et que je pense souvent à elles en attendant les prochaines vacances.

Votre petite fille qui vous aime de tout son cœur.

G...

D'un enfant à une personne qui l'a fait sortir pendant l'année scolaire.

Chère Madame,

Me voici rentré à la maison et bien content d'avoir retrouvé mes parents, mes petites sœurs et mon jardin.

Mais je n'oublie pas combien vous avez été bonne pour moi pendant toute l'année. Si vous n'aviez pas eu la gentillesse de me faire sortir si souvent le dimanche, j'aurais trouvé ces jours-là bien tristes, puisque tous mes camarades allaient chez eux tandis que moi, si loin, je ne pouvais y retourner que deux ou trois fois durant le trimestre.

J'ai raconté à mes parents les belles promenades que vous m'avez fait faire, et le zoo, et les séances de cinéma, et les gaufres, et tout. Ils disent que j'ai eu bien de la chance et je sais que c'est vrai. Grâce à vous, je ne me suis pas trop ennuyé en pension et pourtant je le craignais. J'espère que, l'année prochaine, vous voudrez bien encore de moi ?

Maman va vous inviter à venir passer quelques jours ici cet été. On irait vous chercher en voiture et vous ramener. J'espère bien que vous accepterez ; je serai bien content de vous voir et aussi de vous présenter mes petites sœurs Colette et Denise, mon jardin et mes animaux.

Votre petit ami qui vous embrasse.

Olivier.

Lettres à propos des enfants.

Lettre de la mère à une personne qui a un enfant en nourrice.

Ma chère Madame Duport,

Voilà quinze jours que je suis sans nouvelles de mon petit Eric et je sens grandir mon inquiétude. Vous ne m'avez pas habituée à ce silence. L'enfant serait-il malade ? Non, vous me l'auriez dit. Alors vous-même, peut-être ? Dans ce cas, et si vous ne pouvez pas vous occuper normalement de lui, voulez-vous me l'écrire ou me faire écrire par une voisine et j'irai aussitôt le chercher.

Je sais que vous soignez et aimez bien mon petit, mais vous savez comme je me tourmente facilement et je vous demande de me répondre par retour du courrier.

J'espère que vos enfants vont bien et vous envoie mille amitiés.

Réponse à la lettre précédente.

Madame,

Rassurez-vous, votre petit Eric va tout à fait bien. Il a percé deux dents cette semaine sans être grognon ni fatigué et je voudrais que vous voyiez comme il fait des progrès. Je suis désolée que vous vous soyez inquiétée et je m'excuse de ne pas vous avoir écrit dimanche comme toutes les semaines. J'ai eu une grosse crise de foie qui m'a tenue couchée pendant huit jours. Mais je peux vous dire que l'enfant n'en a pas souffert car ma sœur, qui est venue me soigner, s'est occupée de lui aussi bien que moi-même. J'aurais dû lui dire de vous écrire à ma place, mais j'étais si malade que je n'y ai pas pensé et je vous prie de m'excuser.

Pourriez-vous m'envoyer quelques vêtements, car le petit Eric grandit beaucoup et ceux qu'il a, ici, deviennent trop petits.

Recevez, Madame, mes salutations.

Education de l'enfant, rapports avec les professeurs.

Les lettres échangées à cette occasion, à la fois lettres mondaines et, parfois, lettres d'affaires, doivent être nettes, précises, rester courtoises et traiter, le cas échéant, en toute simplicité les questions d'argent.

Les formules de politesse à employer sont celles qui ont cours entre gens du même monde, en tenant compte des nuances amenées par l'âge, le caractère. Ainsi une jeune institutrice parlera de ses « sentiments distingués » à la mère de ses élèves qui appartient à la même génération, de ses « sentiments respectueux » à une mère plus âgée ou à la grand-mère. Pour s'adresser à un vieux professeur, à une religieuse, à un ecclésiastique, les parents useront de formules respectueuses.

Pour excuser un enfant qui n'a pu terminer ses devoirs.

Madame X.

prie Mademoiselle Y d'agréer ses salutations et lui demande de vouloir bien excuser sa fille Aline qui, légèrement souffrante hier soir, n'a pu terminer ses devoirs.

D'une mère au professeur de son fils.

Monsieur,

Mon fils Matthieu B..., souffrant, ne pourra pendant quelque temps suivre les cours de la classe de troisième. Je désirerais vous le confier pour quelques leçons particulières. J'espère, Monsieur, que malgré vos occupations vous aurez l'amabilité de lui consacrer au moins trois heures par semaine. Je vous serais obligée de me répondre assez rapidement en m'indiquant vos conditions.

Matthieu, qui ne peut sortir, se tiendrait à votre disposition aux heures et aux jours qui vous conviendraient.

Veuillez agréer, Monsieur, avec mes remerciements pour l'intérêt que vous avez toujours témoigné à mon fils, l'expression de mes sentiments distingués.

Pour demander une exemption de travail pour un élève.

Monsieur le Directeur,

Je viens vous demander si mon fils Serge pourrait être exempté de la classe de dessin pendant quelque temps. Il a les yeux très fatigués et l'oculiste recommande que toute fatigue non absolument indispensable lui soit évitée. Nous serions très ennuyés si Serge devait interrompre totalement ses études et vous serez certainement d'accord avec nous, Monsieur le Directeur, pour estimer préférable de supprimer momentanément les matières les moins importantes. Je vous envoie le certificat médical.

Veuillez agréer, Monsieur le Directeur, l'expression de ma considération la plus distinguée.

Pour excuser l'absence d'un enfant.

Madame,

Sans doute vous êtes-vous étonnée de ne pas voir Véronique en classe depuis lundi. Dans la nuit de dimanche à lundi, elle a eu une violente fièvre et le docteur a diagnostiqué une otite compliquée de mastoïdite ; il a fallu la transporter d'urgence à l'hôpital ; maintenant tout danger est écarté mais elle ne pourra retourner en classe avant deux semaines. Je vous prie de m'excuser de ne pas vous avoir prévenue dès le premier jour, mais vous comprendrez certainement l'émoi d'une maman devant cet accident imprévu. D'autre part, n'ayant personne pour m'occuper de mes enfants plus jeunes, je me suis trouvée débordée.

Je vous prie de croire, Madame, à mes sentiments respectueux.

D'une mère de famille à une institutrice qui cherche une situation.

Mademoiselle,

Votre adresse m'a été donnée par ma cousine Mme Lacour, qui m'a dit que vous cherchiez une situation analogue, je crois, à celle que vous trouveriez chez moi.

Vos élèves seraient deux fillettes de huit et dix ans. Nous sommes assez loin de tout centre important et, mes enfants étant de santé assez délicate, nous préférons attendre encore quelques années avant d'envisager l'internat pour elles. Elles suivent des cours par correspondance. Etant fort occupée par mes plus jeunes enfants, je ne peux suivre leur travail et je désire placer auprès d'elles une personne instruite, gaie, douce, au courant des programmes modernes et s'intéressant à la formation morale de ses élèves.

Vous auriez, naturellement, la vie de famille avec nous et la liberté de vos week-ends. L'été, je vous assurerais un mois de congé en août mais je vous demanderais d'accompagner vos élèves en Bourgogne, chez mes beaux-parents, pendant les mois de juillet et de septembre. J'offre les appointements de [...]. Le mois de congé est payé.

Voulez-vous examiner ma proposition ? Le bien que m'a dit de vous Mme Lacour me fait désirer que nous puissions nous entendre. Bernadette et Catherine sont toutes disposées à s'attacher à leur professeur. Si ce projet vous agrée, je vous demanderai de me répondre le plus tôt possible. Nous prendrions alors rendez-vous pour régler toutes les questions qui nous intéressent.

Recevez, Mademoiselle, l'assurance de mes sentiments distingués.

G. L...

Lettre au proviseur à l'occasion d'un mauvais bulletin.

Monsieur le Proviseur,

Le bulletin que je vous renvoie signé m'est un sujet de grande préoccupation. Je constate que, par sa paresse et son indiscipline, Bernard a mérité le blâme de son professeur.

Je connais les défauts de mon fils, mais je me demande si le surpeuplement de la classe n'a pas amené chez lui du découragement et un certain fatalisme. Peut-être aussi les professeurs dont je me plais à reconnaître la grande valeur ont-ils trop vite perdu confiance en cet élève inattentif et insouciant en apparence. J'aimerais étudier la question avec vous afin que nous voyions ensemble comment nous pourrions aider Bernard à franchir ce tournant difficile.

Veuillez agréer, Monsieur le Proviseur, l'expression de ma considération distinguée.

P. M...

Lettre du père d'un collégien aux personnes qui lui servent de correspondants.

Cher Monsieur,

Notre fils nous dit à quel point vous avez pris à cœur le rôle de correspondants que vous avez bien voulu accepter sur la recommandation de notre ami commun le docteur Duplan.

Ma femme et moi sommes extrêmement touchés et reconnaissants de toutes les bontés que vous et Mme Varin prodiguez à cet enfant que vous traitez comme votre fils. Vous êtes vraiment pour lui une providence, car vous prenez encore la peine de le faire travailler, et il vous devra pour une grande part d'avoir passé une année scolaire satisfaisante, je ne sais comment vous en exprimer notre gratitude.

Ma femme se joint à moi pour vous prier, cher Monsieur, d'agréer de nouveau, ainsi que Mme Varin, si bonne, nous dit Thierry, l'expression de nos sentiments dévoués et reconnaissants.

R. T...

Pour annoncer à un ancien professeur un succès à un examen.

Chère Madame,

J'ai la joie de vous annoncer le succès de Sophie à son examen. C'est en grande partie à vos bonnes leçons qu'elle doit cet heureux résultat, car la maladie de Sophie au cours de cet hiver nous faisait craindre qu'elle n'ait à redoubler son année. Grâce à votre dévouement et à votre enseignement si clair, elle a pu rattraper le temps perdu et nous vous en sommes très reconnaissants.

Vous voudrez bien excuser votre élève de ne pas vous écrire elle-même, mais le surmenage des dernières semaines l'a tellement fatiguée qu'un repos immédiat et complet à la campagne a été jugé indispensable.

Je vous adresse, chère Madame, avec mes meilleurs remerciements, l'assurance de mon souvenir bien sympathique.

H. M...

Correspondance des parents entre eux.

Il est fréquent que, même si les enfants sont rès amis, les parents ne se connaissent pas. Il erait excellent cependant qu'ils saisissent une ccasion d'entrer en relation.

'une mère à une autre à propos d'un camp de vacances.

Chère Madame,

Je me présente à vous : je suis la maman de Guy D... Mon fils vient de me parler d'un projet de camping pendant les prochaines vacances avec son ami René et un cousin plus âgé qui dispose d'une 2 CV et assurerait le transport des campeurs et de leur matériel.

Je pense que, de votre côté, vous êtes au courant. Voudriez-vous me dire ce que vous pensez de ce projet et s'il a reçu votre approbation ? J'avoue être, comme toutes les mamans, un peu effrayée à l'idée de voir mon fils partir ainsi, mais la compagnie de votre René si raisonnable me rassure ainsi que celle de votre neveu et nous ne pouvons prétendre garder toujours nos poussins sous notre aile.

Je suis ravie de l'amitié qui unit mon fils au vôtre. René est un garçon charmant que j'ai toujours grand plaisir à recevoir. Son influence sur mon étourneau de Guy est excellente.

Je profite de cette occasion pour vous remercier de l'accueil si cordial que vous réservez toujours à mon fils et, souhaitant que ce projet de nos enfants nous donne l'occasion de faire plus directement connaissance, je vous assure, chère Madame, de toute ma sympathie.

B. T...

LES INVITATIONS

Nous avons parlé des invitations se rapportant aux grands événements de la vie : goûter de baptême, lunch ou soirée de mariage, etc. On peut aussi offrir une réception plus ou moins protocolaire ou, simplement, inviter des amis en dehors de ces occasions.

Quand il s'agit d'une réception très intime, on fait souvent l'invitation de vive voix ; autrement on envoie une carte de visite avec inscription manuscrite ou, dans les grandes occasions, une carte imprimée. Suivant l'importance du repas, ces invitations s'envoient plus ou moins tôt, entre un mois et huit jours avant la date fixée.

Invitations à un déjeuner ou à un dîner sans cérémonie.

Ma chère Claudine,

Mes cousins S... sont en ce moment en séjour chez moi. Ils seraient très heureux de vous revoir. Pouvez-vous venir déjeuner tout simplement avec nous jeudi prochain 4 mai ainsi que votre mari ?

Vous seriez aimables de venir assez tôt ; nous nous mettrons à table à midi exactement car Robert S..., qui a un rendez-vous en début d'après-midi, devra nous quitter vers 14 heures.

Donnez-moi vite une bonne réponse et croyez, ma chère Claudine, à toute mon amitié.

S. T...

Mon cher Julien,

Puisque te voilà provisoirement célibataire, viens donc déjeuner avec nous un de ces prochains jours, jeudi par exemple. Ma femme sera enchantée d'avoir des nouvelles de Suzanne et des enfants et nous deux pourrons évoquer nos vieux souvenirs de collège. Donne-moi un coup de fil pour préciser le jour qui te convient le mieux. Je te serre cordialement la main.

T. S...

Chère Madame,

Voulez-vous nous faire le plaisir d'être des nôtres le samedi 7 mai à 20 h 30 ainsi que M. Galard ? Nous serons en petit comité.

Nous espérons une réponse favorable et vous adressons nos bonnes amitiés.

J. M...

Invitations à un goûter, un thé-bridge.

Chère amie,

Il y a bien longtemps, me semble-t-il, que je n'ai eu le plaisir de vous rencontrer. Me feriez-vous l'amitié de venir passer l'après-midi avec moi un des jours de la semaine prochaine ? Je vous laisse le choix de la date et attends un coup de fil me fixant. Si votre gentille Béatrice ne craint pas trop de s'ennuyer en la compagnie d'une vieille amie de sa mère, je serai charmée qu'elle vous accompagne.

A bientôt et bien amicalement.

Chère Madame,

Je réunis quelques amies vendredi prochain 7 mai, de 16 heures à 19 heures. J'espère que vous voudrez bien vous joindre à elles. Plusieurs sont des anciennes élèves de notre pensionnat de N... Autour d'une tasse de thé, nous évoquerons nos souvenirs d'enfance.

Recevez, chère Madame, toutes mes amitiés.

Chère Georgette,

J'espère que tu joues toujours au bridge ? J'en avais perdu l'habitude, étant trop prise par mes enfants. Mais le dernier va maintenant à l'école avec ses frères. Je peux donc disposer un peu plus librement de mes après-midi. J'organise un premier bridge, que j'espère suivi d'autres, si mes partenaires y sont disposées, lundi prochain et je serais heureuse que tu sois des nôtres.

Réponds-moi vite affirmativement et viens de bonne heure. Je donnerai comme heure de début de partie 15 heures, mais si tu peux venir plus tôt nous pourrons bavarder en tête à tête avant le début du jeu.

Je t'embrasse.

Invitations diverses.

M. et Mme Léon V...

prient Mademoiselle M... et Messieurs Paul et Jean M... d'assister au bal costumé qu'ils donneront en la salle des fêtes du Pré-Fleuri, le 4 mars, à 15 heures.

Brigitte O...

invite Suzanne et Béatrice G... à participer à la surprise-partie qu'elle organise le jeudi 20 octobre, chez Edith L..., 37, rue Gambetta. Les jeunes filles sont priées d'apporter les pâtisseries et les jeunes gens le champagne.

R.S.V.P.

M. et Mme P. L...

disposant d'une loge au théâtre pour demain soir, seraient heureux d'en profiter en compagnie de Monsieur et Madame J...

On jouera « Faust ».

Chère Suzette,

A l'occasion de mes dix-huit ans, mes parents m'ont permis de réunir mes amis samedi prochain 12 juillet. Naturellement je compte sur toi. J'ai de très bons disques et on dansera à partir de 16 heures et jusque tard dans la soirée si mes invités ne s'ennuient pas trop.

Pourrais-tu amener un ou deux danseurs ? Tout à fait entre nous, je crois que Marie-Paule M... qui sera là serait ravie de rencontrer ton cousin Pierre...

Je compte bien sur une bonne réponse. Je t'embrasse.

Patricia.

Les élèves et anciens élèves de l'Ecole des [...] prient Mesdemoiselles Juliette et Léone T... de bien vouloir honorer de leur présence le bal qui sera donné le samedi 15 février dans les salons du [...] au profit de la caisse de secours de leur association.

Patrick et Stanislas J...

recevront leurs amis le lundi 28 mars, de 17 heures à minuit.

On dansera. (adresse)

RÉPONSES AUX INVITATIONS

On répond rapidement. Toutes les maîtresses de maison comprendront le désir de leurs hôtes d'être fixés le plus vite possible afin de pouvoir remplacer, le cas échéant, les convives qui font défaut, organiser leur table et prendre toutes dispositions convenables. Répondre dans les quarante-huit heures est à conseiller.

Acceptations.

Le colonel et Mme P...

remercient Monsieur et Madame F... de leur aimable invitation et se feront un plaisir de s'y rendre.

Madame R. P...

très touchée de votre aimable attention, accepte bien volontiers votre invitation.

Jacqueline F...

se fait une fête de passer un bon après-midi avec ses amies.

Germain F...

remercie vivement Monsieur et Madame H... d'avoir pensé au solitaire et accepte avec joie leur bonne hospitalité pour le 7 juin.

Ma chère Alberte,

Nous acceptons, mon mari et moi, votre affectueuse invitation, à la condition, toutefois, que vous nous recevrez tout à fait sans cérémonie. Nous serons heureux de faire la connaissance de votre sœur et de votre beau-frère dont vous nous avez tant parlé qu'ils ne sont déjà plus des inconnus pour nous.

Mon mari adresse à Henri ses bonnes amitiés et je vous embrasse affectueusement.

A. C...

Réponse d'une jeune fille invitée à une soirée dansante et que l'on a priée d'amener un danseur.

Eliane F...

assistera bien volontiers à la soirée dansante du [...] chez [...] et sera accompagnée de Dominique T...

Refus.

Les refus doivent être moins brefs que les acceptations ; il faut en soigner particulièrement la forme afin d'atténuer la déception qu'ils risquent de causer à ceux qui nous avaient invité. Si la chose peut se faire sans indiscrétion ou autre inconvénient, indiquons le motif qui nous oblige à refuser pour bien montrer qu'il ne s'agit pas, de notre part, d'une fin de non-recevoir.

M. et Mme R...

retenus à Paris, ont le regret de ne pouvoir accepter votre aimable invitation.

M. et Mme P...

regrettent vivement qu'un mariage auquel ils doivent assister le 3 mai les empêche de se rendre, ce jour-là, chez Monsieur et Madame L... où ils auraient été heureux de passer un bon moment avec les maîtres de maison et de faire la connaissance de leurs amis lillois.

Suzanne H...

se serait fait une joie de passer l'après-midi de lundi avec ses amies. Malheureusement, une répétition de chant de la chorale, fixée à 5 heures, l'oblige à renoncer à ce plaisir.

Chère Madame,

Ma petite Isabelle se réjouissait d'assister à la matinée offerte par son amie Laurette, mais elle tousse beaucoup depuis hier et le docteur, craignant une bronchite, me conseille de la garder à la maison. J'en suis désolée et vous prie de croire, chère Madame, à mon amical souvenir. Isabelle embrasse tendrement sa petite amie.

Cher ami,

Tu ne sais certainement pas qu'une maudite entorse, compliquée d'une fêlure d'un os de la cheville, me cloue à mon fauteuil pour bien des jours, puisque tu me fais subir le supplice de Tantale en me transmettant l'invitation à déjeuner de Mme D... Tu sais que je saisis toujours avec enthousiasme les occasions de me rendre au 8 de la rue La Fontaine, où la cordialité de l'accueil n'a d'égale que la perfection des menus. Tu devines donc combien je suis privé.

J'espère que, pour me dédommager, tu viendras faire une longue visite au pauvre reclus.

Remerciements.

Dans certains pays, aux Etats-Unis par exemple, il est de règle d'envoyer un mot de remerciements à la maîtresse de maison après toute réception. Chez nous, ce n'est pas obligatoire, mais ce peut être une aimable attention dans certaines occasions et c'est, en tout cas, toujours requis après un séjour, si court soit-il.

Nous en verrons quelques exemples au chapitre « remerciements ».

LES FÉLICITATIONS — LES EXCUSES

Nous ne reviendrons pas sur les félicitations adressées à propos d'une naissance, de fiançailles, d'un mariage.

Après la réussite à un examen.

M. et Mme R...

Toutes nos félicitations à notre cher Jean-Luc.

Le docteur L...

salue avec joie et sympathie le succès de son jeune confrère dont la brillante thèse a particulièrement retenu l'attention.

Mademoiselle P...

félicite affectueusement Colette de son beau succès que laissait d'ailleurs prévoir le travail régulier et assidu de sa chère élève.

Mon vieux Robert,

Ainsi te voilà docteur en droit ! Bravo ! Mon amitié se réjouit de ta réussite, mais j'espère que ta nouvelle dignité ne te fera pas oublier les copains. Puisque te voilà débarrassé des soucis d'examens, je pense que nous te reverrons à la maison des jeunes où ton dynamisme et tes dons d'animateur faisaient merveille. Nous t'y attendons. Tu nous parleras de tes projets.

A bientôt donc, je te serre cordialement la main.

P. F...

Lettre d'une obligée après une distinction.

Madame,

M'autorisant de l'intérêt que vous m'avez témoigné en maintes circonstances, je viens vous présenter, au nom de tous les miens, mes respectueuses félicitations. Nous avons en effet appris par Mme L... que la médaille d'or de la Famille française vous a été décernée récemment. Cette belle marque d'honneur ne pouvait être attribuée plus à propos. Qu'elle traduise en même temps l'admiration et la reconnaissance de tous ceux qui ont bénéficié de votre bonté.

Mon mari et mes enfants se joignent à moi pour vous prier d'accepter, Madame, l'assurance de nos sentiments dévoués.

J. L...

Pour une décoration, une récompense, une distinction honorifique.

Rappelons un détail important : on félicite de la « nomination » au grade de chevalier de la Légion d'honneur, de la « promotion » au grade d'officier ou de commandeur et de l'« élévation » à la dignité de grand officier ou de grand-croix.

Jean R...

adresse à Monsieur V... ses meilleures félicitations à l'occasion de sa nomination dans l'ordre de la Légion d'honneur et se réjouit de voir une distinction si bien méritée récompenser de longues années de labeur et de dévouement au bien public.

Madame de S...

s'associe de tout cœur à l'hommage de l'académie de B... Elle souhaite un beau succès à l'ouvrage couronné et une brillante carrière à son auteur.

Après un avancement, félicitations d'un supérieur.

Mon cher ami,

Je vous remercie de votre bon souvenir. J'y suis d'autant plus sensible qu'il vient d'un collaborateur comme je serais heureux d'en rencontrer beaucoup. Sans doute me suis-je intéressé à votre avenir, mais ce n'était que justice puisque j'ai trouvé chez vous, à côté d'aptitudes incontestables, le travail et la dignité de caractère et de conduite qui font valoir toutes les autres qualités.

Je ne puis plus guère espérer maintenant vous voir à mes côtés, mais je suivrai votre carrière avec intérêt et avec confiance.

Veuillez, je vous prie, faire agréer mes hommages à Madame votre mère et me croire,

Votre bien dévoué.

P. D...

Félicitations à un chef qui vient de recevoir une distinction.

Monsieur le Président,

Je reçois à l'instant une dépêche qui m'oblige à partir pour la campagne. Il me sera donc impossible de venir demain avec mes collègues vous exprimer mes compliments les plus respectueux.

Je tiens cependant à vous dire que je ne vous oublie pas dans ces heureuses circonstances et que je m'associe à votre joie et à celle des vôtres.

Veuillez agréer, Monsieur le Président, l'assurance de mon respectueux dévouement.

Remerciements.

Il n'est généralement pas nécessaire de répondre aux lettres de félicitations. Dans certains cas, cependant, et si l'on tient à se montrer particulièrement aimable, on pourra remercier de la sympathie témoignée à cette occasion.

Mademoiselle H...

très touchée de la manière délicate dont Madame G... prend part à sa joie, lui en adresse ses vifs remerciements.

Gervaise R...

remercie Mademoiselle S... de ses félicitations à propos d'un succès dont l'honneur revient, pour une bonne part, au professeur. Elle profite de cette occasion pour redire à Mademoiselle S... toute son affectueuse gratitude.

Le commandant T...

exprime au général de M... toute sa gratitude pour la flatteuse sympathie dont il l'honore.

Chers amis,

Je bénis doublement la distinction dont je viens d'être l'objet puisqu'elle me vaut un nouveau témoignage de votre précieuse sympathie. Croyez que j'y suis très sensible et laissez-moi vous assurer en retour de ma fidèle amitié.

F. R...

Mon Colonel,

Je reçois à l'instant votre dépêche. Merci mille fois de vos félicitations. C'est le 11 novembre que cette décoration me sera remise par le général X.

Le champagne coulera, bien sûr, et je suis tout fier de l'offrir.

Je compte sur votre présence et sur celle de Madame F... et je vous remercie de vous associer à cette joie et à cette fête de famille.

Veuillez agréer, mon Colonel, mes sentiments respectueux et dévoués.

L. P...

EXCUSES

Les lettres d'excuses demandent à être rédigées avec beaucoup de tact afin de ménager à la fois la dignité de celui qui les écrit et la susceptibilité de celui qui les reçoit.

Le meilleur parti est d'aller droit au but et, selon les cas, d'exprimer sincèrement et simplement des regrets si l'on n'est pas en faute ou de reconnaître franchement ses torts si l'on en a eu.

Après une entrevue manquée.

Charles V...

prie Monsieur M... de l'excuser pour ne pas s'être rendu chez lui hier, comme il avait été convenu, une brusque indisposition l'ayant obligé à garder la chambre. Il espère que Monsieur M... sera assez bon pour ne pas lui tenir rigueur de ce manque de parole involontaire et voudra bien lui fixer un autre rendez-vous.

M. et Mme F...

désolés d'avoir manqué la bonne réunion d'hier, maudissent la fâcheuse panne de voiture qui les a empêchés de se rendre à B...

Après une promesse non tenue.

Cher Monsieur,

Qu'avez-vous pensé, hier, en ne recevant pas les documents que je vous avais si formellement promis ? J'espère que vous n'avez pas imputé cette absence à une négligence ou à un manque d'empressement de ma part. La vérité est qu'une visite inattendue m'a retenu jusque dans la soirée et que je n'avais personne sous la main pour vous faire porter ces pièces. Je suis d'autant plus désolé de ce contretemps qu'il m'a privé de la joie de vous revoir, puisque aujourd'hui je ne peux quitter le bureau et dois me contenter de vous envoyer ce dossier par un messager.

Je souhaite que ce retard bien involontaire n'ait pas porté préjudice à vos travaux et je reste à votre entière disposition si vous avez besoin d'autres renseignements.

Croyez-moi, Monsieur, votre tout dévoué.

Après un acte de maladresse d'un enfant.

Chère Madame,

Ma fille m'a raconté, hier soir, comment un geste trop brusque de son petit frère avait causé la perte d'une tasse de porcelaine. Je sais combien vous tenez à votre si joli service de Chine et je suis sincèrement désolée, chère Madame, de la maladresse de mon bambin. Je vais chercher chez les antiquaires, mais si vous avez la main plus heureuse je vous demande en grâce d'avoir la simplicité de me le dire et de me permettre de remplacer cet objet.

Je connais trop votre indulgente bonté pour supposer que vous tenez rigueur à mon petit maladroit. Je tiens à vous dire que Pierrot est tout confus d'avoir involontairement causé un chagrin à l'excellente maman de son ami Emmanuel et que lui-même m'a demandé avec inquiétude si je vous croyais très fâchée contre lui. Puis-je l'assurer de votre pardon ?

Mes enfants embrassent les vôtres, mon mari me charge de son bon souvenir pour Monsieur L..., et moi, chère Madame, je vous adresse mes sentiments de fidèle amitié.

G. M...

Après une discussion orageuse.

Monsieur,

Je ne veux pas tarder davantage à venir vous exprimer tous mes regrets des paroles blessantes qui m'ont échappé au cours de notre conversation d'hier. Je puis vous affirmer qu'elles dépassaient ma pensée. Emporté par l'ardeur de la discussion, je n'ai pas mesuré mes termes et, de retour chez moi, j'ai compris combien j'avais été incorrect et, disons le mot, injuste envers un homme que je respecte et dont j'ai toujours apprécié la loyauté et l'intégrité.

Cette haute opinion que j'ai de vous, Monsieur, m'incite à espérer que vous voudrez bien oublier mon fâcheux emportement et me conserver une estime et une sympathie qui me sont précieuses, croyez-le.

Avec tous mes regrets, je vous prie de recevoir, Monsieur, l'assurance de mon cordial souvenir.

P. M...

Après avoir fait tort à quelqu'un.

Monsieur,

J'ai appris que vous estimiez avoir à vous plaindre de ma façon de diriger mes affaires.

Après avoir, en toute impartialité, examiné la question, je dois reconnaître qu'en effet certains de mes procédés ont pu vous être dommageables. Je vous en exprime mes bien sincères regrets et vous prie de croire qu'il n'a jamais été dans mes intentions de vous causer le moindre tort et que j'ai été poussé par le seul désir de voir mes affaires prendre de l'extension et d'augmenter ma clientèle, tout en réduisant mes frais généraux, et ce en restant dans le cadre d'une loyale concurrence.

Si vous croyez avoir subi indûment quelque préjudice, je suis prêt à faire ce qui dépendra de moi pour le réparer, car je souhaite voir s'établir entre nous des relations cordiales pour la plus grande prospérité de l'industrie à laquelle nous sommes tous deux attachés.

Dans cet espoir, je vous prie de recevoir, Monsieur, mes sincères salutations.

D. J...

REGRETS ET ADIEUX

A la fin d'un mandat.

Monsieur,

Au moment où prend fin votre mandat au conseil d'administration de la Société P..., je tiens à vous exprimer mes plus vifs remerciements pour la collaboration très précieuse que vous avez apportée, pendant cinq ans, à cet organisme.

Je vous prie de bien vouloir trouver ici l'expression de notre gratitude et d'agréer, Monsieur, l'assurance de ma considération distinguée.

R. K...

Réponse à la lettre précédente.

Monsieur le Président Directeur général,

Ce n'est pas sans un vif sentiment de regret que j'ai quitté le conseil d'administration de la Société P...

Pendant les cinq années de mon mandat, je n'ai eu qu'à me louer des excellents rapports que j'ai entretenus avec mes collègues et c'était toujours avec un réel plaisir que je me rendais aux séances du conseil où se débattaient des questions du plus haut intérêt.

Je suis extrêmement touché des aimables sentiments que vous m'exprimez en votre nom et au nom de vos collègues et, en vous témoignant ici toute ma profonde gratitude, je vous serais reconnaissant de bien vouloir leur transmettre mes bien vifs et sincères remerciements.

Veuillez agréer, Monsieur le Président Directeur général, l'assurance de ma haute considération.

A un collègue qui prend sa retraite.

Cher ami,

Absent de T... pour une quinzaine de jours, je n'aurai pas le plaisir d'assister à la réunion amicale organisée à l'occasion de vos adieux. Je tiens cependant à m'unir à tous nos collègues pour vous dire que votre départ ne laissera parmi nous que des regrets et pour vous souhaiter une longue et paisible retraite que vous saurez certainement très bien remplir entre les joies familiales et les plaisirs champêtres. Je suis bien certain aussi que vous y réserverez une part de votre temps et de votre activité à l'action sociale et charitable comme vous l'avez toujours fait avec une si discrète efficacité dans toute votre vie professionnelle.

Je veux espérer que votre départ ne mettra pas un point final à nos bons rapports et que nous aurons l'occasion de vous revoir à T...

Bonne chance, cher ami, je vous serre cordialement la main.

G. H...

Pour accompagner un cadeau de départ.

Veuillez accepter, cher ami, ce modeste souvenir, témoignage de sympathie de tous vos collègues, unanimes à regretter votre départ après ces nombreuses années de travail en commun où tous avaient pu apprécier votre serviabilité et votre égalité d'humeur.

Réponse à un cadeau de départ.

Monsieur le Directeur,

J'ai été profondément touché de la sympathie que vous-même et mes collègues m'avez témoignée. J'en étais tellement ému hier que je me suis trouvé incapable de trouver les mots pour vous remercier de ce magnifique cadeau qui m'a été remis au nom de tous. Ce poste de télévision sera pour moi un compagnon bien agréable dans ma retraite. Il me rappellera à chaque instant les vingt années que j'ai passées dans votre maison que je ne quitte pas sans regrets, croyez-le bien, mais ne faut-il pas faire place aux jeunes ?

Ma femme, qui profitera comme moi de ce cadeau, me charge de joindre ses remerciements aux miens et je vous prie, Monsieur le Directeur, de bien vouloir les transmettre aussi à tous mes collègues.

Veuillez agréer l'assurance de mon respectueux dévouement.

Hubert G...

Lettre adressée par le président d'un comité d'œuvre à un membre démissionnaire.

Mon cher camarade,

J'ai fait part au comité de votre détermination et des motifs qui vous obligent à renoncer à faire partie de notre œuvre.

Nous sommes unanimes à regretter profondément votre départ. Vous étiez parmi les plus anciens et, au cours des longues années, chacun s'était attaché à vous par des liens de sympathie de plus en plus étroits. Les vides se font ainsi dans nos rangs et sont surtout sensibles à ceux qui, comme moi, voient partir successivement tous les bons et aimables confrères qui m'avaient si cordialement accueilli à mon arrivée. Vous étiez de ceux-ci et je ne l'oublie pas.

Veuillez agréer, mon cher camarade, l'assurance de notre fidèle souvenir et, de votre côté, nous garder une place dans vos pensées.

Bien affectueusement à vous.

ÉCHANGE DE SERVICES

Les services demandés, rendus, refusés, les remerciements qui s'ensuivent provoquent souvent un échange de correspondance. Le ton peut varier à l'infini, il dépend de la nature et de l'importance du service, de la personnalité des deux correspondants et des rapports existant entre eux.

Les demandes de service doivent être très simples, expliquer clairement ce que l'on attend de son correspondant, sans « tourner autour du pot », et rester discrètes, exemptes de toute insistance gênante.

Demande de prêt de la part d'une ancienne employée.

Monsieur,

La bienveillance que vous m'avez témoignée ainsi que Madame durant tout le temps que j'ai passé chez vous et même depuis que j'ai quitté votre service me donne le courage de vous exposer en toute simplicité la situation pénible dans laquelle je me trouve.

Vous savez que le petit Jean a été bien souffrant cet hiver. Il se remet lentement et le docteur nous a dit qu'un séjour à la montagne lui était indispensable. L'assistante sociale a pu lui faire obtenir une place dans un sanatorium, mais les frais de trousseau sont à la charge des parents. Or nos quelques économies ont été absorbées par la maladie du petit. J'ai pensé à votre bonté, Monsieur, et à celle de Madame et j'espère que vous ne m'en voudrez pas de m'adresser à vous. Quelques centaines de francs que mon travail de l'été me permettra de rendre dans quatre ou cinq mois nous mettraient à même d'assurer à notre enfant les soins que réclame son état.

J'ose espérer que vous voudrez bien excuser mon audace et vous prie de croire, ainsi que Madame, à mon profond respect.

Ernest S...

Pour demander d'accueillir un enfant.

Chère Madame et amie,

Peut-être vous ai-je déjà dit que mon fils aîné doit se rendre à Paris pour y passer divers examens qui nécessitent un séjour de plusieurs semaines dans la capitale.

Mon état de santé ne me permet pas de l'accompagner et vous devinez que je ne le vois pas partir sans quelque inquiétude, mais je serais tout à fait rassurée si je savais qu'au nom de notre bonne amitié vous vouliez bien l'accueillir quelquefois et l'aider de vos conseils, afin qu'il soit moins dépaysé et moins exposé aux mille dangers dont s'effraie ma sollicitude maternelle.

Mon fils, à qui j'ai souvent parlé de vous, a le plus grand désir de faire votre connaissance et vous a déjà voué, d'après tout ce qu'il sait de votre caractère et de nos relations de jeunesse, la plus déférente affection.

J'ose croire que vous ne trouverez pas ma démarche importune et n'y verrez qu'une preuve de ma confiance et de l'excellent souvenir que j'ai gardé du temps où nous étions voisines.

En attendant de vos bonnes nouvelles, je vous prie de croire, chère Madame et amie, à mes sentiments les meilleurs.

B. L...

A une amie pour lui demander un service.

Ma chère Colette,

Je n'irai pas par quatre chemins : je suis dans le pétrin et j'ai pensé à toi comme à la seule personne assez gentille pour m'aider à en sortir.

Voici les faits : mon petit Benoît, mon benjamin, doit être opéré de l'appendicite lundi prochain. Or mon mari est en mer. Ce n'est pas toujours drôle d'être femme de marin !

Mes deux grands — si l'on peut dire : cinq ans et sept ans — se trouveraient donc seuls à la maison. Et pourtant tu devines que mon cœur de maman s'affole à la pensée de laisser mon pauvre chéri sans moi à la clinique, du moins au début.

Te serait-il possible de venir t'installer à la maison pour quelques jours ? Odile et Serge seraient ravis de t'avoir comme maman de remplacement, et moi, j'aurais l'esprit en repos.

Bien sûr, si cela doit te poser trop de problèmes, dis-le-moi aussi simplement que je t'expose ma requête.

Je t'embrasse.

P. M...

Réponses.

Acceptations. — Pour accepter, quelques mots suffisent généralement. Cependant il faut prendre garde qu'une formule trop brève ou trop froide ne donne l'impression que le service est rendu à contre-cœur. Si le service qui vous est demandé vous dérange et que vous décidez cependant de le rendre, ne faites pas sentir cette gêne.

Madame G. M...

envoie à Madame P... la recette demandée et y joint toutes ses bonnes amitiés et ses caresses à Claude et Josette.

Mon bon Ernest,

Vous avez eu parfaitement raison en vous adressant à nous. Vous trouverez ci-joint un mandat de trois cents francs. J'espère que grâce à cela vous pourrez envoyer votre petit Jean en montagne et qu'il vous reviendra en parfaite santé.

Nous ne voulons pas entendre parler de remboursement. Ma femme me charge de vous dire que c'est là son cadeau de Noël à votre petit garçon et, de mon côté, je suis heureux de pouvoir vous marquer ainsi ma satisfaction pour vos bons services durant plus de dix ans.

Notre amical souvenir pour vous et votre famille.

Cher Monsieur,

Ne vous excusez pas d'avoir recours à moi. C'est plutôt moi qui dois vous remercier de cette preuve de confiance à laquelle je suis très sensible.

Je vous attends donc ces jours-ci pour prendre avec vous toutes les dispositions nécessaires à la bonne marche de votre maison durant votre absence.

Veuillez croire, cher Monsieur, à toute ma sympathie.

B. L...

Ma chère Antoinette,

Si la raison qui te retient chez toi n'était pas cette douloureuse crise de rhumatismes, je serais tentée de la bénir puisqu'elle me vaudra le plaisir d'accompagner ta petite famille à la promenade jeudi.

Bien amicalement à toi.

G...

Pour refuser. — Le refus s'entourera de regrets et, parfois, d'offres de services pour une autre occasion :

Mademoiselle H...

retenue en famille, regrette beaucoup de ne pouvoir remplacer Mademoiselle V... au dispensaire samedi et lui envoie ses amitiés.

M. et Mme M...

présentent leurs bons souvenirs à Monsieur et Madame S... Bien volontiers, ils auraient mis leur voiture à la disposition de leurs amis. Par malchance, elle est en réparation et le garagiste ne peut s'engager à la remettre en état avant une dizaine de jours.

Chère amie,

C'est avec plaisir que je me serais privée de ma cuisinière pour vous tirer d'embarras à l'occasion de votre réception. Mais Juliette est actuellement près de sa mère malade et il ne serait pas possible de la faire revenir pour dimanche. Je suis à votre disposition pour vous aider dans vos recherches si vous n'avez personne d'autre en vue.

Bien amicalement vôtre.

Mon cher ami,

Vous avez bien fait de vous adresser à moi et votre confiance me touche infiniment. Je regrette de n'être pas en mesure d'y mieux répondre : j'ai moi-même de gros paiements à effectuer en cette fin de mois et je ne sais encore comment je pourrai y faire face. J'espère, mon cher ami, que vous trouverez facilement dans vos relations la somme qui vous manque.

Ne craignez pas de faire appel à moi en d'autres occasions, j'espère pouvoir alors vous prouver que je reste votre tout dévoué,

G. H...

Chère Madame,

M'occuper de votre petite Eliane et l'aider à s'acclimater à Paris eût été pour moi une vraie joie. Mais mes enfants m'ont décidée à passer l'hiver près d'eux.

A l'heure où votre fille débarquera dans la capitale, je serai à plusieurs centaines de kilomètres de là, au fond d'un vieux manoir vendéen.

Si vous le désirez, je peux, avant mon départ, recommander Eliane à une de mes amies, la femme du commandant P..., personne tout à fait aimable, chez qui la jeune étudiante trouverait des compagnes de son âge et le plus sympathique accueil à ses heures de liberté.

Je suis sûre qu'Eliane, si enjouée, si agréable, saura vite faire naître de nombreuses amitiés autour d'elle et que je la trouverai bien habituée à sa nouvelle existence lors de mon retour. Si, à ce moment, je suis à même de lui rendre, ou à vous-même, chère Madame, quelques services, vous m'en verrez ravie.

En attendant ce plaisir, j'adresse à toute votre famille mon bien cordial souvenir.

M. L...

Pour remercier d'un service rendu.

Madame Georges B...

très touchée de l'empressement de Mademoiselle N... à lui être agréable, lui en adresse ses bien sincères remerciements.

Léon M...

remercie de tout cœur Pierre N... de sa bonne aide et espère lui prouver un jour qu'il n'a pas obligé un ingrat.

Colette S...

remercie Lucienne et Fernande de lui avoir si gentiment et si rapidement fait parvenir les livres qui lui ont été fort utiles. Elle reconnaît bien là la proverbiale obligeance de ses amies qu'elle embrasse affectueusement.

Chère Madame,

Comment vous remercier ? J'avais à peine osé formuler un souhait et le voilà comblé, et au-delà, par votre délicate bonté.

Grâce à vous, ma petite Claude jouira d'un long séjour au bord de la mer qu'elle n'aurait pu espérer sans votre empressement à nous offrir votre villa.

La bonne mine que ma chère petite rapportera de ces vacances, la joie de sa maman seront votre meilleure récompense. Laissez-nous, chère Madame, y ajouter toute notre reconnaissance.

M. H...

Monsieur et cher collègue,

Je ne saurais vous dire à quel point je suis confus de toute la peine que vous avez prise pour me venir en aide.

Vous demander d'ajouter de nouvelles occupations à votre tâche si lourde, c'était déjà beaucoup. Mais j'apprends que vous ne vous êtes pas contenté d'une simple surveillance et que mes affaires, loin de souffrir de mon absence, s'en sont trouvées favorisées grâce à votre haute compétence et à votre obligeance.

En vérité, Monsieur, je ne saurais reconnaître un tel service. Je n'ai pas l'espoir de m'acquitter de ma dette, mais si l'avenir me fournissait une occasion de vous être utile à mon tour, croyez que j'en serais fort heureux.

Avec l'expression de ma gratitude, veuillez recevoir, mon cher collègue, celle de toute ma sympathie.

P. L...

Mon cher Dupont,

Je ne ferai pas plus de façons pour te remercier du service que tu m'as rendu que tu n'en as fait toi-même pour répondre à mon appel. Je n'attendais pas moins, d'ailleurs, de ta fidèle amitié.

Merci encore, mon cher ami, et à charge de revanche, n'est-ce pas ?

Je te serre cordialement la main en te priant de faire agréer mes hommages par Madame Dupont.

A. V...

DEMANDES DE RENSEIGNEMENTS RECOMMANDATION

Demandes de renseignements et de recommandation, voilà deux catégories de services particulièrement délicats. Il ne faudrait pas, en effet, sous prétexte de se montrer obligeant, risquer de léser la justice, de falsifier la vérité ou de mettre dans l'ennui quelqu'un qui, se fondant sur notre recommandation, aurait mal placé sa confiance.

Demandes de renseignements.

Quelle que soit la raison pour laquelle nous désirons obtenir des renseignements. assurons notre correspondant de la plus absolue discrétion (et ne manquons pas ensuite à cette parole, ni à l'égard de l'intéressé ni à l'égard d'un tiers). La même réserve est d'ailleurs normale de la part de celui à qui s'adresse la demande de renseignements. Il doit s'abstenir d'en avertir la personne en cause ou toute autre.

Madame,

Ce matin s'est présentée chez moi pour y être engagée en qualité d'employée de maison une demoiselle Marie-Jeanne D... Parmi les références présentées par cette personne, j'ai remarqué un certificat attestant qu'elle a servi chez vous, pendant une période de cinq années. Puis-je avoir recours à votre obligeance pour me donner quelques renseignements sur Marie-Jeanne D..., son caractère, sa probité, ses aptitudes au service pour lequel elle se présente, sa santé ? Ces indications, qui me seraient précieuses, resteraient, vous pouvez en être assurée, absolument entre nous.

Veuillez croire, Madame, à mes sentiments distingués.

P...

Monsieur le Maire,

Puis-je solliciter de votre obligeance quelques renseignements sur M. Jacques D... qui a, paraît-il, habité plusieurs années votre commune ? Ce monsieur m'a été présenté par des amis communs qui me savaient désireux d'étendre mon affaire et de prendre un associé, mais ces amis ne connaissent M. D... que depuis relativement peu de temps et ignorent son passé.

Je vous serai donc très reconnaissant de me dire quelle était sa situation quand il habitait M...

Avec mes remerciements, je vous assure, Monsieur le Maire, de mes sentiments très distingués.

Réponses.

Si les renseignements que nous avons à fournir sont favorables, aucun problème, nous nous ferons une joie de les communiquer, sans en « rajouter » toutefois, ce qui d'ailleurs manquerait peut-être le but, comme tout ce qui relève de l'exagération.

Mais si les renseignements sont nettement défavorables, ou s'il y a des ombres sérieuses au tableau, la tâche est plus délicate.

Réponses favorables.

Monsieur,

En réponse à votre lettre du 14, j'ai le plaisir de vous faire savoir que je n'ai eu qu'à me louer des services de M. P... durant les six années qu'il a passées dans ma maison de commerce en qualité de comptable.

Employé modèle, consciencieux et ponctuel, M. P... m'a toujours donné entière satisfaction. De plus, et cela revêt une importance particulière dans ses fonctions, je crois pouvoir me porter garant de sa parfaite probité.

Vous souhaitant de parvenir à vous l'attacher, je vous prie de croire, Monsieur, à mes sentiments distingués.

L. G...

Madame,

J'apprends avec plaisir que vous êtes sur le point de placer Mlle Marguerite D... comme institutrice près de vos enfants. Si mon opinion sur cette jeune fille doit peser sur votre décision, je tiens à vous dire tout de suite qu'elle lui est entièrement favorable.

Mlle D... a consacré trois années à mes filles et je lui reste très reconnaissante de son dévouement éclairé et discret. Elle nous a quittés, l'été dernier, parce que j'ai tenu à placer mes fillettes, devenues grandes, dans le pensionnat où j'ai été moi-même élevée. Mais Mlle D... sera toujours la bienvenue chez nous où nous l'accueillerons comme une amie.

Enchantée si ces quelques renseignements peuvent vous être utiles, je vous prie de croire, Madame, à mes meilleurs sentiments.

Paule F...

Réponses défavorables.

A moins de fautes graves et flagrantes — et encore ! — il est toujours préférable de ne pas accuser et charger la personne en cause. Le correspondant saura, à travers certaines réticences, reconnaître qu'il doit se tenir sur ses gardes.

Monsieur,

Il est exact, en effet, que le nommé Edgar G... a été à mon service en qualité de jardinier, du 1er juin 1965 au 30 novembre 1969, date à laquelle j'ai été obligé de me séparer de lui. J'ignore dans quelle maison il avait servi avant d'entrer chez moi et pour quelles raisons il les avait quittées.

Je regrette de ne pouvoir vous en dire plus et ne peux prendre la responsabilité de vous le recommander. Vous comprendrez certainement qu'il me soit impossible d'entrer dans des explications plus précises.

Je vous prie de croire, Monsieur, à mes sentiments distingués.

Madame,

Par votre lettre reçue ce matin, vous me demandez ce que je pense de Mlle Fanny H..., de son honnêteté, de son caractère, de ses aptitudes au rôle d'institutrice qu'elle postule chez vous et qu'elle a, en effet, rempli chez moi pendant deux ans. Je puis vous dire que, sous le rapport de la probité, je n'ai jamais eu à me plaindre de Mlle H..., non plus que sous le rapport de la bonne éducation. Sa famille est très honorablement connue dans notre région.

Mes filles sont étourdies et assez peu appliquées, ce qui explique peut-être, en partie, que les résultats n'aient pas été ceux que j'espérais.

Je ne crois pas pouvoir vous en dire plus et vous prie de trouver ici, Madame, l'assurance de mes meilleurs sentiments.

F. P...

Chère Marie-Cécile,

Tu as bien fait de t'adresser à moi avant d'engager Gisèle S... Oui, je l'ai connue quand elle était en service chez mon amie Lucienne G...

Si tu peux disposer d'un moment, viens me voir. Je te donnerai de vive voix certaines précisions que je préfère ne pas confier à la poste. Cela, d'ailleurs, doit déjà t'indiquer en quel sens va mon opinion.

Reçois, ma chère Marie-Cécile, mes meilleures amitiés.

C. D...

Recommandations.

Elles peuvent mettre dans un cruel embarras. Il est difficile de refuser une recommandation et il est malhonnête vis-à-vis du destinataire de lui recommander quelqu'un qui ne le mérite pas. Dans les cas vraiment sérieux, on peut refuser en alléguant que, par principe, on ne donne jamais de recommandation. La recommandation peut aussi être tellement faible et réticente que le destinataire pourra lire entre les lignes et comprendre qu'il ne s'agit là que d'une simple démarche de politesse dont il n'y a pas lieu de trop tenir compte.

Voici quelques exemples illustrant ces diverses nuances :

Jacques Rémond

accrédite M. Paul Lenfant près de Monsieur Trollé.

Madame F. Gérard

adresse ses amitiés à Madame Florin par l'entremise de Mlle Josiane R... qui l'a priée de la présenter à Madame Florin.

Louis Féraud

serait personnellement reconnaissant de tout ce que Monsieur P... pourra faire pour son ami Jean F...

M. et Mme J...

seraient heureux si Monsieur et Madame T... pouvaient rendre au porteur de cette carte, M. G..., le service qu'il sollicitera de leur obligeance.

Cher Monsieur,

Vous m'avez bien souvent offert de vous occuper de moi, au cas où je me déciderais à venir à Paris. Cette heure n'a pas encore sonné et pourtant je viens vous rappeler votre promesse en vous priant de bien vouloir reporter votre bienveillance sur mon ami Jean M... que je prends la liberté de vous adresser. Fils d'un avocat de notre ville, il désire se lancer dans le journalisme, pour lequel il présente des aptitudes incontestables. Peut-être vos nombreuses relations, tant dans le monde des lettres que dans celui des affaires, vous permettraient-elles de lui donner de précieux conseils et de l'aider à se créer un petit noyau d'amis sûrs et utiles. Ayant de grandes obligations à Jean M... et à sa famille, je n'ai pas cru pouvoir mieux les reconnaître qu'en vous priant de le traiter comme moi-même. Soyez sûr que je vous en serai aussi reconnaissant que si j'étais le bénéficiaire direct de votre bonté et croyez, je vous prie, cher Monsieur, à mes sentiments respectueux.

P. F...

Madame,

Connaissant votre délicate bonté et votre obligeance, je me permets de vous adresser Mlle Charlotte G... que des raisons de famille amènent à s'installer dans votre ville.

Cette personne fait de la reliure d'art et ses gains sont entièrement consacrés à assurer, avec sa propre subsistance, celle de sa mère malade et âgée dont elle est le seul soutien.

Très adroite, d'une moralité parfaite, Charlotte G... mérite qu'on s'intéresse à elle. Plusieurs de mes amies à qui je l'avais recommandée ici ont été fort satisfaites de son travail.

J'espère que vous voudrez bien l'accueillir favorablement et je suis sûre que si vous lui accordez votre caution elle se créera rapidement une clientèle sérieuse dans la ville de B... Je vous en serais reconnaissante et vous prie d'agréer, chère Madame, mon respectueux souvenir.

C. V...

Pour demander une lettre de recommandation.

Monsieur,

Connaissant votre grande bonté, je me permets, aujourd'hui, de vous présenter une requête.

Sur le conseil du docteur, je me vois obligée de quitter le poste que j'occupe à la maison C..., car il m'oblige à une station debout que ma santé ne permet plus.

Je sais qu'un poste d'employée aux écritures va se trouver libre à la maison G... et je crois qu'il me conviendrait parfaitement. Mais M. G... demande des références provenant de diverses sources. Un mot de vous, Monsieur, qui connaissez depuis si longtemps ma famille, aurait une grande valeur. Je me permets donc de recourir à vous en vous priant, si cette demande ne vous semble pas trop indiscrète, de bien vouloir écrire à M. G... ou me donner une lettre d'introduction pour lui.

Veuillez croire, Monsieur, à toute ma reconnaissance et agréer l'expression de mes sentiments distingués.

Monique G...

LES VŒUX

C'est principalement à l'occasion du Nouvel An et de Noël que l'on échange des vœux.

Nouvel An.

On n'envoie plus comme jadis de carte aux relations même éloignées. On adresse des vœux aux « vrais » amis. C'est une marque de sympathie ou de déférence et non un simple geste de politesse mondaine. Ces vœux sont présentés soit sur une carte de visite, soit par une lettre ou une carte illustrée.

Cartes de vœux.

M. et Mme Louis B...

avec leur bon souvenir et leurs meilleurs vœux pour l'année nouvelle.

Lucien N...

présente ses respectueux hommages à Madame B... et la prie d'agréer ses bons souhaits pour 1971.

Agnès F...

envoie à sa chère Colette ses meilleurs baisers et lui souhaite une bonne, une excellente année.

Albert J...

Une bonne année, mon vieil ami, et beaucoup d'autres semblables après celle-là.

Antoine G...

prie son cher maître d'agréer, en même temps que ses vœux, l'expression de toute sa gratitude et de son respectueux attachement.

Le docteur et Mme S...

se rappellent au bon souvenir de Monsieur et Madame B... et les prient d'accepter leurs vœux de bonheur et de prospérité.

Madame L...

vous souhaite toutes sortes de bonnes choses ainsi qu'à votre petite famille.

Les lettres.

Une lettre est, évidemment, plus amicale. Elle est aussi, souvent, l'occasion de renouer ou de maintenir des liens que la bousculade de la vie moderne risque de laisser se relâcher. On remet facilement le moment d'écrire et on finirait par se perdre de vue si le Nouvel An ne nous apportait un prétexte et presque un rappel à l'ordre nous obligeant à secouer notre négligence.

Dans ces cas, les vœux n'occupent qu'une place restreinte au début ou à la fin de la lettre et on s'étend davantage sur les nouvelles demandées et données des uns et des autres.

De toute façon, même si la lettre est essentiellement « de Nouvel An », si un événement important a marqué récemment la vie de notre correspondant, nous y ferons allusion.

Chère Madame,

Puisque voici l'époque des souhaits, laissez-moi saisir cette occasion pour venir vous témoigner toute ma déférente gratitude pour toutes les marques de bienveillance dont vous m'avez comblé.

Si le Ciel écoute mes vœux, cette année sera pour vous et tous les vôtres, en particulier pour les jeunes foyers que viennent de fonder vos enfants, exempte de soucis et tout illuminée de joies.

Avec ces souhaits, je vous prie de recevoir, chère Madame, l'assurance de mon souvenir respectueux et reconnaissant.

G. L...

Monsieur le Directeur,

Je ne voudrais pas laisser commencer l'année 19... sans vous dire combien je la souhaite heureuse pour vous et votre famille et prospère pour la maison. Ma femme joint ses vœux aux miens et vous prie de bien vouloir transmettre son respect à Madame L...

De mon côté, je vous adresse, Monsieur le Directeur, avec mes hommages respectueux pour Madame L..., l'expression de mon entier dévouement.

A. D...

Chère cousine,

Cette année qui s'achève a été marquée par de bien douloureux événements pour vous. De tout cœur, je souhaite que celle qui va lui succéder vous soit plus clémente et vous apporte, avec une santé meilleure, une heureuse solution à toutes vos difficultés.

Nous nous réunissons en famille pour vous redire, ma chère cousine, notre fidèle et affectueux souvenir.

J. P...

Ma chère bonne-maman,

Je vous souhaite une très bonne année, une santé florissante et l'accomplissement de tous vos désirs, non seulement pour vous mais pour tous ceux que vous aimez, puisque je sais que c'est d'eux —.de nous — que vous vous souciez plus que de vous-même. C'est délicieux d'avoir une grand-mère jeune et gaie ! J'espère que 19..., exempte de soucis et de malaises, sera pour vous une année tout à fait heureuse.

J'ai commencé mes lettres de Nouvel An trop tard ; si je ne peux écrire ces jours-ci à tante Madeleine, je la prie de trouver au passage mes meilleurs vœux de bonheur et de santé.

Je vous annonce une bonne nouvelle. Je pourrai aller vous voir vers le 15 janvier. Je prendrai à ce moment quatre ou cinq jours de congé. Il me semblera bon de retrouver la famille. Je vous parlerai en détail de tout ce qui fait ma vie, sûr de trouver en vous l'auditrice la plus compréhensive.

Je vous embrasse, chère bonne-maman, de tout cœur ainsi que tante Madeleine.

Gérard.

Réponse à une employée qui a envoyé ses vœux.

Chère Mademoiselle,

Vos bons vœux m'ont beaucoup touchée. Je vous remercie d'avoir pensé à moi. Je suis très sensible, croyez-le bien, à cette délicate attention et, de mon côté, je vous souhaite une excellente année. Dans l'immédiat, mes vœux concerneront surtout votre santé. Je me réjouis de savoir que vos forces reviennent, car je souhaite vivement vous voir reprendre les fonctions que vous remplissiez si bien. Mais prolongez autant qu'il le faudra votre séjour à la campagne, afin de revenir complètement rétablie.

Croyez à mon bon souvenir.

G. P...

A une amie.

Tous mes vœux, ma chère Sabine, auxquels se joignent ceux de mon mari et de mes enfants. Vous savez combien ces souhaits sont affectueux. Vraiment une amitié solide et ancienne comme celle qui nous unit reste bien une des meilleures choses de la vie et je bénis la coutume des vœux de Nouvel An qui nous donne l'occasion de l'affirmer et de la manifester.

Comment va votre mère ? J'ai bien compati à vos inquiétudes et je me suis réjouie de la savoir hors de danger ; présentez-lui mes respectueuses amitiés et mes vœux avec les hommages de mon mari.

Ici, tout va bien ; Luc nous a fait une vilaine angine, mais ce n'est plus qu'un souvenir ; il a repris l'école et son travail nous donne satisfaction ; ses petites sœurs poussent comme des champignons. Quand viendrez-vous, avec Hervé, voir tout ce petit monde ?

Je vous redis, ma chère Sabine, ma grande affection.

Vœux et remerciements après un envoi de bonbons

Bien chère Madame,

Ainsi vous profitez du changement de calendrier pour nous ensevelir sous une avalanche de marrons glacés. Je suis bien obligée de vous avouer que j'adore les marrons glacés et que, devant ces gâteries, mes résolutions d'austérité fléchissent. Quel gros péché de gourmandise vous allez me faire commettre !

Merci de nous gâter si délicieusement. Permettez-moi de vous adresser les vœux que je forme pour la réalisation de tout ce que vous entreprendrez en 19... et croyez à ma bien fidèle amitié.

N. V...

Noël.

La coutume s'étend de réserver les vœux de Nouvel An aux relations plus officielles et d'adresser plutôt les vœux pour Noël aux intimes. Ce n'est d'ailleurs qu'une question de date ; les souhaits seront les mêmes et concerneront aussi l'année qui va commencer ; on y ajoute souvent une phrase se rapportant spécialement à la fête de Noël.

On envoie aussi de plus en plus fréquemment des « cartes de Noël » dont certaines, reproductions de tableaux ou dessins de circonstance, sont fort jolies

On ajoute au « Joyeux Noël » imprimé une formule plus personnalisée :

Un heureux Noël à nos chéris.

Puisse la joie de Noël se prolonger pour vous durant toute cette année.

Heureux Noël. Union de prières près de la crèche.

Ma petite Clémence,

Quelques lignes seulement, mais beaucoup d'affection. Je te souhaite une douce fête de Noël, une fin d'année sans mélancolie et un premier de l'An joyeux.
Tout amicalement à toi.

Chère Suzanne,

Votre frère, vos neveux et moi-même, réunis pour ces fêtes de Noël, ce qui ne nous était pas arrivé depuis longtemps, penserons très affectueusement à vous au cours de la messe de minuit. Nous espérons que vous connaîtrez aussi un Noël familial au milieu de vos enfants et petits-enfants...
(Suivent les vœux pour l'année nouvelle et les nouvelles familiales.)

Vœux de fête et d'anniversaire.

A l'étranger et surtout en pays protestant, on célèbre surtout l'anniversaire. En France et chez les catholiques, on célèbre principalement la « fête de nom ». Ne souhaitez jamais son anniversaire à une personne qui prend soin de dissimuler son âge ni à un supérieur ou un étranger. Par contre, on peut souhaiter la fête non seulement aux proches : parents, enfants, parrain, marraine, autres membres de la famille, amis, mais aussi aux supérieurs, professeurs, etc.

Les cartes et lettres contenant de tels vœux doivent arriver à destination à la veille de la fête.

Joyeux anniversaire pour les dix-huit ans de notre Colette.

Quand on est aussi jeune que vous, chère tante, c'est une coquetterie que fêter son quatre-vingtième anniversaire. Aussi je vous envoie mes vœux bien affectueux en en gardant beaucoup d'autres en réserve pour de nombreux 20 mars à venir.

Bonne fête à ma petite Bénédicte.

Que le doux saint François protège toujours notre chéri.

Permettez à votre petite élève, chère Mademoiselle, de vouloir offrir ses vœux très affectueux à l'occasion de la sainte Jeanne.

Jacques L...

prie Madame F... d'agréer ses bons vœux de fête à l'occasion de la Sainte-Marthe.

Fête d'une marraine.

Ma chère marraine,

C'est demain le 15 août, la belle fête d'été. C'est ta fête, marraine, et je te la souhaite bien tendrement. Que faut-il demander pour toi à la Sainte Vierge ? Je devine que ma chère marraine doit désirer des choses très hautes et très belles. Puisses-tu être parfaitement heureuse à la manière qui te paraît la meilleure.

J'aurais aimé, comme l'an dernier, t'apporter un gros bouquet et t'embrasser en te disant : « Bonne fête, marraine. » Réduite à t'écrire, je remplace les fleurs par un petit mouchoir brodé à ton intention.

Il fait beau, nous passons de merveilleuses vacances. Au retour, j'aurai des quantités de choses amusantes à te raconter. Aujourd'hui, excuse la brièveté de ma lettre. On me réclame au tennis. Adieu, marraine chérie ; crois aux plus tendres pensées de ta petite Monique.

Autres occasions.

A Pâques, on envoie parfois une carte portant une illustration de circonstance, surtout aux enfants.

Sainte-Catherine et Saint-Nicolas sont aussi l'occasion d'envois de vœux souvent exprimés su une carte illustrée à laquelle on ajoute ou non une formule de vœux plus personnelle.

On envoie également des vœux à l'occasion des fêtes corporatives : Saint-Luc pour les médecins, Saint-Yves pour les avocats, Sainte-Cécile pour les musiciens, Saint-Eloi pour les orfèvres et ceux qui travaillent le fer, Sainte-Barbe pour les mineurs, etc. :

> Que saint Yves fasse de notre petit Jacques un éloquent avocat.
>
> Affectueuses pensées à notre chère artiste en cette fête de sainte Cécile.
>
> Meilleurs vœux à notre Catherinette.

Ces vœux sont adressés soit sur carte illustrée, soit sur carte de visite.

VOYAGES

Les voyages sont l'occasion d'échange de lettres. Dans la partie consacrée à la correspondance d'affaires, nous verrons celles qui concernent les rapports avec les hôteliers, la location d'une villa, etc. Mais, en dehors de ces questions pratiques, bien des lettres amicales sont adressées en ces circonstances, soit à propos du voyage lui-même — invitations, remerciements après un séjour — soit tout simplement parce que les voyageurs, disposant de plus de temps et ayant des choses intéressantes à raconter, en profitent pour se montrer moins avares de correspondance.

Ces lettres doivent être enjouées, plaisantes, et devenir pour ceux qui les reçoivent une véritable distraction, un rayon de soleil.

Invitation pour la campagne.

Ma chère Solange,

Te voilà donc bachelière. Toutes mes félicitations ; maman a rencontré la tienne et ces dames ont naturellement parlé de... leurs filles. Il paraît que tu es fatiguée après le surmenage des dernières semaines.

Puisque rien ne te retient à Paris pour le moment et que tu as, sinon « mis les livres au feu et les professeurs au milieu », comme nous chantions cyniquement jadis, du moins rangé tes bouquins au fond d'un placard jusqu'à la rentrée des facultés, pourquoi ne viendrais-tu pas passer une grande semaine ou davantage à Villerville ? La Normandie est fraîche et paisible, les grandes prairies invitent au repos et, quand tu seras fatiguée du repos, tennis, bains de mer, promenades t'offriront des attraits variés. Je ne te parle pas de notre compagnie qui te sera donnée « en prime ».

Maman sera très heureuse de te recevoir et d'avoir, à travers toi, des nouvelles de sa chère amie Jeanne.

Vite, une bonne réponse nous indiquant le jour et l'heure de ton arrivée. Mon frère Bruno, très fier de son permis tout neuf, ira te chercher à la gare.

Je t'embrasse.

Adeline.

Après une journée passée chez des amis à la campagne.

Chers amis,

Retour sans incidents dimanche soir malgré quelques « bouchons » qui nous ont fait arriver seulement à neuf heures chez nous.

Ravis de la bonne journée passée au milieu de vous tous. Merci de votre charmant accueil. Nous avons été si heureux de vous voir et de connaître votre retraite champêtre ! Nous gardons un souvenir exquis de la maison, du jardin fleuri de roses, des bords de la Loire ensoleillés... et de nos hôtes.

Les enfants étaient toutes joyeuses d'avoir joué avec les vôtres et ne cessent de parler de Bernard, de Catherine et de Ghislaine.

Nous nous unissons pour vous envoyer, avec nos remerciements, l'expression de notre affectueux souvenir. Bons baisers aux enfants.

G. T...

Réponse à une invitation.

Chère Marie-Céline,

Comme tu es chic d'avoir pensé à m'inviter à Villerville et comme Madame R... est gentille de bien vouloir me recevoir !

Le programme que tu me proposes : repos, tennis, natation, m'enchante et plus encore la perspective de profiter de ton amitié — que de choses nous aurons à nous dire ! — et de la joyeuse compagnie de Bruno et Christian. J'accepte donc sans me faire prier. Je pense arriver lundi par le train de 15 h 30. Je confierai sans la moindre appréhension ma précieuse personne au chauffeur récemment promu. Je suis sûre que Bruno est un conducteur très prudent, avec d'excellents réflexes.

Comme ce sera bon de ne plus penser aux examens et de pouvoir nous promener en bavardant !

Mes parents envoient mille amitiés aux tiens et moi je t'embrasse bien affectueusement de loin en attendant de le faire réellement.

Solange.

Pour inviter un enfant dont on connaît peu les parents.

Chère Madame,

J'ajoute ces quelques mots à la lettre que Denise envoie à son amie afin d'appuyer la requête de ma fille et de vous prier de nous confier votre petite Valérie pendant le séjour que nous comptons faire, comme chaque année, à Hardelot. Denise se fait une joie d'emmener sa chère Valérie et de lui faire les honneurs de la plage et des dunes.

La plage d'Hardelot est tout à fait sûre et la forêt de pins qui l'avoisine offre un but d'excursion aussi agréable qu'hygiénique. J'accompagne ordinairement les enfants et, lorsque je suis retenue à la maison, je les laisse à la surveillance de la personne de confiance qui s'occupe de mes deux benjamins.

Je suis certaine que nos deux inséparables vivront là deux semaines idéales et en rapporteront bonne mine et courage pour reprendre la classe le mois suivant.

Nous partirons en auto vers dix heures, le 14 août, et

nous pensons être de retour dans les premiers jours de septembre. Nous menons à Hardelot une vie exempte de toutes mondanités. Aussi les enfants n'emportent-ils que des vêtements et chaussures très simples, permettant tous les jeux, quelques lainages aussi car les soirées au bord de la mer sont parfois fraîches.

Valérie prend-elle des bains de mer ou préférez-vous qu'elle s'en abstienne ?

Je me réjouis personnellement de la présence de cette mignonne Valérie, si gentille et si douce, dont j'apprécie la bienfaisante influence sur ma turbulente Denise. Je vous remercie par avance de la confiance que vous nous témoignerez ainsi et vous prie de croire, chère Madame, à toute ma sympathie.

L. A...

Après un séjour.

Ma chère tante,

Me voici de retour dans ma petite chambre d'étudiant. Vous avouerai-je qu'elle me paraît bien étroite après les six semaines de grand air, de soleil, de liberté que j'ai connues à B...

Ce qui me manque le plus encore, c'est votre bonne affection de tous les instants dont j'ai pu jouir davantage durant ces merveilleuses vacances où vous m'avez comblé de gâteries et d'attentions délicates. Soyez-en mille fois remerciée, ma chère tante. Si, comme toutes les bonnes choses, mon séjour à B... a passé trop vite, il m'en reste de jolis souvenirs qui peupleront mes longues soirées d'hiver. Touchants, pittoresques ou amusants, ils se groupent en mon esprit comme sur un album dont j'aimerai feuilleter les pages. J'y retrouverai la bonne Adèle dont les crèmes succulentes et les soufflés dorés m'ont fait commettre plus d'un péché de gourmandise, Bichette et son Bichonnet, nourrisson indocile et capricieux, le mignon rouge-gorge, si familier et si confiant, et même l'âne qui, par-dessus la haie, cueillait d'une lèvre avide vos plus belles roses. Surtout j'y reverrai la chère silhouette de tante Colette, alerte et infatigable, toujours occupée à soulager quelque infortune ou à préparer quelque bonne surprise à l'intention de son garnement de neveu. En fermant les yeux, je pourrai me croire encore au manoir et ce sera bien, pour moi, la plus douce illusion.

Vous voyez donc que vous m'avez procuré toute une provision de joies et que je serais un monstre d'ingratitude si je ne vous en avais la plus affectueuse reconnaissance.

Au revoir, chère tante. Saluez pour moi tous les habitants du manoir, bêtes et gens, et gardez pour vous mes plus affectueuses pensées.

Jacques G...

A une amie, pendant un voyage.

Ma chère Viviane,

Tu sais que nous avons décidé, cette année, de passer des vacances itinérantes. La caravane que nous avions achetée l'an dernier dans ce but nous semble vraiment une solution excellente. Nous nous arrêtons où bon nous semble et pour le temps que nous voulons : trois heures ou trois jours.

Nous avons déjà visité toute la région comprise entre F... et les monts de T..., ce qui nous a permis d'admirer des merveilles de la nature : les gorges de N... et la cataracte de V..., et aussi des chefs-d'œuvre dus à la main des hommes comme cette extraordinaire abbaye de P... datant du XIIe siècle. J'y ai spécialement pensé à toi qui aimes tant les vieilles pierres et j'en rapporte un album à ton intention que je t'offrirai à notre retour.

Un avantage supplémentaire des vacances, c'est de permettre de s'adonner à la correspondance et j'en profite, tu vois, moi qui, au cours de l'année, n'ai jamais le temps d'écrire. Puisque, toi aussi, tu vas bientôt être en congé, j'espère que tu me rendras la pareille en me racontant en détail votre séjour en montagne.

Je te souhaite, ainsi qu'à ton mari et aux enfants, des vacances aussi agréables et reposantes que les nôtres et t'envoie toutes nos amitiés.

J. L...

.es cartes postales.

Les cartes postales font partie du programme des acances et spécialement des voyages. Des peronnes qui restent facilement des mois sans se voir u s'écrire se mettent à envoyer des cartes postales ès qu'elles sont séparées par un voyage. Cette coutume n'est d'ailleurs pas à rejeter si elle marqu vraiment l'amitié et le souci de faire participer le autres à notre joie.

On n'envoie pas de cartes postales aux personne que l'on connaît peu et avec qui l'on n'a que de relations officielles ou d'affaires.

La carte s'envoie généralement à découvert ; i faudra y penser en rédigeant le message car celui ci pourra être lu par n'importe qui. Si l'on veu témoigner une déférence particulière, on mettra l carte sous enveloppe.

L'envoi d'une carte postale ne doit jamais donne à celui qui la reçoit l'impression que l'on s'es débarrassé à la hâte d'une corvée que l'on s'étai imposée. Pour cela, il faudra porter une amical attention au recto et au verso. Au recto, l'illustra tion sera choisie d'après ce que nous connaissor des goûts et des préférences de nos amis : celui-c recherche les reproductions de monuments histc riques ou d'œuvres d'art, celui-là goûte plutôt le beaux paysages, tel autre aimera posséder une vu de ce château, de cette église qu'il visita jadi N'achetons pas nos cartes au hasard ; rien n'e indifférent en amitié. Quant au verso, qui porte une phrase ou un texte court, nous nous efforc rons aussi de le préserver de la banalité.

Formules brèves pour cartes postales.

Affectueuses pensées des voyageurs.

Bon souvenir des errants aux sages gardiens du foy

On s'amuse, on rêve, on respire, on bronze, on e heureux.

La joie des vacances ne nous fait pas oublier les am

En écoutant chanter les cigales, nous pensons à not rossignol maison.

Autres cartes postales.

Regardez bien la place de ce petit village. Ne vous rappelle-t-elle rien ? Si, bien sûr. A nous aussi elle a rappelé ce que vous nous avez conté de votre première rencontre à ce bal champêtre du 14 juillet et nous avons fait un détour à seule fin de vous envoyer ce souvenir des débuts de votre amour.

Le ciel est bleu, la mer aussi, le sable est doré, la cuisine est délicieuse. Tout va donc parfaitement ? Non, hélas ! Rappelle-toi le vers du poète : « Un seul être nous manque... » Ah ! si tu étais là, comme ce serait chic !

Pendant que vous gelez à Paris, nous nous promenons en robe d'été et nous attrapons des coups de soleil. De ce soleil, nous en avons enfermé un peu dans notre caméra et vous le rapporterons.

Vraiment, vous n'avez rien exagéré en nous vantant les beautés de ce pays. Merci de nous l'avoir fait connaître ; nous y pensons doublement à vous.

Chères amies, je tiens à vous envoyer avec mon affectueux souvenir un échantillon de l'antique architecture de Bruges où nous sommes arrivés hier soir. Les vieilles maisons et le carillon sont incomparables. Toute la ville est remplie de vieux souvenirs, de véritables bijoux d'art. A bientôt.

Quel dommage que vous ne vous soyez pas décidés à nous accompagner ! Nous profiterions encore bien mieux, en votre compagnie, chers amis, de ce pays splendide, verdoyant, accueillant.

Affectueuses pensées d'Italie. Le voyage est fort agréable et à chaque étape les trésors d'art nous ravissent. Mais, de grâce, quand nous serons rentrés, qu'on ne nous parle plus, de longtemps, de macaroni et de nouilles !

A Lourdes, où nous avons fait escale, nous avons prié pour nos amis et spécialement pour ceux qui sont dans la peine. Que la Vierge vous aide.

LA MALADIE

Domaine délicat que celui de la maladie. Il comprend deux sortes de lettres bien différentes : celles que l'on adresse aux médecins, celles que l'on adresse aux malades.

Correspondance avec les médecins.

L'en-tête et la formule finale varient suivant l'âge, la situation, les relations habituelles : « Monsieur le Docteur », « Cher Docteur », « Cher Docteur et ami », « Monsieur et cher Docteur ». Rappelons que pour une femme l'en-tête sera « Cher Docteur » ou « Chère Madame » et l'adresse « Madame le Docteur X ».

Pour terminer, on emploie les formules ordinaires de politesse en y ajoutant une nuance de gratitude s'il s'agit d'un médecin qui nous a déjà soigné : « Je vous prie de croire à mes sentiments bien reconnaissants et distingués », « Recevez, cher Docteur, avec mes remerciements, l'expression de ma sympathie ». On appelle un professeur de faculté « Monsieur le Professeur ».

Avant une consultation.

Monsieur le Docteur,

Ma femme vous a prié de venir l'examiner aujourd'hui. Je l'ai laissée donner elle-même le coup de téléphone craignant qu'elle ne s'inquiète si je voulais entrer en communication avec vous.

Mais, avant que vous la voyiez, je veux vous dire bien tristement que je la crois très atteinte et qu'elle ne me semble pas capable d'entendre un diagnostic alarmant. Je vous serais donc bien reconnaissant de lui cacher la vérité si vous jugez l'état grave. Je pourrais, si vous le permettez, aller vous trouver demain, à l'heure de votre consultation ; vous me diriez alors ce que vous pensez de l'évolution de sa maladie.

Connaissant votre science et votre dévouement, je sens un peu d'espoir renaître en pensant que ma chère malade sera entre vos mains.

Laissez-moi vous renouveler, Monsieur le Docteur, l'expression de ma confiance et de mes sentiments les meilleurs.

G. L...

Pour commencer une cure thermale.

Afin de gagner une journée de séjour dans la station, on peut demander un rendez-vous par lettre au docteur de l'établissement thermal.

Docteur,

J'ai éprouvé un grand bienfait de la cure entreprise l'an dernier à D... sous votre direction. Aussi je compte y revenir cette année et vous serais reconnaissante de bien vouloir, cette fois encore, vous charger de moi.

Le temps de mon séjour étant limité, j'aimerais commencer ma cure le jour même de mon arrivée, c'est-à-dire le 5 juin. Vous serait-il possible de me fixer un rendez-vous pour ce jour ?

Veuillez croire, Docteur, à mes sentiments distingués.

P. G...

On joint à sa demande une enveloppe timbrée à son adresse, ce qui simplifie le travail du médecin.

A un médecin pour lui demander une lettre d'introduction.

Cher Docteur,

Mes ennuis cardiaques ayant recommencé de plus belle, je crois sage de me décider à voir le docteur D... comme vous me l'aviez conseillé. Pourrais-je vous demander de me donner pour lui une lettre d'introduction ? Je ne manquerai pas, ensuite, de me rendre à votre consultation afin de vous faire connaître les résultats de cette visite. D'ailleurs, je pense que le docteur D... vous communiquera directement son diagnostic.

Je vous prie de croire, cher Docteur, à mon amitié reconnaissante.

A un médecin pour le remercier.

Monsieur le Docteur,

Me voici tout à fait remise après le séjour que vou m'aviez recommandé dans la maison de repos de X.

Si le bon air, l'excellente nourriture, les soins efficace et la sollicitude dont j'ai été entourée m'ont ramenée une santé normale, je n'oublie pas que c'est en définitiv à vous que je le dois, puisque vous avez dû tant insiste pour me décider. Je me rends compte que dans l'état d dépression où je me trouvais je ne vous ai guère, alors exprimé ma reconnaissance pour vos soins éclairés e votre grande bonté. Permettez-moi de le faire un pe tardivement mais du fond du cœur et de vous assurer Monsieur le Docteur, de mes sentiments très distingués

P. M...

Lettres aux malades.

Elles demandent beaucoup de tact. Il faut éviter à la fois, de paraître indifférent aux maux de notr correspondant et d'afficher soi-même une sant insolente et, d'autre part, de manifester une com passion exagérée qui pourrait l'inquiéter. La con naissance du caractère du malade doit aussi jouer certains aiment qu'on leur parle de leurs mau tandis que d'autres sont agacés par une trop grand insistance sur ce point.

A une amie malade.

Chère Eveline,

J'apprends que tu souffres d'une cruelle crise de rhu matismes. Cette affection n'a rien d'inquiétant mais el est bien douloureuse et il doit t'être particulièremer pénible, à toi si active, de te voir condamnée à l'immobi lité. Elle ne sera que passagère, certainement. Tu es e bonnes mains avec le docteur B... et je ne doute pas qu' te « retape » rapidement, mais j'ai tenu à te dire que j partageais ton ennui et que je te souhaitais très affec tueusement un prompt rétablissement.

J. K...

Annonce d'une opération.

Chère grand-mère,

Depuis quelques jours, notre petite Laure nous donnait des inquiétudes. Le médecin, venu tantôt, les a confirmées. Il s'agit bien d'une crise d'appendicite et il juge une opération nécessaire. Laure entrera en clinique demain pour être opérée samedi. Le chirurgien affirme que nulle complication n'est à craindre, mais tu devines que je suis angoissée malgré tout ; bien sûr, je ne quitterai pas notre chérie. Je te donnerai des nouvelles aussitôt après l'opération. Je t'embrasse très affectueusement.

Jannette.

Pour demander des nouvelles.

Chère Yvette,

J'ai appris par ta sœur que tu avais subi une intervention chirurgicale et que tu étais maintenant rentrée chez toi, ce qui indique sans doute que tout va bien. Je serais plus rassurée encore si tu voulais me le confirmer toi-même par un petit mot. Cependant ne te fatigue pas et, si le fait d'écrire doit te peser, ne le fais pas. Je demanderai de tes nouvelles à Marie-Berthe par téléphone puisque, m'a-t-elle dit, elle va passer quelques jours près de toi, ce dont je me réjouis. L'affectueuse présence et la compétence de ta sœur hâteront ta convalescence.

Te souhaitant de tout cœur un rapide rétablissement, je t'embrasse bien affectueusement.

Si la maladie est plus grave, si le malade est âgé, c'est à ses proches que l'on écrira :

Chère Madame,

Vous savez quelle part je prends aux soucis que vous cause la maladie de votre cher mari. Comment va-t-il ? Je sais que vous espériez beaucoup d'un nouveau traitement recommandé par votre docteur. Les résultats ont-ils été satisfaisants ? Je tiens à vous dire, chère Madame, combien tous, ici, nous admirons à la fois la résignation héroïque et souriante de M. D..., qui trouve la force de surmonter ses souffrances certainement très vives pour faire toujours bon accueil à ses visiteurs, et votre courage, car il n'en faut pas moins pour voir souffrir ceux qu'on aime que pour souffrir soi-même. Si une sympathie vraie et profonde peut vous aider dans cette épreuve, sachez que la mienne vous est tout acquise, et, si je peux vous être utile en quoi que ce soit, disposez de moi.

Croyez-moi, chère Madame, bien amicalement vôtre.

G. F...

Le malade répond.

Mon vieux Claude,

C'est vraiment chic à toi de te préoccuper d'un impotent de mon espèce. Tu me demandes « comment ça va »... Du côté jambes, c'est assez satisfaisant, du moins de l'avis de mon toubib. Mais du côté caractère ! Je râle du matin au soir et je me rends compte que ma pauvre femme a bien du mérite. Une bonne œuvre à faire, mon cher ami : venir la relayer une heure ou deux et tenir compagnie à cet insupportable Paul. Ta visite me fera certainement plus de bien que toutes leurs maudites piqûres (encore que l'infirmière soit charmante).

Je t'attends avec ce qui me reste de patience — et ce n'est guère — et je te serre cordialement la main.

Paul F...

La famille répond.

Chers amis,

Votre lettre m'a été d'un grand réconfort. C'est dans une épreuve comme celle que je traverse que l'on reconnaît ses vrais amis. Mon pauvre mari souffre toujours beaucoup et, malheureusement, le médecin ne nous a pas caché qu'il y avait peu d'espoir d'amélioration sensible. Jacques, qui a gardé sa lucidité entière et son acuité d'esprit, se rend parfaitement compte de son état et il l'accepte avec une sérénité qui me bouleverse et que j'admire, car je ne me sens pas capable de la partager.

Pensez à nous, chers amis, et priez pour que je sois à la hauteur de la tâche qui m'est imposée.

Je vous embrasse bien tristement.

G. M...

Une maman donne des nouvelles de son enfant.

Chère Lucie,

Tu as si affectueusement partagé nos soucis et notre angoisse que je veux te dire tout de suite notre soulagement. Après tous ces jours où il refusait de se prononcer, le docteur nous a enfin affirmé, ce matin, qu'il répondait de notre petit bonhomme. La péritonite est écartée et notre Pierrot va entrer en convalescence. Nous pensons le ramener à la maison au début de la semaine prochaine.

C'est maintenant seulement, après la tension nerveuse de ces deux terribles semaines, que Philippe et moi ressentons la fatigue accumulée. Il faut pourtant encore tenir le coup. Ce sera plus facile, puisque la certitude de la guérison est au bout.

Dès que notre petit malade sera en état de recevoir des visites, je te ferai signe. Pierrot sera si content de revoir sa tante Lucie et de lui raconter son séjour à la clinique où il était l'enfant gâté de tous ! Il se montrait d'ailleurs très raisonnable et courageux, même quand les soins étaient désagréables.

Merci encore, ma chérie, d'avoir été de cœur avec nous dans ces moments pénibles. Nous t'embrassons très affectueusement.

Edith.

LE CLERGÉ

En ce domaine de la correspondance comme dans les autres, la tendance de l'Eglise va actuellement vers la simplification. Certains hauts dignitaires, évêques ou cardinaux, souhaitent qu'on les appelle simplement « mon Père » et que soient supprimées quand on s'adresse à eux les formules solennelles. Quand cela est connu, on se conformera à leur désir.

Simplicité ne veut évidemment pas dire sans-gêne et les termes employés seront toujours déférents mais nuancés de confiance plutôt que de protocole.

Nous donnons ci-dessous les formules traditionnelles. On les adoptera ou l'on s'en tiendra aux formules de courtoisie ou d'amitié plus courantes suivant la personnalité de celui à qui l'on écrit, les rapports entre les correspondants, l'objet de la lettre.

Les adresses.

Au pape :

A Sa Sainteté
Sa Sainteté le pape Paul VI
Palais du Vatican
Rome

Au secrétaire d'Etat :

A Son Eminence
Son Eminence le cardinal X
Secrétaire d'Etat de Sa Sainteté
Palais du Vatican
Rome

A un cardinal :

A Son Eminence le cardinal X
Archevêque de N...

A un archevêque ou évêque :

A Son Excellence Mgr X
Archevêque (ou « Evêque ») de J...

A un abbé mitré :

Au Révérendissime Père X
Abbé de F...

A un supérieur d'ordre :

Le Très Révérend Père X

A un religieux :

Le Révérend Père X

A un prêtre prélat :

Monseigneur X
(avec sa fonction)

Aux autres ecclésiastiques :

Monsieur le Vicaire général X
(ou « Monsieur le Chanoine X,
vicaire général »)

Monsieur l'Abbé R...
Curé de S...
(ou « Monsieur le Curé de S... »)

Monsieur le Chanoine R...

Monsieur l'Abbé X
Aumônier de R...

Monsieur l'Abbé X

A une religieuse :

Sœur X
Mère X
Révérende Mère X
Supérieure du couvent de L...

suivant les ordres et les fonctions.

En-tête.

Au pape. — « Très Saint-Père », « Votre Sainteté ». On emploie la troisième personne et la lettre commence généralement par : « Prosterné aux pieds de Votre Sainteté et implorant la grâce de sa bénédiction apostolique... » Mais seuls les catholiques emploient cette formule.

Aux dignitaires et autres ecclésiastiques. — L'en-tête, comme l'adresse, donne le titre : « Eminence », « Excellence » (ou « Monseigneur », plus simple), « Mon Révérendissime Père », « Mon Très Révérend Père », « Mon Révérend Père » (ou, plus simplement, « Mon Père »), « Monsieur le Chanoine », « Monsieur le Vicaire général », « Monsieur l'Aumônier, « Monsieur le Curé », etc. « Ma Sœur », « Ma chère Sœur », « Ma Mère », « Ma Révérende Mère ».

On emploie généralement du papier blanc, assez grand, de format classique, en laissant une marge importante pour les hauts dignitaires.

Formules finales.

Au pape :

J'ai l'honneur d'être, Très Saint-Père, avec la plus profonde vénération, de Votre Sainteté le très humble et très obéissant serviteur et fils.

Les non-catholiques écriront simplement :

Que Votre Sainteté veuille agréer l'hommage de mon profond respect.

Pour les dignitaires et autres ecclésiastiques, nuancer la formule suivant la dignité, la personnalité et les rapports existants :

Que Votre Eminence daigne agréer l'hommage de mon profond respect.

Daignez, Monseigneur, agréer l'assurance de sentiments respectueux et dévoués.

Veuillez agréer, mon Très Révérend Père, l'expression de mes sentiments respectueux.

Je vous prie de croire, Monsieur le Curé, à ma respectueuse sympathie.

Veuillez agréer, ma Sœur (ou « ma Mère »), l'expression de mes sentiments respectueux (ou de « ma respectueuse affection », de « mon affectueux respect », etc.).

Correspondance.

S'il s'agit d'une requête de caractère officiel adressée à un dignitaire ou simple prêtre que l'on ne connaît pas, on l'exposera très simplement, entre l'en-tête et la formule finale que nous venons de citer, sans y ajouter de digression.

Mais les ecclésiastiques sont aussi des hommes qui ont des relations, une famille, des amis. Dans les correspondances à caractère familial ou amical, pas de protocole spécial mais toujours une certaine réserve nuancée de déférence.

Nous avons déjà donné, à propos des grands événements de la vie, des exemples de lettres adressées à des ecclésiastiques. En voici quelques autres.

Pour inviter un évêque à déjeuner.

Monseigneur,

M. le curé de J... vient de nous annoncer que la date de la confirmation dans sa paroisse est fixée au mardi 4 juin. Puisque la cérémonie aura lieu en fin de matinée, nous prions Votre Excellence de bien vouloir déjeuner aux Tourelles.

Nous serions très honorés de la présence sous notre toit de notre évêque vénéré et nous prions Votre Excellence de bénir notre famille et d'agréer l'expression de notre profond respect.

P. L...

Remerciements des communiants à leur catéchiste.

Monsieur l'Abbé,

Au lendemain de notre profession de foi, je viens, au nom de tous mes camarades, vous exprimer nos remerciements pour la sollicitude avec laquelle vous avez bien voulu nous préparer à ce grand jour.

Pendant de longs mois, vous avez travaillé à nous enseigner notre religion afin que, connaissant Dieu, nous l'aimions et nous gardions ses commandements. Vous ne vous êtes pas laissé rebuter par notre étourderie et notre paresse que nous regrettons maintenant.

Croyez que nous garderons un souvenir reconnaissant des leçons que nous avons reçues de vous et que nous prierons souvent à vos intentions.

Je suis aussi l'interprète de nos parents profondément reconnaissants du dévouement que vous nous avez témoigné et je vous exprime leurs sentiments de vive gratitude.

Permettez-nous, Monsieur l'Abbé, de vous offrir ces fleurs et ce petit souvenir qui vous rappellera vos enfants de la profession de foi de l'année 19...

Félicitations adressées à un prêtre nommé dans une paroisse plus importante.

Monsieur l'Abbé,

Je viens d'apprendre votre nomination à la cure de Saint-N... et je veux, sans tarder, vous en adresser nos sincères félicitations. Dans cette belle paroisse si vivante, vous trouverez un vaste champ d'action où pourront être employés vos qualités d'administrateur, votre talent de prédicateur et votre zèle tout apostolique. Les paroissiens de Saint-N... sont vraiment des privilégiés en recevant un pasteur tel que vous. Tous ici nous regretterons votre départ, mais nous voulons espérer que vous n'oublierez pas votre ancienne paroisse et que diverses occasions vous ramèneront parmi nous.

Avec l'expression de ma gratitude, recevez, Monsieur l'Abbé, celle de ma respectueuse amitié.

Remerciements à un prêtre qui a assisté un mourant.

Monsieur l'Abbé,

Permettez-moi de venir un peu tardivement vous remercier de l'assistance que vous avez apportée à mon cher mari à ses derniers moments. J'avais tant redouté qu'il ne repoussât la grâce d'une complète réconciliation avec Dieu ! Vous avez su toucher son cœur. Grâce à votre bonté, à votre compréhension, mon mari est parti dans la paix. C'est la seule consolation à mon immense douleur.

J'aurais voulu vous porter moi-même mes remerciements et ceux de mes filles. Une extrême fatigue m'en empêche. Veuillez du moins, Monsieur l'Abbé, trouver ici l'expression de ma profonde gratitude et de mon religieux respect.

N. B...

Félicitations à un prêtre qui célèbre ses noces d'or sacerdotales.

Monsieur le Chanoine,

En ce cinquantième anniversaire de votre ordination sacerdotale, voulez-vous accepter les félicitations et les vœux d'une de vos paroissiennes qui a vu, grâce à vous, se transformer la vie d'une paroisse à laquelle elle est attachée depuis sa jeunesse ?

L'élan que vous avez donné à notre vie paroissiale, la charité apostolique avec laquelle vous accueillez enfants et adultes, croyants et incroyants, la chaleur persuasive de votre parole ont renouvelé, animé, transformé notre quartier. Quelle belle œuvre vous avez accomplie ici et combien d'âmes vous devront la paix et la lumière ! Ce doit être aussi une joie pour vous de savoir que votre exemple a touché des jeunes et que la relève est assurée puisque, le mois dernier, l'évêque de R... a ordonné deux nouveaux prêtres, enfants de la paroisse.

Mon mari, mes enfants et moi, nous nous unirons à la cérémonie de votre jubilé sacerdotal et nous vous demandons de vous souvenir de nous au Saint Sacrifice.

Veuillez agréer, Monsieur le Chanoine, l'expression de notre profond et respectueux attachement.

B. D...

A une supérieure, pour demander une religieuse garde-malade.

Madame la Supérieure,

Sachant que parmi les œuvres de charité exercées par les sœurs de R... se place le soin des malades, je viens vous demander si l'une d'elles pourrait nous aider à soigner ma mère, âgée de quatre-vingts ans et restée paralysée après une congestion cérébrale, il y a deux mois. Je viens à vous de la part de mon amie Mme Lucas, qui a reçu l'an dernier les soins dévoués de sœur Marie-Ange.

Voudriez-vous avoir la bonté de me répondre le plus tôt possible ? Nous habitons près de l'église et une religieuse garde-malade serait assurée de trouver à notre foyer le meilleur accueil. Ma pauvre mère se montre très patiente dans son infirmité et très reconnaissante envers ceux qui la soignent.

Veuillez agréer, Madame la Supérieure, l'expression de mes sentiments distingués et respectueux.

H. G...

LES LETTRES D'AFFAIRES

Les caractéristiques principales de ce genre de lettres sont la précision et la concision. Le correspondancier évitera de s'égarer dans des digressions qui feraient perdre du temps à celui qui le lira et risqueraient de l'indisposer.

Cependant elles n'excluent pas la courtoisie et la bonne éducation. Quel qu'en soit le but, elles comporteront toujours une formule finale de politesse et, même si elles ont pour objet une plainte ou une réclamation, le ton doit en rester mesuré et poli.

Si, dans la correspondance privée, on doit s'efforcer d'éviter la banalité et de donner libre cours à la fantaisie et à l'originalité, dans la correspondance commerciale, au contraire, il faut se garder de toute fantaisie et rester dans les termes consacrés pour ce genre de correspondance.

L'enveloppe.

On emploie souvent l'enveloppe dite « à fenêtre » qui permet de lire par transparence la « vedette », c'est-à-dire l'adresse du destinataire figurant sur la lettre même, d'où économie de temps puisque cette adresse n'est écrite qu'une fois au lieu de deux et, surtout, pas de danger de se tromper et de mettre dans une enveloppe la lettre destinée à une autre personne. Cependant ce modèle est rarement employé quand on tient à une lettre très courtoise.

Le nom de l'expéditeur.

Le papier employé, quel qu'en soit le format, comprend toujours, imprimée en haut et à gauche, la « carte d'identité » de l'expéditeur : nom ou raison sociale de la maison, adresse, genre d'activité, numéro d'inscription au registre du commerce ou au registre des métiers, numéro de téléphone, numéro de C.C.P. Eventuellement, s'il s'agit d'une société, son genre (société au capital de..., société à responsabilité limitée, etc.).

La date.

Elle est plus importante encore dans ce genre de lettre ; elle doit comporter le quantième du mois et l'année et être accompagnée du nom de la ville.

La vedette.

En termes commerciaux, on appelle ainsi le nom et l'adresse du destinataire qu'il est sage de faire toujours figurer sur la lettre elle-même car elle indique sans erreur ni contestation à qui la lettre est destinée. On place généralement la vedette à droite, un peu au-dessous de la date.

La marge.

Elle est indispensable et doit être assez large. Dans les lettres protocolaires, une marge importante est une marque de respect ; dans les lettres commerciales, elle a surtout pour but de permettre au destinataire d'y porter ses propres annotations en face du texte auquel elles se rapportent.

La signature.

Elle n'est pas toujours lisible ; on peut alors la récrire à la machine, en dessous, mais généralement il importe moins de connaître le nom du signataire que sa fonction : chef des services commerciaux, attaché de presse, chef du personnel, etc. Celle-ci sera indiquée au-dessus de la signature. Un employé autorisé à signer pour son chef fera précéder sa signature des lettres P.P. (« pour pouvoir » ou « par procuration ») ou P.O. (« par ordre »).

Le style.

Dans une entreprise à forme sociale, on emploie plutôt la première personne du pluriel — « nous vous confirmons » — s'il ne s'agit pas de lettre ayant trait à une affaire personnelle.

Si l'on confirme une lettre restée sans réponse, on rappelle brièvement les termes de la première et si la lettre est une réponse on l'indique en mentionnant la date de la lettre à laquelle on répond.

La salutation finale.

Elle tient compte des principes généraux entre inférieurs, égaux, supérieurs. Le commerçant ou l'industriel s'adressant à un client emploie toujours une formule déférente. Les formules les plus couramment employées entre ces correspondants présentent ou prient d'agréer : les salutations distinguées, les sincères salutations, l'assurance des sentiments dévoués, les salutations empressées, cordiales, sincères, etc.

On peut faire précéder la formule finale d'une autre telle que « Espérant avoir bientôt le plaisir de vous lire... », « Toujours dévoué à vos ordres... », « Espérant la faveur de vos ordres... ». Ces formules finales ne doivent jamais se trouver seules en haut de la dernière page.

LA CIRCULAIRE

La circulaire n'est pas à proprement parler une lettre, bien qu'elle affecte parfois la forme personnelle. En réalité, elle est adressée, sur le même modèle, à un grand nombre de personnes, parfois des clients figurant au fichier mais parfois aussi des inconnus, par une entreprise, une marque, un artisan pour annoncer la fondation d'une maison ou d'une succursale, le lancement d'un nouveau produit, un changement d'adresse, le passage d'un représentant, présenter et accréditer un nouveau gérant ou fondé de pouvoir, etc.

Destinée à une large diffusion, la circulaire est reproduite en de nombreux exemplaires par des procédés divers. Polycopiée, ronéotypée, imprimée, etc., elle imite parfois l'écriture manuscrite. Selon les cas, elle est ou non signée.

> M... (si la circulaire est envoyée à des inconnus, on laissera cette seule initiale ; si elle s'adresse à des clients connus, on complétera les mots Monsieur, Madame, Mademoiselle).
>
> Voici qu'approchent les fêtes de fin d'année. Sans doute vous préparez-vous à recevoir vos parents et vos amis. Vous tenez à ce que tout soit « très bien » et vous redoutez que ces réceptions ne déséquilibrent votre budget pour plusieurs mois. Jetez un coup d'œil sur notre tarif ci-joint et vous serez rassuré : foie gras, galantines,

pâtés de volaille truffés, vins fins ne vous apparaîtront plus comme des délices inaccessibles.

Veuillez noter que pour toute commande égale ou supérieure à 100 F nous expédions sans frais. Au-dessous, les frais de port vous seront facturés au plus juste.

Espérant recevoir prochainement vos ordres, nous vous présentons, M..., nos salutations empressées.

Monsieur et cher client,

A l'occasion de notre inventaire et d'un renouvellement de stock, nous avons décidé de faire profiter nos plus fidèles clients de prix sans précédent sur nos articles actuellement en magasin.

Ci-joint notre tarif spécial.

Précisons que, s'agissant de soldes, disponibles seulement jusqu'à épuisement du stock, nous ne pouvons garantir de vous satisfaire. Hâtez-vous donc de nous passer votre commande afin d'être parmi les bénéficiaires de cette opération dont les conditions avantageuses ne sauraient vous échapper.

Toujours dévoués à vos ordres, nous vous prions d'agréer nos sentiments distingués.

Monsieur,

J'ai l'honneur de porter à votre connaissance que la maison P. Lebas que je dirigeais depuis vingt ans va devenir la Société Lebas et Périer par suite de mon départ en retraite et de la reprise de l'affaire par mon fils et mon gendre qui continueront à assurer dans les meilleures conditions tous travaux de plomberie, zinguerie, couverture et chauffage central.

J'ose espérer que vous voudrez bien reporter sur eux la confiance dont vous m'avez toujours honoré et, vous en remerciant, je vous assure de mes sentiments dévoués.

LES PETITES ANNONCES

Bien qu'elles ne constituent pas, à proprement parler, une correspondance, les petites annonces s'en rapprochent cependant puisqu'elles sont un moyen d'entrer en communication, par écrit, avec des milliers de personnes.

Suivant ce que l'on souhaite obtenir, grâce à l'annonce, on passera celle-ci dans un journal à gros tirage, dans un journal local, dans une revue professionnelle ou un journal spécialisé.

L'objet des annonces peut être très varié : offres et demandes d'emploi, achat, vente et location d'immeubles, ventes d'objets mobiliers, d'animaux, offres d'échanges, annonces purement commerciales, objets perdus et trouvés, etc.

Ces annonces étant assez coûteuses et payées à la ligne, les annonceurs s'ingénient la plupart du temps à supprimer tous les mots jugés non indispensables et présentent un texte qui relève du « petit nègre ». Il y a pire ; dans leur zèle, certains annonceurs, non contents de biffer impitoyablement les adverbes, prépositions, conjonctions, rognent encore les mots, les réduisant à une syllabe, voire à une initiale, de sorte que l'ensemble constitue une sorte de rébus. Que pensez-vous, par exemple, de ceci cueilli dans un grand quotidien : « Cherc. E.M. sac. C. et C. pour Viv. C. pas L. Bons gages » ?

La dernière partie, considérée sans doute comme essentielle, était parfaitement claire, mais le reste ? J'ai cru pouvoir traduire ainsi : « Cherche une employée de maison sachant coudre et cuisiner pour vivre à la campagne ; pas de lessive, bons gages. » Il y avait peut-être différentes interprétations plausibles.

D'autres, au contraire, se perdent en des détails inutiles (et négligent parfois le principal) : « Jeune homme, bien sous tous rapports, désire trouver le plus tôt possible place à la campagne. » « Bien sous tous rapports », affirmation qui, émanant de l'intéressé, ne saurait guère impressionner ses employeurs éventuels. « Le plus tôt possible », cela va de soi. Par contre, il serait intéressant et utile de savoir en quoi consiste la place convoitée. S'agit-il d'un candidat chauffeur, jardinier ou secrétaire ?

Est-il donc si difficile d'être à la fois concis et suffisamment explicite ? Nous verrons quelques exemples d'annonces suivant les divers sujets.

OFFRES ET DEMANDES D'EMPLOI

Par voie d'annonces. — Demandes d'emploi.

Jeune homme 22 ans, libéré du service militaire, ayant permis tous véhicules, cherche place chauffeur.

Institutrice école maternelle s'occuperait de jeunes enfants pendant vacances. Pourrait débuter anglais et allemand. Logée ou non.

Femme de journée cherche ménages ou lessives, libre tous les matins.

Retraité ayant occupé emploi de bureau demande écritures ou comptabilité à faire chez soi.

Offres d'emploi.

On demande jardinier, au courant horticulture et arboriculture, pour grand domaine. Logé.

Cherche jeune fille de 18 à 25 ans pour s'occuper de deux jeunes enfants. Nourrie à midi.

Offre bons gages à personne 40 ans environ, sérieuse, pouvant diriger intérieur et assurer quelques soins à personne âgée.

Entreprise de transport demande chauffeurs et mécaniciens libérés du service militaire.

On demande employée débutante pour aider au commerce, présentée par ses parents, nourrie et logée, libre le dimanche et le lundi.

Demandes d'emploi par lettre.

Une jeune fille sollicite un secrétariat :

Monsieur,

Comme suite à l'annonce parue dans le « Figaro » du 8 mars, je me permets de poser ma candidature au poste de secrétaire que vous proposez.

J'ai vingt ans, suis titulaire du baccalauréat et du C.A.P. de sténodactylo et possède une bonne connaissance de l'anglais. J'ai travaillé dans la maison T... et auprès de M. R..., chef de publicité de la maison R..., auprès desquels vous pourrez obtenir les meilleurs renseignements.

Au cas où ma proposition vous semblerait digne d'intérêt, je vous serais obligée de me faire savoir quel jour je pourrais me présenter chez vous. J'y viendrais munie de certificats et de références.

Je vous prie d'agréer, Monsieur, mes salutations distinguées.

Une personne s'offre comme cuisinière :

Madame,

Une de mes cousines, employée comme femme de ménage au château de Charmeil, m'a dit qu'une amie de Mme la comtesse de Charmeil cherchait une cuisinière et m'a donné votre adresse.

J'ai servi pendant douze ans chez Mme R... à L... et si je me trouve actuellement sans place c'est par suite de la mort de cette dame qui a tenu à me laisser un souvenir en témoignage de satisfaction. Mme la comtesse de Charmeil, qui la connaissait très bien, pourra d'ailleurs vous donner tous les renseignements sur moi. Si vous pensez que je pourrai faire votre affaire, j'en serai contente car je ne voudrais pas trop m'éloigner du pays. Je suis en ce moment chez ma sœur dont voici l'adresse [...].

Veuillez recevoir, Madame, mes salutations empressées.

Le curriculum vitae.

Le curriculum vitae (de deux mots latins signifiant « le cours de la vie ») concerne tout ce qui regarde la formation et la vie professionnelles. Il est rédigé de façon impersonnelle et il est distinct de la lettre de candidature. Il peut être joint à celle-ci. Il est parfois demandé dans l'annonce d'offre d'emploi.

Il ne comporte ni appréciations ni commentaires mais seulement des renseignements précis.

Il va sans dire qu'il doit être rigoureusement exact et honnête. Se prévaloir de diplômes imaginaires ou d'expériences inexistantes conduirait aux pires ennuis.

Il comporte : renseignements d'état civil, nom, prénom, âge ; indication de la formation reçue et des diplômes obtenus ; indication des emplois précédemment occupés ; références.

Exemple :

Joël Dupont, né le 15 avril 1945 à Niort (79).

Etudes au collège de Niort, puis à l'Ecole des hautes études commerciales de Paris.

Baccalauréat mathématiques et diplôme H.E.C.

Diplôme d'anglais commercial de l'université d'Oxford. Possède parfaitement l'anglais. Bonnes connaissances en allemand.

De septembre 1967 à juin 197..., employé dans la maison d'import-export Louvel et Cie à L...

Actuellement sans travail par suite de la fermeture de la maison ci-dessus.

Offres d'emploi par lettre.

Elles présentent les mêmes caractéristiques que les lettres de demandes d'emploi. Elles doivent être suffisamment détaillées pour fournir au candidat tous éclaircissements quant à la situation offerte, aux conditions pécuniaires, etc.

Monsieur,

Par une petite annonce parue dans la « Dépêche » du 4 mai, vous vous proposez comme chauffeur. Un emploi de ce genre est vacant chez moi. J'offre un salaire de [...] par mois et le logement, ancien pavillon de concierge de quatre pièces pouvant convenir pour une famille.

Je possède deux voitures, une DS 19 et une fourgonnette Citroën ; c'est surtout cette dernière que vous auriez à conduire pour effectuer des livraisons en ville et dans la campagne environnante, mais l'entretien des deux voitures vous incomberait ; toutes deux sont d'ailleurs en excellent état et vous n'auriez aucun ennui de ce côté.

Vous seriez libre le dimanche et le lundi matin.

Si ce poste peut vous convenir, veuillez vous présenter entre dix heures et midi à l'adresse suivante [...].

Recevez, Monsieur, mes sincères salutations.

Réponse à une demande d'emploi par lettre. — Acceptation :

Mon cher ami,

La lettre par laquelle vous m'offrez vos services en qualité de secrétaire m'a été tout à fait agréable. En effet, sans que vous puissiez vous en douter, vous ne m'êtes pas inconnu. J'ai entendu parler de vous par mon ami le professeur L... dont vous avez été l'élève. Je sais que vous êtes un jeune homme d'avenir dont le désir de travail mérite d'être encouragé.

C'est donc avec plaisir que je vous confierai la charge de secrétaire. Cette tâche délicate, mais peu absorbante dans mon cas, vous permettra de continuer vos étude et je serai heureux de vous y aider de mon expérience et de mettre ma bibliothèque à votre disposition.

Venez donc me voir dès que possible. Si nous nous entendons sur les modalités et les conditions de votre travail chez moi, ce dont je suis persuadé, vous entrere en fonctions immédiatement.

Croyez, mon cher ami, que le plus cordial accueil vou est réservé.

Refus :

Mademoiselle,

Je reçois à l'instant votre communication au sujet d mon annonce dans « Le Soir ». Il est exact que je cherch une institutrice pour mes filles et, d'après votre lettre je crois que vous auriez réuni les principales condition

que je désire rencontrer, mais il s'agit, peut-être ne l'avez-vous pas remarqué, de quelques heures par jour seulement. Il me faut donc trouver une personne habitant notre ville et ce n'est pas votre cas.
Veuillez croire, Mademoiselle, à tous mes regrets de ne pouvoir utiliser vos bons services.

Monsieur,

Comme suite à votre lettre du 18 courant concernant la place de comptable que j'offrais par une annonce dans « Le Nouvelliste », j'ai le regret de vous faire savoir que ce poste est occupé depuis deux jours.
Recevez, Monsieur, mes sincères salutations.

Voir également au chapitre « la correspondance le tous les jours » le paragraphe concernant les enfants, pour les postes s'y rapportant et celui des « renseignements ».

.es certificats de travail.

Légalement ils mentionnent seulement les dates l'entrée et de sortie du travailleur dans l'entreprise t la nature de l'emploi occupé. Le fait de ne contenir aucune appréciation élogieuse ne doit pas être nterprété dans un sens défavorable. Ces certificats euvent d'ailleurs être accompagnés d'une lettre xprimant un témoignage de satisfaction dont le énéficiaire pourra faire usage s'il le désire.

Je certifie que M. B. P... a été employé dans ma maison de commerce en qualité de comptable du [...] au [...].

(date, signature)

Je certifie que M. X a été à mon service en qualité de jardinier du [...] au [...].

VENTE, ACHAT, LOCATION

Les propositions se font généralement par la voie es petites annonces (ou par affiches s'il s'agit d'une vente d'immeubles par adjudication, mais la composition de ces affiches est du ressort du notaire chargé de la vente).

On indiquera dans l'annonce les caractéristiques principales : le quartier (pas toujours l'adresse exacte), la composition de l'immeuble ou de l'appartement, l'état de l'immeuble (immeuble récent, de caractère, de grand confort) et éventuellement les autres particularités (vue imprenable, terrasse, mode de chauffage, téléphone, etc.).

Le prix de vente ou de location n'est pas toujours indiqué. On peut aussi indiquer seulement, pour une vente, la somme que l'on exige comptant, précédée de la mention « avec », sans indiquer l'importance des versements suivants. On peut spécifier que l'on désire vendre à des particuliers par la mention « part. à part. » ou « agences s'abstenir ».

Banlieue de Lille, quartier résidentiel, à vendre appartement dans immeuble neuf, trois pièces, cuisine, salle de bains, w.-c., chauffage central par immeuble, soleil, vue sur jardin. Prendre adresse au journal.

A vendre, 20, rue Louis-Godet (7e), appartement deux pièces cuis., sal. de b., w.-c., téléphone. Avec 30 000 F. Pour visiter, s'adresser sur place tous les jours de 18 h à 20 h, troisième étage gauche.

A louer meublé gentil studio ; conviendr. pour personne seule. A proximité du centre de F... Téléph. 32-45-63.

A louer pour les mois d'août et septembre sur petite plage de la Manche villa pouvant convenir pour 5 ou 6 personnes. Ecrire avec références, 145, rue Saint-Jean, Le Touquet-Paris-Plage.

Cherche à acheter appartement deux ou trois pièces, même à moderniser, de préférence rive gauche. Faire offre à [...] (adresse).

Cherche à acheter, pour placement, petit appartement, même occupé, quartier indifférent. Faire offre à [...] (adresse).

Urgent : fonctionnaire muté à Paris cherche à louer un studio ou un deux-pièces avec confort (adresse ou numéro de téléphone).

Etudiant cherche chambre, de préférence indépendante, meublée ou non. Pourrait surveiller le travail des enfants jusqu'à la classe de 3e. Téléphoner le samedi et le dimanche (numéro).

Il s'ensuit alors un échange de lettres entre les personnes intéressées. Pour les ventes et les achats, il s'agit surtout de s'entendre pour faire visiter la maison ou l'appartement. De même pour répondre à une demande de location. Par contre, pour répondre à une offre de location, il est bon de donner quelques précisions sur la composition de la famille et les ressources du candidat qui seront la garantie d'un paiement régulier de son loyer. Il y a de fortes chances pour que les candidats soient nombreux. Le propriétaire donnera naturellement la préférence à celui qui lui apportera d'emblée les meilleures garanties.

Réponse d'un candidat locataire à une annonce.

Monsieur,

Après avoir vu votre annonce parue dans le « Progrès », j'ai l'honneur de vous faire savoir que je serais éventuellement intéressé par cette location. Je suis agent technique aux P.T.T. aux appointements mensuels de [...], ma femme travaille en qualité de secrétaire de direction aux établissements [...] et touche un salaire mensuel de [...]. Nous avons deux enfants de quatre et deux ans et nous en attendons un troisième. Nous désirons quitter notre logement actuel où nous nous trouvons depuis notre mariage et qui est devenu trop exigu, du fait de la naissance de nos enfants.

J'espère que vous voudrez bien prendre ma demande en considération et me fixer un rendez-vous pour la visite de l'appartement. S'il pouvait se placer après 18 heures, cela nous arrangerait, car ma femme et moi quittons notre travail à cette heure. Dans l'espoir d'une réponse favorable, je vous prie de recevoir, Monsieur, l'assurance de mes sentiments distingués.

(signature et adresse)

Réponses défavorables :

Monsieur,

Comme suite à votre lettre reçue ce jour, j'ai le regret de vous dire que l'appartement en question est loué depuis plusieurs jours déjà.

Veuillez recevoir, Monsieur, mes sincères salutations.

C. L...

Monsieur,

J'ai bien reçu votre lettre concernant l'appartement que j'ai mis en location et vos excellentes références avaient retenu mon attention, mais peut-être n'avez-vous pas remarqué que l'appartement en question ne comporte que trois pièces principales, encore celles-ci ne sont-elles pas très grandes. Ce logement serait donc nettement insuffisant pour une famille de cinq personnes et c'est la raison pour laquelle je ne crois pas pouvoir retenir votre candidature.

Avec mes regrets, je vous adresse, Monsieur, mes sincères salutations.

J. M...

Réponse favorable :

Monsieur,

Votre lettre retient mon attention. Voulez-vous visiter l'appartement en question lundi prochain 3 mai entre 18 et 19 heures ? S'il vous convient et si nous tombons d'accord sur les conditions de cette location, vous pourrez disposer des clefs dès le 15 mai.

Je vous demande de me donner confirmation de ce rendez-vous par retour du courrier et vous assure, Monsieur, de mes sentiments distingués.

R. B...

Un locataire demande des réparations.

Monsieur,

J'ai le regret de vous signaler que, par suite d'un violent orage, une partie de la toiture de la maison que j'occupe s'est effondrée, laissant une large ouverture par où la pluie pénètre et risque de dégrader les plafonds du premier étage.

Je crois qu'il serait bon de procéder à une réparation d'urgence afin d'éviter de nouveaux dégâts et vous serais reconnaissant de prendre rapidement les mesures nécessaires.

Si vous désirez que je contacte moi-même un entrepreneur à ce sujet, veuillez m'indiquer celui que vous avez choisi, je ferai immédiatement le nécessaire et lui demanderai d'établir un devis que je vous soumettrai.

Je vous prie de recevoir, Monsieur, mes sincères salutations.

G. R...

A un concierge pour lui annoncer une vacance d'appartement.

Monsieur,

M. M..., locataire de l'appartement de gauche au premier étage de l'immeuble confié à votre garde, m'a fait savoir qu'il remettait son appartement à la date du [...]. J'ai tout de suite fait connaître cette vacance par les moyens ordinaires en vue d'une nouvelle location. M. M... vous remettra les clefs qu'il détient. Je vous prie, si un amateur se présente, de lui faire visiter l'appartement et connaître les conditions de location ; celles-ci seront les mêmes que pour M. M...

J'espère que tout est en bon ordre dans l'immeuble. Si quelque chose laissait à désirer, veuillez me le faire savoir et croyez à mon bon souvenir.

A un gérant d'immeuble pour lui confier une gérance.

Monsieur,

Je viens d'acquérir au numéro [...] de la rue [...] un appartement de trois pièces, dans l'intention d'un placement. N'étant pas sur place, il ne m'est pas possible de m'occuper moi-même de sa location. Pourriez-vous vous en charger ? Je vous remettrais les clefs de l'appartement, actuellement vide, et vous demanderais, après l'avoir visité, de me dire quel serait, à votre avis, le loyer normal, compte tenu des prix pratiqués dans votre ville.

Veuillez en même temps m'indiquer les conditions de votre gérance et croyez, Monsieur, à mes sincères salutations.

ANNONCES COMMERCIALES

FONDS DE COMMERCE

— A vendre bon **FONDS ALIMENTATION** générale, avec ou sans tournées. Larges facilités, si sérieux. S'adresser bureau du journal nº 183.

ANTIQUITÉS

- Beaux bibelots.
- Beaux meubles et sièges.
- Objets d'art, Porcelaines.
- Faïences, Cuivres, Etains, etc.

Mme J. PELLETIER

10, rue du Centre, D... - Tél. 291

- *achète l'Ancien*
- Se rend à domicile. - Discrétion.

Autres ventes et annonces diverses.

Quel que soit le motif de l'annonce, les règle restent les mêmes : pas de détails inutiles mais l plus de précisions utiles possible.

A vendre 2 CV Citroën 1968, 35 000 kilomètres, parfait état ; prix Argus. Visible le [...] à [...].

Pour collection, recherche toutes poupées anciennes, françaises et étrangères. Bons prix. Faire offre si possible en envoyant photo à [...].

Echangerais deux pièces cuisine dans le 7e arr. contre plus grand (3 ou 4 pièces), confort, dans même quartier.

Pour cause de départ à l'étranger, donnerais chienne épagneul très douce, aimant les enfants. Ecrire à [...].

LOCATIONS DE VACANCES
CORRESPONDANCES AVEC LES HOTELIERS

Les locations de vacances, villas, chalets, bungalows, présentent un caractère particulier en ce sens qu'elles sont souvent réglées entièrement par correspondance et sans que les locataires aient eu la possibilité de visiter les lieux. Les lettres échangées à ce sujet sont extrêmement importantes puisque c'est sur elles que tout va se jouer. Les locataires ne sauraient donc demander trop de précisions afin d'éviter toute surprise désagréable.

Ces locations se faisant presque toujours en meublé, il importe de fixer par lettre préalable, dans les grandes lignes, la composition du mobilier (faut-il apporter la literie, les couverts, etc., ou seront-ils trouvés sur place et font-ils partie du prix de la location ?).

De même dans les correspondances avec les hôteliers à propos d'un séjour. Le client indiquera de façon précise ce qu'il souhaite et l'hôtelier lui répondra avec exactitude et sincérité.

Petites annonces.

A louer pour les mois de juillet et août villa meublée tout confort en bordure de forêt, à proximité de la plage d'Hardelot (62). Conviendrait pour cinq ou six personnes. Ecrire à [...].

Dans région boisée de Touraine, à proximité de rivière poissonneuse, pension de famille. Calme, repos, cuisine soignée. 30 F par jour. Prix spéciaux pour famille et longs séjours (adresse).

Lettre à une agence de location, à propos de la location d'une villa.

Monsieur,

Désirant passer le mois d'août à X, je viens vous demander si vous auriez une villa susceptible de me convenir.

Je désire qu'elle comporte la possibilité de loger six personnes, dont deux enfants de cinq et sept ans et deux ménages ; de plus, je souhaite un garage ou la possibilité d'un parking à proximité, un fourneau de cuisine à électricité, gaz ou butane, un moyen de chauffage et que les magasins d'alimentation ne soient pas à plus de cinq cents mètres.

Si vous avez dans vos dossiers une ou plusieurs locations répondant à ces critères, je vous prie de bien vouloir m'en communiquer les caractéristiques ainsi que le prix de location.

Sincères salutations.

N. V...

Lettre répondant à une annonce.

Monsieur,

Votre annonce parue dans « Notre temps » de mars retient mon attention. Je vous serai bien obligée de me donner plus de détails concernant le chalet que vous mettez en location. N'ayant pas de voiture, j'aimerais en particulier savoir quels sont les moyens d'accès, par chemin de fer ou autobus. Et aussi si vous fournissez le linge de table et de maison et les couvertures.

Dans l'attente de votre réponse, je vous envoie, Monsieur, mes sincères salutations.

J. M...

Lettre d'un propriétaire répondant à une demande de renseignements.

Madame,

En mains, votre lettre du [...], je vous donne bien

volontiers les précisions demandées concernant ma villa de T...

Cette villa, que j'occupe moi-même avec ma famille durant les mois de juin et de juillet, est libre en août et, éventuellement, en septembre.

Elle est située sur un chemin vicinal, à 300 mètres de la nationale 10, entre N... et C... Elle ne comporte pas de garage, mais il est facile et sans aucun risque de laisser la voiture dans le petit jardin qui s'étend devant la maison. Celle-ci comprend : au rez-de-chaussée, salle de séjour de 20 mètres carrés, cuisine avec réfrigérateur, cuisinière électrique, évier, une chambre avec un lit de deux personnes, w.-c. ; au premier étage, trois chambres dont une avec un lit pour deux personnes et les deux autres avec deux lits pour une personne, salle de bains.

Le prix de la location est de 800 F pour le mois d'août et de 400 F pour le mois de septembre. On peut aussi louer du 1er août au 15 septembre pour 1 000 F. Le règlement est prévu ainsi : 25 % à la signature de l'accord, 50 % le 1er juillet et 25 % à l'arrivée.

Les couvertures sont comprises, mais pas les draps ni les serviettes de table et de toilette. Batterie de cuisine bien fournie ; vaisselle et couverts en inox pour huit personnes.

La région est agréable et les promenades nombreuses. La plage de R..., très sûre et sans danger pour les enfants, se trouve à 500 mètres. Le centre du village, avec tous magasins d'alimentation, garage, bureau de poste, église, médecin, pharmacien, est à peu près à 500 mètres également.

Si cette location vous convient, veuillez me le faire savoir le plus tôt possible en m'adressant le premier versement.

Recevez, Madame, mes sincères salutations.

G. P...

A un hôtelier pour lui demander des renseignements.

Monsieur,

J'ai l'intention de passer mes vacances avec ma famille à M... et je désirerais savoir s'il vous serait possible de nous recevoir et quelles seraient vos conditions pour un groupe de six personnes, dont deux enfants de trois et cinq ans. Je prévois un séjour de trois semaines, probablement du 1er au 20 août. Il me faudrait deux grandes chambres, exposées au midi autant que possible, ou une grande chambre et deux petites.

Je vous serais obligé de me faire savoir, en même temps, si un autobus relie votre commune à la gare de V... ou quels sont les moyens les plus pratiques de gagner M...

Dans l'espoir d'une prompte réponse, je vous adresse, Monsieur, mes sincères salutations.

J. H...

Lettre d'un hôtelier.

Monsieur,

En réponse à votre lettre du 1er, j'ai l'honneur de vous informer que le prix de la pension pour août est de 28 F par jour, boisson non comprise, plus 10 % pour le service et les taxes ; réduction de 50 % pour les enfants de moins de cinq ans.

Si ces conditions vous conviennent, je pourrai mettre à votre disposition deux belles chambres ayant vue sur la mer, dont l'une avec lavabo et l'autre avec lavabo et douche.

L'hôtel se trouve à deux minutes de la plage.

Le petit déjeuner peut être servi dans les chambres ou à la salle à manger.

Le menu, très varié, se compose en général au déjeuner de hors-d'œuvre, une entrée, un plat de viande garni, salade, fromage, fruits. Au dîner : potage, œufs ou poisson, jambon ou viande froide, un plat de légumes, un entremets ou une pâtisserie maison.

Le mois d'août étant très demandé, je ne saurais trop vous conseiller de vous décider rapidement. Pour la bonne règle, je vous demanderai de m'adresser en même temps que votre réservation des arrhes d'un montant correspondant au tarif de trois jours de pension pour le nombre de personnes prévues.

Dans l'attente de vous lire, je vous prie d'agréer, Monsieur, mes sincères salutations.

V. R...

Pour organiser un voyage-circuit.

Monsieur,

Sachant que votre agence organise des voyages individuels, je m'adresse à vous pour vous exposer mes désirs.

Voyageant avec une amie, nous aimerions séjourner pendant dix jours dans la région d'Avignon. Pourrions-nous trouver de bons hôtels à une ou deux étoiles et faire cinq ou six excursions, soit en groupe avec d'autres personnes, soit en utilisant les moyens de communication de la région ? Au départ de Paris, jouissant l'une et l'autre d'un billet annuel de congé payé et comptant voyager en seconde classe, nous aimerions savoir à peu près à combien nous reviendrait ce séjour, tous frais compris, et avoir quelques précisions sur les possibilités qui nous seraient offertes. Ce séjour pourrait avoir lieu à partir du 25 août.

Par ailleurs, si vous aviez prévu vers cette date et pour une durée sensiblement égale des voyages organisés, voulez-vous nous le signaler.

Je vous prie de recevoir, Monsieur, mes sincères salutations.

J. D...

Pour demander au maire l'autorisation de camper.

Monsieur le Maire,

Pourriez-vous m'autoriser à camper sur le territoire de votre commune pendant une période allant du 1er août au 25 du même mois ? Je voyage avec ma femme et mes deux enfants, de huit et dix ans. Nous transportons notre matériel dans une remorque et dressons une grande tente. Bien entendu, nous accepterions l'emplacement que vous voudriez bien nous désigner.

Je vous serais reconnaissant de me répondre dès que possible et vous assure, Monsieur le Maire, de toute ma considération.

CORRESPONDANCE AVEC LES COMMERÇANTS

La vente par correspondance.

Elle prend de plus en plus d'extension. Plusieurs firmes très importantes la pratiquent presque exclusivement par l'envoi de leurs catalogues dans tous les pays.

Pour rédiger une lettre de commande, il faut tenir compte de données de deux ordres : les références très précises des articles commandés (numéro de l'article, quantité, éventuellement taille, couleur, etc.) et, d'autre part, les instructions de la firme réunies au début du catalogue (utilisation du bon de commande, frais de port et d'emballage à ajouter, mode de règlement — les envois contre remboursement étant généralement majorés du prix des frais de remboursement — etc.).

Si la commande porte sur plusieurs articles, ils seront nettement séparés. La clarté et la précision de la lettre conditionnent en grande partie la bonne exécution de la commande.

Si l'on n'est pas absolument fixé sur une catégorie d'article, on peut indiquer un article de remplacement pour le cas où le premier choisi serait épuisé ; ainsi on évitera des retards et de nouvelles correspondances.

Commande à un magasin, d'après catalogue (si le bon de commande n'est pas encarté dans le catalogue).

Monsieur,

Veuillez me faire parvenir les articles suivants figurant à votre catalogue automne-hiver 197...-197...

1 — P. 126, article A, n° 25-12-83, un pull en Courtelle, taille 40, gris. Au cas où le gris ne serait pas disponible, le même article en turquoise, n° 25-11-19. (33,50 F.)

2 — P. 564, article A, n° 46-08-85, une trousse auto comprenant 18 outils en acier vanadium. (38,50 F.)

3 — P. 544, article B, n° 12-33-66, un coucou ébénisterie teintée. (127,00 F.)

Le montant total atteignant 199 F, je bénéficie, suivant votre règlement, de la franchise de port et d'emballage. Je vous envoie donc ci-joint un chèque barré de 199 F sur la banque de [...].

Espérant que vous voudrez bien m'adresser rapidement les articles ci-dessus, je vous prie d'agréer, Monsieur, mes salutations distinguées.

J. P...

Commande d'un article promotionnel annoncé par circulaire.

Monsieur,

La documentation que vous m'avez adressée concernant votre aérateur-purificateur d'air a retenu mon attention.

Veuillez donc m'adresser un appareil, contre remboursement. Il est bien entendu, ainsi que le stipule votre circulaire, que si l'appareil ne me donne pas satisfaction je peux le retourner dans la quinzaine suivant réception et que le prix m'en sera intégralement remboursé. Que, d'autre part, votre appareil est garanti un an.

Attendant votre envoi, je vous adresse, Monsieur, mes sincères salutations.

O. M...

Lettre pour se plaindre d'un retard dans la livraison.

Monsieur,

Le 15 septembre 197..., je vous ai commandé un imperméable ainsi désigné : Frisco, n° 4, en gabardine de laine imperméabilisée, taille 48, avec doublure complète et poches verticales.

Vous vous étiez engagé à me fournir cet article dans le délai de dix jours, nécessaire pour sa fabrication et son envoi.

Or nous voici au 3 octobre. Le délai est donc largement dépassé et je n'ai encore rien reçu.

Devant partir en voyage, j'ai le besoin le plus urgent de ce vêtement. Je vous prie donc de me dire par retour du courrier si vous êtes en mesure d'en assurer la livraison dans un délai extrêmement bref, sinon je vous demanderai de me renvoyer la somme de 50 F que je vous ai fait parvenir à titre d'arrhes et d'annuler ma commande.

A vous lire, recevez, Monsieur, mes salutations distinguées.

H. F...

Pour se plaindre de la non-conformité d'un article.

Monsieur,

Le 10 courant, je vous ai adressé une commande de cinq articles ; j'ai reçu cette commande dans les délais normaux, mais si quatre d'entre eux me donnent entière satisfaction j'ai le regret de vous signaler que le cinquième n'est pas conforme à ma commande.

Il s'agit de votre coussin vibreur électrique pour massage présenté à la page 206 de votre catalogue, article A C n° 56-98-87, voltage 110, au prix de 99 F. Or l'appareil que vous m'avez envoyé est en 220 volts. Il va sans dire que je ne peux l'utiliser puisque toute mon installation est en 110 volts. Veuillez donc me donner vos instructions pour le retour de cet appareil et m'en adresser un autre, en 110 volts.

Recevez, Monsieur, mes sincères salutations.

B. P...

D'un fournisseur pour s'excuser d'un retard dans une livraison.

Madame,

Je tiens à vous présenter toutes mes excuses pour ne pas vous avoir livré votre robe hier, comme je vous l'avais promis.

Plusieurs de mes ouvrières étant malades, le travail en a souffert et je n'ai pu terminer les commandes dans le temps fixé. J'espère que ce retard ne vous occasionnera pas d'ennuis et ferai tout mon possible pour faire porter votre robe chez vous demain dans la matinée.

En vous renouvelant mes excuses, je vous prie de croire, Madame, à mes sentiments distingués.

Germaine V...

Après un envoi arrivé en mauvais état.

Monsieur,

Nous sommes désolés que le service à café que vous aviez bien voulu nous commander vous soit arrivé en mauvais état. Cela est dû sans doute à une défaillance dans l'emballage. Nous vous expédions, ce jour, deux tasses et une sous-tasse pour remplacer celles qui sont brisées.

Nous vous prions de nous excuser pour ce contretemps et nous vous assurons, Monsieur, de notre dévouement à vos ordres.

L. P...

Quand on ne peut livrer l'article commandé.

Madame,

Nous avons bien reçu votre commande du [...] portant sur un landau, du prix de 220 F, modèle 454 de notre catalogue de la saison dernière. Malheureusement, nous ne le fabriquons plus. Ceux qui s'en approchent le plus sont les modèles 653 et 879 que vous trouverez à la page 37 de notre dernier catalogue que nous vous envoyons par ce même courrier. Vous plairait-il de choisir l'un ou l'autre en remplacement de celui que vous aviez commandé ? Le modèle 653 vaut 235 F et le modèle 879 coûte 240 F, comme vous pourrez le constater. Cependant nous sommes décidés à vous livrer l'un ou l'autre sans nouveau versement de votre part, c'est-à-dire au prix de 220 F que vous nous avez adressé. Voulez-vous nous dire si cette proposition vous convient et, dans l'affirmative, nous indiquer le nouveau modèle choisi. Dans le cas contraire, nous vous retournerons le montant de votre commande.

Toujours dévoués à vos ordres, nous vous adressons, Madame, nos sincères salutations.

Lettre de facturation.

Monsieur,

Je vous prie de trouver ci-joint la facture concernant votre commande du 18 juin que nous vous avons livrée le 25 du même mois.

Vous remarquerez que, conformément à nos conventions, nous avons consenti un escompte de 5 % pour un règlement comptant. Vous nous obligeriez donc en nous réglant cette facture sous huitaine par le mode qui vous conviendra le mieux. Passé ce délai, nous ne pourrions plus considérer qu'il s'agit d'un paiement comptant et ne pourrions plus vous consentir l'escompte.

Nous vous prions de recevoir, Monsieur, nos sincères salutations.

Avis de paiement.

Monsieur,

En règlement de votre facture n° 678 du 10 courant, veuillez trouver ci-joint un chèque barré de [...] sur la

Société générale dont vous seriez aimable de nous accuser réception.

Recevez, Monsieur, nos salutations distinguées.

Accusé de réception.

Monsieur,

Nous avons bien reçu votre chèque n° [...] sur la Société générale, que vous nous avez adressé en règlement de notre facture du [...].

Vous remerciant de votre diligence et espérant, à l'avenir, la faveur de nouveaux ordres, nous vous assurons, Monsieur, de tout notre dévouement.

CORRESPONDANCE AVEC LES ENTREPRENEURS, LES ARTISANS, ETC.

S'il s'agit de travaux de quelque importance à effectuer, il est toujours préférable de faire établir un devis. Cependant, si les lettres échangées sont suffisamment précises quant aux travaux à faire, à la façon dont ils seront exécutés et au prix qui sera demandé, elles peuvent remplacer le devis.

Si le client estime avoir des réclamations à formuler, il sera toujours préférable de le faire par lettre, nettement et fermement, mais courtoisement.

A un entrepreneur pour lui demander d'examiner des travaux.

Monsieur,

Je vous serais obligé de passer à ma propriété du hameau de B..., au lieu-dit « La Chênaie ». Divers travaux de maçonnerie d'une certaine importance y sont à exécuter et je désirerais savoir si vous pouvez vous en charger. Dans l'affirmative, je vous demanderai de m'établir un devis le plus tôt possible. Voulez-vous me donner un coup de fil afin que nous prenions rendez-vous, car je ne suis pas à La Chênaie en dehors des week-ends.

Veuillez recevoir, Monsieur, mes sincères salutations.

D'un artisan au sujet de travaux qui lui sont demandés.

Monsieur,

Au sujet des réparations que nous avions envisagées ensemble, je peux vous donner les indications suivantes : la réfection de la toiture de zinc et le remplacement de toutes les gouttières et descentes d'eau vous reviendraient à [...]. Si nous sommes d'accord en principe, je pourrai vous établir un devis précis et chiffré des différents travaux.

Les travaux seraient terminés dans un délai de trois à quatre semaines. Je vous serais obligé de me faire savoir votre décision sans tarder car j'ai plusieurs chantiers à mettre en route.

Toujours à votre service, je vous prie de recevoir, Monsieur, mes salutations empressées.

Pour annoncer la fin des travaux.

Monsieur,

J'ai le plaisir de vous annoncer que les travaux entrepris à votre villa d'Ambleteuse touchent à leur fin. J'espère que vous en serez satisfait. J'aimerais me rendre avec vous sur le chantier avant le départ de mon équipe d'ouvriers, afin que vous puissiez constater si tout a bien été exécuté suivant vos ordres et nos conventions.

Je vous serais donc reconnaissant de bien vouloir me fixer un rendez-vous, sur place, en fin de semaine.

Toujours à votre service, je vous prie de recevoir, Monsieur, mes salutations empressées.

A un entrepreneur pour se plaindre des ouvriers.

Monsieur,

Je me suis rendu hier à ma propriété de La Chênaie, afin de voir où en sont les travaux que vous avez entrepris.

J'ai constaté avec regret que ceux-ci n'avancent guère et ne seront pas terminés pour la fin du mois comme vous vous y êtes engagé. De plus, j'ai appris que vos ouvriers se sont livrés à diverses dégradations, cassant des branches et arrachant de jeunes arbres pour faire du feu, piétinant sans nécessité les massifs et les pelouses, etc.

Je vous signale ces faits en vous priant de bien vouloir pousser plus activement les travaux et exercer une surveillance plus étroite sur votre personnel.

Veuillez recevoir, Monsieur, mes salutations distinguées.

Après des travaux, pour signaler une malfaçon.

Monsieur,

J'ai le regret de vous faire savoir qu'une fuite s'est produite dans la toiture à la suite des travaux que vous avez effectués le mois dernier dans mon immeuble du numéro 44 de la rue P... Je vous serais bien obligée de venir le plus rapidement possible constater ce défaut d'étanchéité et de donner des ordres pour qu'il y soit porté remède ; cette fuite risque d'endommager les planchers et les plafonds et, éventuellement, le mobilier des occupants du troisième étage.

Comptant sur votre diligence, je vous prie de croire, Monsieur, à mes sentiments distingués.

Jeanne F...

CORRESPONDANCE D'AFFAIRES AVEC LES NOTAIRES, AVOCATS, ETC.

Les officiers ministériels sont tenus au secret professionnel aussi bien en ce qui concerne les lettres qu'ils ont reçues que les confidences qui leur ont été faites de vive voix. En particulier, en justice, les avocats ne peuvent faire état ni de la correspondance échangée entre eux au sujet d'une affaire ni des lettres qu'ils ont reçues de leur client.

A un notaire pour lui demander de rédiger un acte.

Maître,

Je désire faire don d'un immeuble à l'un de mes neveux. Je vous serais reconnaissant de préparer, dans ce but, un acte de donation. Mon intention étant de mettre certaines conditions à cette libéralité, je désirerais avoir un entretien avec vous afin d'envisager les diverses modalités de ce projet. Je vous prie donc de bien vouloir me faire savoir quel jour et à quelle heure il vous serait possible de me recevoir à votre étude pour examiner la question.

Veuillez agréer, Maître, l'expression de ma considération distinguée.

J. G...

Pour demander le ministère d'un avoué.

Maître,

Je viens de recevoir une assignation d'avoir à comparaître devant le tribunal civil de T... pour une question de bornage. Je vous prie de bien vouloir me représenter en cette affaire. Vous pourrez, à votre gré, prendre connaissance du dossier qui se trouve entre les mains de mon avocat, Me P...

Je vous serais obligé de me faire savoir si vous acceptez cette mission et vous prie de croire, Maître, à mes sentiments très distingués.

L. B...

A un huissier.

Monsieur,

Je suis propriétaire d'une maison sise 8, rue du Pont-de-Fer, à X. Cet immeuble est occupé par M. F. R... qui me doit le loyer de trois trimestres et refuse de me payer. Je vous prie de bien vouloir l'assigner devant M. le juge de paix de V... en paiement de cette dette.

Veuillez recevoir, Monsieur, mes sincères salutations.

J. L...

A un avocat pour lui demander son concours.

Maître,

C'est une mère bien angoissée qui s'adresse à vous aujourd'hui. Mon fils Philippe, âgé de vingt-deux ans, sous l'influence d'une bande de jeunes peu recommandables, vient de se laisser entraîner dans une vilaine affaire de vol de voiture et ses camarades se sont arrangés pour qu'il soit le plus compromis.

C'est un garçon faible mais non pervers, à qui a manqué cruellement l'autorité paternelle car j'ai perdu mon mari alors que Philippe avait deux ans.

Son inculpation et son arrestation l'ont profondément affecté. Incapable de réagir, il m'a demandé de lui choisir un avocat. J'ai aussitôt pensé à vous, Maître, car je connais votre réputation d'éloquence mais aussi votre légendaire bonté et votre compréhension des jeunes. Certes je souhaite que mon fils obtienne, grâce à vous, l'indulgence de ses juges, mais plus encore je désirerais qu'à l'occasion de cette affaire vous veuilliez bien vous intéresser à lui, et je ne doute pas que votre influence ne l'aide puissamment à retrouver son équilibre et à reprendre le droit chemin.

Puis-je espérer, Maître, que vous prendrez ma requête en considération et que vous accepterez d'entreprendre ce sauvetage moral ? Dans l'affirmative, je préviendrai immédiatement mon fils et il attendra avec confiance votre visite. Je crois pouvoir vous assurer que vous rencontrerez chez lui la plus complète sincérité.

Avec l'expression de ma gratitude, veuillez recevoir, Maître, l'assurance de mes sentiments très distingués.

A un architecte.

Monsieur,

J'ai l'intention de faire bâtir une villa à proximité de la plage de N... J'ai déjà acquis un terrain d'une surface de 600 mètres carrés, mais n'ai pas encore d'idées très précises sur le style de la future construction.

Je voudrais que la maison soit très fonctionnelle et pratique, moderne mais non futuriste, avec, si possible, un cachet régional tant dans la disposition que dans le choix des matériaux. Puis-je vous demander de vous occuper des démarches à faire pour obtenir le permis de construire, de l'établissement des plans et de la surveillance des travaux ? Je me rendrai à votre cabinet au jour qui vous conviendra. Nous pourrions jeter les premières bases du travail, faire choix d'un entrepreneur, etc. ; je vous demanderai, à partir de là, de me proposer plusieurs projets avec des devis estimatifs.

J'aimerais que cette villa soit terminée pour le début

de l'été, afin d'y installer ma famille pour la période des vacances.

Dans l'attente de votre réponse, je vous prie de croire, Monsieur, à ma considération la plus distinguée.

A un avocat, en lui envoyant des honoraires.

Maître,

Voici gagné, enfin, ce fameux procès qui m'a causé tant de soucis. Certes, ainsi que vous me l'aviez assuré dès le début, j'avais le bon droit pour moi, mais ce n'est pas toujours là une raison suffisante à assurer le succès. Dans mon cas particulier, je crois bien que ma cause n'aurait pu triompher sans le secours de votre habileté et de votre éloquence.

Je vous adresse donc mes bien sincères remerciements pour l'aide que vous m'avez apportée avec tant de bonne grâce dans cette affaire.

Veuillez trouver ci-joint, en un chèque sur la B.N.P., le montant de vos honoraires et croire, Maître, à mes sentiments très distingués.

H. M...

Il n'est pas indiqué d'envoyer une lettre recommandée à son avocat ; on le fera seulement si le pli contient des pièces importantes et l'on s'en excusera.

Il est d'usage que les avocats des parties adverses (qui n'en sont pas moins des confrères et doivent, à ce titre, obéir à certaines règles) se communiquent réciproquement les pièces du dossier avant le règlement en justice de l'affaire en cours. Il n'y a pas lieu de s'en étonner ou de s'en formaliser, encore moins de considérer cela comme une « trahison » de la part de son avocat. D'ailleurs cet échange de correspondance reste strictement privé entre les avocats.

LES QUESTIONS D'ARGENT

Les correspondances se rapportant à des questions d'argent doivent plus que toute autre être extrêmement précises et concises et ne prêter à aucune équivoque.

Reconnaissance de dette.

Je, soussigné [...], reconnais avoir reçu de M. N... la somme de 3 000 F — trois mille francs — que je m'engage à lui rendre au plus tard le 1er juin 197..., augmentée des intérêts au taux de 6 % l'an.

Fait à D..., le [...]
(signature)

Lettre de change adressée à une banque.

Bon pour 8 000 F — huit mille francs.

Au 3 novembre 197..., veuillez payer à M. G... ou à son ordre la somme de huit mille francs, valeur de lui reçue en marchandises, et passer cette somme au débit de mon compte sans autre avis. Votre tout dévoué,

G. P...

A une banque, ordre de vente.

Monsieur,

Veuillez vendre au cours moyen 300 F de rente française 5 % que je vous envoie par ce même courrier.

Recevez, Monsieur, mes sincères salutations.

Le 8 mars.
(signature)

Dans ce genre de correspondance, la date est très importante ; elle est de préférence placée au bas de la lettre, juste avant la signature.

Pour demander un délai.

Monsieur,

Par un billet en date du 1er juillet 197..., je me suis engagé à vous rendre avant le 1er décembre de cette année une somme de trois mille francs que vous m'aviez prêtée.

Des circonstances imprévisibles, indépendantes de ma volonté, font que je ne vois pas le moyen de faire honneur à ma signature et d'opérer le remboursement à la date indiquée. Cependant, si vous voulez bien reculer de deux mois l'échéance, je serai en mesure de vous régler, car j'attends des rentrées importantes en fin d'année. Je vous paierai naturellement pour cette nouvelle période les intérêts de 6 % prévus pour la première.

J'espère que vous voudrez bien accepter cet arrangement et vous prie d'agréer, Monsieur, avec mes excuses pour ce retard, mes salutations très distinguées.

CORRESPONDANCE ADMINISTRATIVE ET OFFICIELLE REQUÊTES - PÉTITIONS

Les lettres officielles ou administratives, les pétitions ont généralement pour but d'exposer une requête ou un grief. Elles doivent se borner strictement à leur objet clairement indiqué ainsi que les raisons de nature à justifier la demande et à la faire agréer. Elles sont rédigées sur « papier ministre », papier blanc de grand format. Il est plus correct d'employer l'encre noire.

Il importe de soigner la présentation des pétitions et requêtes diverses, à la fois par déférence envers le destinataire et dans l'intérêt de l'expéditeur. Une requête peu claire, trop longue, rédigée en phrases ambiguës ou embarrassées, écrite d'une manière peu lisible, aura de grandes chances de prendre la direction de la corbeille à papiers et avec elle s'y enseveliront les espoirs qu'elle représentait.

Il est bon de laisser sur le côté une marge de quatre ou cinq centimètres pour les annotations et apostilles que les autorités compétentes pourraient avoir à y apposer.

Certaines pétitions doivent être écrites sur papier timbré. Pour d'autres, les signatures doivent être légalisées. Afin d'éviter déceptions et perte de temps (car une pétition qui n'est pas conforme aux règles sera purement et simplement considérée comme nulle sans que son expéditeur en soit averti), il est prudent de se renseigner à ce sujet près des services administratifs.

Les mots « je », « nous » sont parfois remplacés par « le », « la » ou « les » soussignés avec rappel du nom, sauf si les signataires sont nombreux. Contrairement à ce qui se fait pour les correspondances mondaines, la date s'inscrit non en haut de la lettre mais au bas, avec la signature. A cet endroit également, l'adresse complète doit être répétée. Le titre de celui à qui l'on écrit est indiqué une première fois avant l'en-tête.

En ce qui concerne les demandes de pièces officielles et les demandes de renseignements aux services administratifs, on se limitera au but de la lettre exprimé avec concision et accompagné d'une brève formule de politesse. Pour certaines de ces pièces, il est demandé une petite somme. Celle-ci sera jointe à la lettre. Se renseigner à la mairie ou auprès du service administratif compétent en demandant quels sont les modes d'envoi de fonds autorisés ; les timbres sont souvent refusés.

Demande d'extrait de naissance.

Cette demande est à adresser au bureau d'état civil de la mairie du lieu de naissance.

Monsieur le Maire de N...

Monsieur le Maire,

Je vous serais reconnaissante de bien vouloir m'adresser un extrait de mon acte de naissance, pièce qui m'est réclamée pour la rédaction d'un acte notarié.

Je suis née dans votre commune le 27 avril 19..., rue V..., n° 16, de (nom du père) et (nom de la mère).

Je vous adresse ci-joint un chèque de virement de [...] pour acquittement des frais.

Veuillez recevoir, Monsieur le Maire, avec mes remerciements, l'assurance de mes sentiments distingués.

G. R...
(adresse)

Demande de certificat de résidence.

A adresser au maire de la commune de résidence.

A Monsieur le Maire de V...

Monsieur le Maire,

Ayant besoin d'un certificat de résidence pour l'obtention d'un passeport, je vous serais bien obligé de me faire parvenir cette pièce.

J'habite 5, boulevard Kennedy, à V..., depuis le 1er mars 1970. Mon domicile précédent était 43, avenue de la Résistance. Je réside dans votre commune depuis 1962.

Veuillez accepter mes remerciements et croire, Monsieur le Maire, à mes sentiments distingués.

V..., le [...].

R. P...
(adresse)

Demande d'extrait de casier judiciaire.

A adresser au greffier du tribunal de grande instance dont dépend le lieu de naissance.

A Monsieur le Greffier
du tribunal de grande instance de N...

Monsieur le Greffier,

Je vous serais très obligé de faire établir et de m'adresser un extrait de mon casier judiciaire.

Voici mes coordonnées : Duplan, Jean-Robert, né le [...] à [...] de (nom du père) et (nom de la mère). Mon adresse actuelle est 4, rue des Sinaux, à F...

Ci-joint une enveloppe timbrée et un mandat de [...] pour l'acquittement des frais.

Veuillez recevoir, Monsieur le Greffier, l'assurance de mes sincères salutations.

A F..., le [...]
(signature)

Demande d'inscription sur les listes électorales.

A adresser au maire de la commune de résidence.

A Monsieur le Maire de G...

Monsieur le Maire,

J'ai l'honneur de solliciter mon inscription sur la liste électorale de votre commune que j'habite depuis plus de six mois, exactement depuis le 1er février 197...

Précédemment j'habitais à G... où j'étais électeur.

Je joins à cette demande mon certificat de domicile, le certificat de radiation de la commune que j'ai quittée et un extrait de casier judiciaire.

Si d'autres pièces étaient nécessaires, veuillez me le dire et je vous les adresserai rapidement.

Dans l'espoir que vous voudrez bien donner à cette demande une suite favorable, je vous prie d'agréer, Monsieur le Maire, l'expression de toute ma considération.

J. M...

Demande de secours.

Les lettres à ce sujet devront être très sobres, indiquer des faits précis, des chiffres, plutôt que contenir des lamentations et chercher à attirer la pitié. On les accompagnera éventuellement de toutes les pièces de nature à prouver l'exactitude des dires et à justifier la demande.

A Monsieur le Ministre des Finances

Monsieur le Ministre,

J'ai l'honneur de solliciter de votre haute bienveillance l'obtention d'un secours annuel que ma situation difficile m'oblige à demander.

Je vous remets ci-inclus les états de services de mon mari, fonctionnaire au ministère de [...] en qualité de [...] depuis 19..., décédé dans l'exercice de ses fonctions en [...], me laissant presque sans ressources avec trois enfants à élever.

Je vous joins également un certificat de non-imposition et une attestation du maire de la commune où je réside.

Je fais confiance à votre sens de la justice et vous prie d'agréer, Monsieur le Ministre, l'expression de ma haute considération.

(date, signature, adresse)

Pour demander la gérance d'un bureau de tabac.

A Monsieur le Ministre des Finances

Monsieur le Ministre,

Veuve, ayant à ma charge quatre enfants de moins de dix ans, j'ai l'honneur de venir solliciter de votre haute bienveillance l'obtention de la gérance d'un bureau de tabac.

Je sais que les demandes de ce genre sont nombreuses ; cependant j'espère que vous voudrez bien prendre la mienne en considération, en tenant compte du fait que mon mari, décédé accidentellement en tentant de porter secours à d'autres victimes d'un accident de la route, m'a laissée à peu près sans ressources ainsi que nos enfants.

Je tiens toutes les pièces justificatives de ma situation à votre disposition.

Je vous prie d'agréer, Monsieur le Ministre, mes très respectueuses salutations.

B..., le [...].
(signature, adresse)

Demande de bourse.

Ces demandes doivent être adressées entre le 1er décembre et le 10 janvier de l'année scolaire précédant l'entrée dans l'établissement scolaire à l'Inspection de l'académie dont dépend la résidence de la famille de l'enfant (et non à l'Inspection d'académie dont dépend l'établissement scolaire). Le chef de l'établissement scolaire fréquenté par l'enfant ou celui de l'établissement scolaire pour lequel on demande une bourse d'entrée indiqueront la liste des papiers à fournir suivant les différents cas.

A Monsieur l'Inspecteur
de l'académie de V...

Monsieur l'Inspecteur,

J'ai l'honneur de solliciter une bourse pour l'instruction de mon fils Jacques.

Mutilé du travail, amputé de trois doigts de la main droite, j'ai dû quitter mon emploi de dessinateur pour accepter un poste de surveillant aux usines V..., à P..., aux appointements mensuels de [...]. Ces appointements et ma pension qui se monte à [...] par trimestre me permettent à peine, avec l'aide des allocations familiales, d'élever mes cinq enfants, d'autant plus que deux d'entre eux ont une santé fragile qui nécessite des frais médicaux et pharmaceutiques importants. Je ne peux songer à leur procurer par mes propres moyens une longue scolarité.

L'enfant pour lequel je demande votre bienveillance est l'aîné des cinq. Agé de quatorze ans, il manifeste un goût prononcé pour l'étude et son application a jusqu'ici donné toute satisfaction à ses professeurs qui le jugent apte à poursuivre des études. Il a d'ailleurs passé avec succès divers examens dont vous trouverez ci-joints les certificats et en particulier l'examen des bourses devant la commission de V... Il est particulièrement doué pour les disciplines scientifiques et ses rêves d'avenir le portent vers l'électronique.

J'ose espérer une réponse favorable et vous prie d'agréer, Monsieur l'Inspecteur, l'expression de ma haute considération.

V..., le [...].
(signature, adresse)

Demande d'exemption de scolarité pour un enfant.

A adresser à l'inspecteur d'académie du lieu de résidence des parents.

A Monsieur l'Inspecteur d'académie de T...

Monsieur l'Inspecteur,

J'ai l'honneur de solliciter de votre bienveillance une dispense de scolarité pour ma fille Pichon Josette, née le [...], donc âgée actuellement de [...], pour les motifs suivants.

Nous tenons à L... un petit commerce d'épicerie trop peu important pour envisager d'embaucher une employée. Moi-même, je travaille à l'usine de V... et suis donc absent la plus grande partie de la journée. Outre Josette, qui est l'aînée, nous avons quatre autres enfants, de dix ans à un an. Ma femme est restée très fatiguée depuis la naissance de notre dernier et le docteur exige qu'elle n'abuse plus autant de ses forces que par le passé sous peine d'être obligée, à bref délai, d'abandonner complètement sa tâche familiale. Notre fille aînée nous serait donc fort utile pour s'occuper du magasin. C'est d'ailleurs aussi son vœu car elle désire, plus tard, faire du commerce. Elle aurait donc l'occasion d'une sorte d'apprentissage pratique et, d'autre part, nous lui ferions suivre par correspondance des cours de comptabilité commerciale.

Je vous joins un avis favorable de l'institutrice et un autre du maire de M... qui, tous deux, connaissent bien notre situation et estiment que cet arrangement ne nuirait pas à l'avenir professionnel de notre fille.

J'ose espérer, Monsieur l'Inspecteur, que vous prendrez ma requête en considération et vous prie d'agréer mes sentiments très distingués.

(date, signature, adresse)

Demande de consultation dans un centre d'orientation professionnelle.

Demande à adresser au directeur du centre. L'adresse en sera fournie soit par la mairie, soit par les directeurs d'établissements scolaires ; ces consultations sont gratuites, mais il est toujours préférable de demander un rendez-vous par lettre.

A Monsieur le Directeur
du centre d'orientation professionnelle de R...

Monsieur le Directeur,

Je me permets de vous demander un rendez-vous pour mon fils Jacques Redon. Agé de quatorze ans, il vient de passer avec succès son B.E.P.C. et doit, à la rentrée, changer d'établissement scolaire, l'école privée qu'il fréquentait jusqu'à maintenant n'assurant les classes que jusqu'à la troisième incluse.

Nous aimerions savoir vers quel genre d'études le diriger, afin de lui éviter toute perte de temps et l'obligation de bifurquer en cours de route. Ses aspirations sont assez contradictoires et mal définies : le dessin ou la médecine, ou encore le professorat.

Je suis persuadé qu'une consultation dans votre centre lui permettrait de mieux connaître ses possibilités et ses chances dans telle ou telle voie et peut-être même lui ouvrirait des horizons auxquels il n'a pas songé.

Je vous serais donc très reconnaissant de bien vouloir nous fixer un rendez-vous. Bien entendu, votre jour et votre heure seront les nôtres. Voulez-nous nous dire quelles pièces il serait bon d'apporter et aussi s'il est préférable que l'enfant se présente seul ou soit accompagné de ses parents.

En vous remerciant à l'avance de votre aide, nous vous assurons, Monsieur le Directeur, de nos sentiments très distingués.

(signature, adresse)

Joindre une enveloppe timbrée.

Pour demander l'autorisation d'installer une usine.

A Monsieur le Préfet de L...

Monsieur le Préfet,

J'ai l'intention d'établir une usine de produits dérivés du poisson sur le territoire de la commune de C... Je fabriquerais en particulier des huiles et des colles destinées à l'industrie.

L'emplacement prévu est situé à cinq cents mètres de toute habitation. Nul ne risquerait donc d'être incommodé par les odeurs qui pourraient se dégager en cours de fabrication. De plus, toutes les précautions ordinaires et d'hygiène seraient prises durant les diverses manipulations.

Je me permets de vous faire remarquer, Monsieur le Préfet, qu'aucune usine de ce genre n'existe dans la région et que, grâce à la proximité des ports de Boulogne et d'Etaples, il me serait possible de fournir un débouché pour les débris et déchets provenant de la pêche, qui sont actuellement entièrement perdus.

De plus, cette usine apporterait la création d'une bonne centaine d'emplois nouveaux dans une région touchée par le chômage, du fait de la fermeture de plusieurs entreprises.

Pour toutes ces raisons, j'ose espérer qu'après avoir provoqué l'enquête « de commodo et incommodo » vous voudrez bien émettre un avis favorable à mon projet et que, muni de l'autorisation nécessaire, je pourrai sous peu faire commencer les travaux d'aménagement.

Je vous prie d'agréer, Monsieur le Préfet, l'expression de tout mon respect.

(date, signature, adresse)

Lettre d'un groupe d'habitants pour demander au maire l'éclairage d'un quartier.

A Monsieur le Maire de B...

Monsieur le Maire,

Les soussignés [...], tous habitants de la rue G... et des rues adjacentes, se permettent d'attirer votre attention sur la situation fâcheuse dans laquelle se trouve leur quartier.

Alors que les autres parties de la commune jouissent d'un éclairage normal des voies publiques, la rue G... et les rues avoisinantes restent plongées dans la plus totale obscurité dès que tombe la nuit.

Cette situation est d'autant plus anormale que durant ces dernières années de nombreuses habitations ont été construites sur cette partie du territoire de la commune, de telle sorte que le quartier déshérité compte maintenant plus de trois cents habitants groupés en quatre-vingts foyers. Parmi eux, près de soixante enfants rentrent chaque soir de l'école, l'hiver, dans l'obscurité totale, ce qui présente de nombreux inconvénients.

Les soussignés espèrent donc, Monsieur le Maire, que, toujours soucieux du bien de vos administrés, vous voudrez bien porter la question devant le conseil municipal de B..., afin qu'il soit remédié rapidement et avant le début de l'hiver à un état de choses que rien ne justifie.

Ils vous prient de croire, Monsieur le Maire, à leurs sentiments très distingués.

(signatures des pétitionnaires)

Pour se plaindre d'un voisinage bruyant.

A Monsieur le Maire de S...

Monsieur le Maire,

J'ai l'honneur de porter à votre connaissance les faits suivants.

Le 1er juin 197..., le fonds de commerce d'estaminet sis rue des Fontaines et exploité par M. G. F... a été cédé à M. P. L... qui a adjoint à son commerce normal l'exploitation d'un bal public dans une grange située dans la cour de son établissement. Depuis lors, chaque samedi et chaque dimanche et souvent plusieurs soirs de la semaine, un orchestre de jazz extrêmement bruyant tient les voisins éveillés jusqu'à l'aube ; d'autant plus que, la salle étant de dimensions réduites, M. L... en laisse les fenêtres grandes ouvertes. Habitant juste à côté de cet établissement, j'en suis le plus incommodé, mais les autres voisins s'en plaignent également. Moi-même et plusieurs autres familles voisines avons de jeunes enfants dont le sommeil et, par suite, la santé sont gravement perturbés par ce vacarme nocturne.

M. L..., à qui nous avons à plusieurs reprises fait part de cette gêne, n'a rien voulu changer à sa façon de faire. Nous vous prions donc, Monsieur le Maire, de prendre les mesures nécessaires pour que cesse cet état de choses et, dans cette attente, nous vous assurons de notre respectueuse considération.

(signature)

Pour demander au maire de la commune où l'on a été élevé un témoignage favorable.

A Monsieur le Maire de T...

Monsieur le Maire,

J'ai l'honneur de solliciter de votre bienveillance un témoignage qui serait pour moi d'un grand prix.

Abandonnée par mon mari, je dois travailler pour élever mes trois enfants. Une situation intéressante se présente dans le commerce et je crois qu'elle me conviendrait parfaitement. On la réserve à une personne offrant les plus sûres garanties comme honorabilité familiale et personnelle.

Je me permets donc, Monsieur le Maire, de m'adresser

à vous qui, après avoir connu mes parents et grands-parents, m'avez vue enfant et jeune fille à T... J'ai même eu l'honneur d'être mariée par vous en 196... Consentiriez-vous à m'envoyer une attestation de nature à inspirer confiance aux chefs de la maison où je dois me présenter ? Je vous en serais infiniment reconnaissante.

Je vous prie, Monsieur le Maire, de bien vouloir agréer l'expression de toute ma considération.

(signature, adresse)

Requêtes au président de la République.

C'est une des caractéristiques de notre forme démocratique de gouvernement que n'importe quel citoyen peut s'adresser au président de la République pour lui demander justice, lui adresser une requête personnelle ou collective, etc.

Ces lettres sont généralement rédigées à la troisième personne (le ou les soussignés au lieu de « je » et « nous »), mais ce n'est pas absolument obligatoire. Elles seront écrites à l'encre noire, de préférence tapées à la machine, et toujours sur une double feuille de papier ministre avec une large marge.

Pour demander une audience.

A Monsieur le Président de la République française.

Monsieur le Président de la République,

Les soussignés sollicitent de votre haute bienveillance la faveur d'une audience.

Ils représentent le canton de [...] et souhaiteraient vous entretenir de la situation créée dans cette région par la fermeture des usines X qui occupaient plus de trois mille personnes qui se trouvent, de ce fait, réduites au chômage, mettant dans la gêne qui va parfois jusqu'à la misère un grand nombre de familles.

Des possibilités de création d'emplois nouveaux pourraient être envisagées, mais il faudrait agir rapidement car la situation de ces familles se dégrade de semaine en semaine.

C'est pourquoi les sousssignés vous seraient particulièrement reconnaissants de leur accorder quelques instants au cours desquels ils vous exposeraient leurs projets. Si ceux-ci recevaient votre haute approbation, bien des difficultés seraient aplanies.

Vous assurant de leur gratitude, les soussignés vous prient d'agréer, Monsieur le Président de la République, l'assurance de leur profond respect.

(signatures, une seule adresse)

Pour obtenir l'autorisation d'un mariage posthume.

A Monsieur le Président de la République française.

Monsieur le Président de la République,

Je me permets de soumettre à votre bienveillance la situation dramatique dans laquelle je me trouve.

Je devais épouser, le 17 août de cette année, Jean Loubain, moniteur d'éducation physique à R... Hélas ! le 10 août, mon fiancé mourait, victime de son dévouement après avoir sauvé trois jeunes garçons de la colonie qu'il dirigeait, lors de la tragique baignade de F..., et en essayant d'en sauver un quatrième.

A mon immense chagrin s'ajoute une terrible angoisse pour l'avenir d'un innocent. En effet, j'attends un enfant pour le mois de décembre. Ce pauvre petit devra-t-il porter durant toute son existence le poids d'une situation irrégulière, alors que d'autres enfants doivent la vie à l'héroïsme de son père ?

Je suis sûre que vous ne le permettrez pas, Monsieur le Président de la République, et que vous voudrez bien autoriser en ma faveur un mariage posthume qui donnera à mon enfant le nom de son père et à moi-même la consolation de porter le nom de celui que je pleure mais dont je suis fière.

J'ajoute que les parents de mon fiancé se joignent à moi pour solliciter cette faveur qui assurera à leur petit-fils un avenir plus normal.

Confiante dans votre bonté et votre compréhension, je vous assure, Monsieur le Président de la République, de mon respectueux dévouement.

(signature, adresse)

Pour demander la grâce d'un condamné.

A Monsieur le Président de la République française.

Monsieur le Président de la République,

La cour d'assises du département de [...] a condamné par un arrêt du 4 juin dernier le sieur Jules B... à vingt ans de réclusion criminelle pour incendie volontaire.

Que cette décision ait été pleinement justifiée par les faits, il m'appartient d'autant moins de le contester que Jules B... est un de mes anciens ouvriers, congédié de mon usine, et que c'est à mon détriment qu'il a commis son acte criminel.

Cependant c'est moi qui viens, aujourd'hui, implorer la clémence du Chef de l'Etat en sa faveur, ou plutôt en faveur des innocents que la condamnation atteint autant, sinon plus, que le coupable. Jules B..., marié, était père de quatre enfants en bas âge. Sa femme en a mis au monde un cinquième ces jours derniers et toute sa famille se trouve dans un dénuement qui ne pourra que s'accroître à mesure que passeront les semaines et les mois où la paie du chef de famille ne sera pas là pour parer aux dépenses nécessaires.

Je dois dire d'ailleurs que Jules B... a agi dans un moment où la colère lui avait fait perdre le contrôle de ses actes et m'a ensuite spontanément exprimé des regrets que je crois sincères.

Enfin je puis ajouter, comme maire de la commune de M..., que Jules B... s'était toujours montré un honnête homme, un ouvrier consciencieux et sobre. Je ne l'avais congédié qu'en raison du marasme des affaires qui m'a obligé à de nombreux licenciements dans mon personnel. Je me permets donc de solliciter de votre bienveillance une mesure d'indulgence et j'espère que vous ne refuserez pas d'accorder la grâce du coupable à la prière de sa victime.

Je suis, avec le plus grand respect, Monsieur le Président de la République, votre très humble et très dévoué serviteur.

(date, signature, adresse)

Pétition à un évêque pour lui demander un curé.

Monseigneur,

Un groupe de paroissiens de M... vient, au nom de la grande majorité des habitants de cette commune, prier respectueusement Votre Excellence de mettre fin à un état de choses qui ne peut qu'être gravement préjudiciable à la vie spirituelle dans notre région.

L'an dernier, à la suite de difficultés avec le conseil municipal au sujet de la location du presbytère, M. l'abbé R..., curé de la paroisse, a quitté la commune et, depuis lors, il n'a pas eu de successeur.

M. l'abbé R... desservait également les bourgs de T... et de F..., de sorte que voilà trois agglomérations privées de pasteur depuis de longs mois. La cérémonie de la profession de foi n'a pu avoir lieu. Beaucoup d'enfants ne reçoivent plus aucune instruction religieuse, leurs parents se refusant à les envoyer à V..., trop éloigné..., et plusieurs malades n'ont pu recevoir les derniers sacrements, faute d'avoir pu toucher à temps M. le doyen de V... qui assure l'administration des paroisses privées de curé.

Nous ne pouvons croire que la pénible situation de cette petite partie de son diocèse laisse Votre Excellence insensible.

Si la question de presbytère ne peut être réglée, nous nous ferons un devoir et une joie d'offrir un autre logement décent et confortable au curé que votre bonté voudra bien nous envoyer et qui sera accueilli parmi nous avec d'autant plus d'empressement que nous avons mieux compris au cours de ces derniers mois combien était bienfaisante et nécessaire l'action du prêtre dans un village.

Nous sommes, Monseigneur, de Votre Excellence, les fils respectueux et dévoués.

(signatures)

Correspondance avec la Sécurité sociale et les services des Contributions.

Les lettres adressées à ces organismes doivent être très précises et fournir toutes les justifications nécessaires à la bonne suite de l'affaire. Pour la Sécurité sociale, les caisses d'allocations familiales et les caisses de retraite dépendant de la Sécurité sociale, il est inutile d'affranchir les lettres. Par contre, il faut les affranchir quand on s'adresse aux divers services des Contributions directes ou indirectes. Les délais de réponse de ces services sont généralement très longs. Il n'y a donc pas lieu de s'étonner si l'on n'a pas reçu de réponse plusieurs semaines, voire plusieurs mois après l'envoi de la lettre.

Pour réclamer un remboursement à la Sécurité sociale.

A Monsieur le Directeur de la Caisse primaire
de sécurité sociale de C...

Monsieur le Directeur,

Le 12 courant, j'ai déposé aux guichets de la Caisse primaire de sécurité sociale de T... un dossier maladie accompagné de l'ordonnance du docteur et des vignettes des produits pharmaceutiques. Il était indiqué que les dossiers déposés à ce jour seraient réglés par mandat-poste le 19 du même mois. Or nous voici le 30 et je n'ai encore rien reçu.

Je vous serais reconnaissante de me dire s'il manque quelque pièce à mon dossier afin que je puisse le compléter ou de m'indiquer la raison de ce retard.

Dans l'attente d'une réponse de vos services, je vous prie de croire, Monsieur le Directeur, à mes sentiments distingués.

G. F... (adresse)
(numéro d'immatriculation à la S.S.)

Pour demander la liquidation d'une pension de retraite vieillesse.

A Monsieur le Directeur de la Caisse nationale
d'assurance vieillesse de la région de R...

Monsieur le Directeur,

J'aurai soixante-six ans le 1er octobre prochain et j'ai l'honneur de solliciter la liquidation de ma retraite pour cette date.

Voici les renseignements me concernant : Lefort Gérard, né le [...], à [...], numéro d'immatriculation à la Sécurité sociale [...] ; j'ai cotisé à la Sécurité sociale pendant vingt-sept ans, donc depuis le 1er septembre 19..., en qualité de comptable à la Société X, de [...] à [...], puis de chef du service des ventes aux magasins G..., du [...] au [...].

Je vous serais bien obligé de faire le nécessaire pour que ma retraite me soit versée dès que possible et, dans cette attente, je vous prie d'agréer, Monsieur le Directeur, mes sincères salutations.

(signature, adresse)

Pour demander que les allocations familiales soient imputées à un compte courant postal.

A Monsieur le Directeur
de la Caisse d'allocations familiales de V...

Monsieur le Directeur,

Depuis le 1er de ce mois, je viens de prendre un emploi. Je ne serai donc pas chez moi lorsque le facteur m'apportera le montant de mes prestations. Pour cette raison, je me suis fait ouvrir un compte courant postal dont voici l'intitulé :

Germaine Beausire
C.C.P. 287-43
Centre de chèques de P...

Je vous serais donc bien obligée de faire virer dorénavant à ce compte les allocations familiales qui me reviennent ainsi que les allocations logement.

Je vous en remercie et vous adresse, Monsieur le Directeur, mes sincères salutations.

(signature, adresse)
(numéro de compte d'allocataire)

Pour signaler une erreur dans la feuille d'impôts.

A Monsieur le Directeur
des services fiscaux de la préfecture de U...

Monsieur le Directeur,

Je viens de recevoir l'avertissement pour l'impôt sur le revenu au titre de 19... Or il y a manifestement une erreur, car pour des revenus sensiblement les mêmes que l'an dernier la somme à payer est plus que doublée. Peut-être s'agit-il de ma part d'une mauvaise disposition des virgules dans l'énoncé de certains de mes revenus, ce qui les aurait multipliés par dix. Je ne vois pas d'autre explication. A toutes fins utiles, je joins un relevé de ma déclaration.

Voici les références de l'avertissement en cause (nom, prénom, adresse, numéro de compte du contribuable, indications à recopier exactement d'après la feuille reçue).

Je vous prie donc de bien vouloir examiner à nouveau ma déclaration des revenus pour l'année 19... et me dire de quelle somme je suis effectivement redevable.

Dans cette attente, je vous prie de recevoir, Monsieur le Directeur, l'assurance de mes sentiments distingués.

(nom, adresse)

Pour demander une exonération de la contribution foncière.

A Monsieur l'Inspecteur des impôts de C...

Monsieur,

Je viens de recevoir un avertissement concernant la contribution foncière des propriétés bâties se rapportant à la maison dont je suis propriétaire rue B..., n° 18, références (relevées sur la feuille d'avertissement), contribution qui s'élève à la somme de [...], somme qui est sensiblement égale à celle que j'ai payée l'an dernier. Mais j'ai l'honneur de porter à votre connaissance que cet immeuble a été à peu près entièrement détruit par un incendie au mois de février 19... et qu'il est seulement en voie de reconstruction. De ce fait, je n'ai touché en 19... qu'un mois de loyer. Je vous demande donc de prendre ce fait en considération et de m'accorder un dégrèvement pour cet immeuble qui n'a pas été une source de revenus en 19... mais, au contraire, de frais importants.

Vous remerciant à l'avance, je vous prie d'agréer, Monsieur l'Inspecteur des impôts, mes sincères salutations.

(nom, adresse)

Pour demander un délai dans le paiement des impôts.

Demande à adresser au percepteur.

A Monsieur le Percepteur de V...

Monsieur,

J'ai l'honneur de vous accuser réception de ma feuille d'avertissement concernant les impôts sur les revenus de 19...

Je ne conteste pas leur chiffre, qui est à peu près celui auquel je m'attendais d'après mes propres calculs. Mais je suis à la retraite depuis le [...] et, en conséquence, ne touche plus aucun salaire depuis trois mois. Or j'ai demandé en temps voulu, à la caisse de retraites vieillesse de la Sécurité sociale, la liquidation de ma retraite pour la date de cessation de mon activité, mais je n'ai, à ce jour, encore rien reçu. Vous comprendrez donc, Monsieur le Percepteur, que dans ces conditions il me soit impossible de verser la somme importante dont je suis redevable. Je peux en verser 20 % dès maintenant et vous demande de m'accorder un délai de trois mois pour le reste. Si, d'ici là, je reçois le rappel de ma retraite, je vous réglerai sans attendre l'expiration de ce délai.

Je vous remercie à l'avance de votre compréhension et vous prie de recevoir, Monsieur le Percepteur, l'assurance de mes sentiments distingués.

(signature, adresse)
(références de la feuille d'impôts)

TABLE DES MATIÈRES

LA CORRESPONDANCE DE TOUS LES JOURS

LES LETTRES D'AFFAIRES

CORRESPONDANCE ADMINISTRATIVE ET OFFICIELLE. REQUÊTES. PÉTITIONS.

Imprimerie Hemmerlé Petit et Cie.
Dépôt légal : Novembre 1982.
Édit. : N° 4921 – Imp. : N° 3208